고전 격차

고전 격차

1판 1쇄 발행 2026년 3월 30일

지은이 | 장은조
펴낸이 | 이동국   디자인 | 기민주   펴낸곳 | (주)아이콤마

출판등록 | 2020년 6월 2일 제2020-000104호
주소 | 서울특별시 서초구 사평대로 140, 비1 102호(반포동, 코웰빌딩)
이메일 | i-comma@naver.com
블로그 | https://blog.naver.com/i-comma

고 전 격 차

미래를 보는 인문 고전 99선

장은조 지음

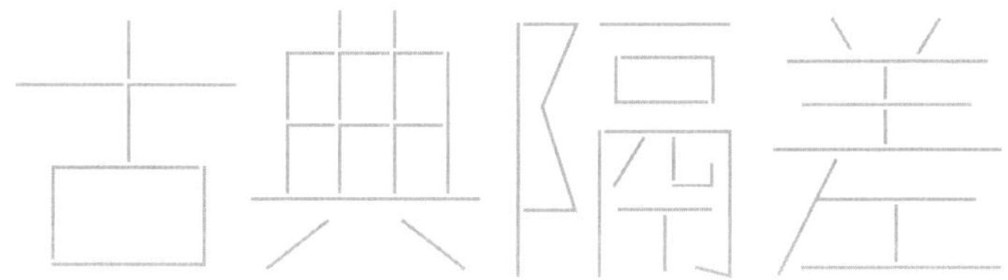

아이콤마

고전에서 배우는 미래의 힘

4차 산업혁명으로 시작된 21세기 현대사회에서 인문학이 차지하는 비중은 우리의 생각과는 상당한 거리가 있어 보인다. 그럼에도 가뭄에 단비를 만나듯, 고등학교 선생님 출신의 저자가 독자의 시각에서 살펴본 『고전 격차』라는 제목의 신간이 출판되었다. 오랜 세월을 거치며 저자가 교단에서 보고 느껴온 인문학적 시각과 접근은 우리에게 친근하고 신선한 느낌으로 다가오기에 충분하다.

'고전'의 사전적 정의는 '오랫동안 많은 사람에게 널리 읽히고 모범이 될 만한 문학이나 예술 작품'이다. 이를 풀어서 표현하면, 오랜 시간을 거치며 수많은 사람에게 가치를 인정받아 온, 시대를 초월하는 지혜와 통찰로 누적된 시간 속에 살아 숨

쉬는 인간 삶의 모습들을 문자로 표현한 것이라 할 수 있다.

고전은 시대를 초월하여 우리에게 인간 본성에 대한 깊은 질문을 던지고 있다. 그 질문을 통해서 다양한 인간의 유형과 문제를 성찰할 수 있으며, 인간과 사회를 깊게 이해할 수 있다. 나아가 넓어진 시야로 통찰력을 키우며, 새로운 관점에서 선입견을 버리고 사고를 확장할 수도 있다.

『고전 격차』에서 저자는 "인류의 역사는 하루아침에 이루어진 것이 아니며, 수백만 년의 긴 세월을 거치면서 새겨진 인간 삶의 모습이 글자의 흔적을 찾아 결합한 결과, 문학이라는 작품으로 탄생했다"라고 하면서, 오랜 세월 동안 사람들의 다양한 삶을 반영하며 커진 문학의 영향력이 바로 고전의 힘이라 하고 있다.

따라서 동서양의 고전서를 읽으며 작품의 의미를 분석하고 작가의 의도를 이해함으로써 고전이 주는 현대적 의미를 곱씹어 볼 필요가 있다는 것이다. 나아가 삶의 경험과 지혜가 녹아 있는 고전 속에서 우리가 안고 있는 고민의 실마리를 찾고 이를 합리적으로 해결할 수 있는 혜안을 갖출 수 있을 것이라 언급하고 있다.

저자가 지적한 바와 같이, 고전을 통해 우리의 문화적 뿌리를 이해하고, 개인의 정체성과 사회적 연대감을 강화할 수 있다는 점에 주목할 필요가 있다. 다가오는 인공지능 시대에 인간의 존엄과 가치를 재정립할 수 있는 새로운 지침서가 될 수 있을 것이다. 뿐만 아니라 현대사회의 문제를 해결할 수 있는 원천적인 지혜와 통찰력을 얻을 수 있다는 점에서 독자 여러분도 고전만이 가지고 있는 고유의 맛을 느낄 수 있을 것이다. 과거의 지혜는 미래의 삶을 비추는 거울과 같다. 그러한 점에서 이 책은 21세기를 살아가는 현대인에게 있어서 새로운 지침서로서의 역할을 충분히 할 수 있을 것이다.

선문대학교 총장 문성제

감성과 인성이 필요한 미래 세대에게
꼭 필요한 책

『고전 격차』는 저자 인생의 도道가 담긴 책이다. 34년의 교사 경력을 마치고, 퇴직 후 시인으로 활동하면서 보고, 듣고 공부한 책의 내용에, 선생님만의 생각을 부여하여 집필한 책이기 때문이다. 선인先人들이 남긴 주옥같은 문장들은 현대인, 특히 미래를 짊어지고 나갈 청소년들이 읽어 보면 좋을 내용들이다. 동양 고전을 비롯한 수많은 책들이 삶의 묘미와 지혜란 무엇인지, 또 어떻게 살아가는 것이 잘사는 것인지를 넌지시 알려주기 때문이다.

우리가 지금 누리고 있는 문화의 향연饗宴들은 어느 날 갑자기 이루어지고 베풀어진 것이 아니다. 오랜 세월을 두고 선인들이 다듬고 가꾸어 온 결과물들이다. 그 유구한 역사와 빛나는 문화가 증명하듯이, 선인들이 남긴 글에는 미래의 방향이 제시되어 있다. 저자는 그 핵심적인 내용을 현대적으로 풀어내어 지금의 세대들에게 들려주고자 한 것이다. 그런 의미에서 이 책을 읽은 이들은 미래의 주역이 될 가능성이 짙다.

AI(인공지능)로 인해, 인성과 감성보다는 이성과 논리가 앞서는 시대가 되었다. 하지만 인간은 이성과 논리만으로는 살아갈 수 없다. 인성과 감성이 뒷전으로 밀린 사회는 감정이 메말라 이웃과의 소통이 원활하지 않게 되고, 우리가 누리는 문화의 향연도 끝날 수 있다. 그뿐만 아니라 21세기는 인공지능도 감히 행할 수 없는, 곧 인간만이 행할 수 있는 인성과 감성이 필수인 시대이기도 하다. 이런 시대에 꼭 필요한『고전 격차』는 읽기만 해도 저절로 인성과 감성이 길러지는 반가운 책이다.

『고전 격차』를 통해 우리의 미래를 책임지고 선도하는 미래의 인재들이 많아지기를 바란다. 아마도 이 책을 집필한 필자의 의도도 이와 같을 것이다.

윤인현 인하대 교수

왜 고전일까?

수천 년 세월 동안 선현들의 말씀과 생각, 인생이 녹아내려 스며든 삶의 진수가 바로 고전이 아닐까? 하는 지적 호기심과 탐구심이 바로 고전을 찾는 이유라 봅니다.

일례로 『논어』, 『맹자』, 『중용』, 『대학』 등은 최근의 이야기가 아닌 적어도 2천 년이 지난 이야기 들이지만 당시 시대 상황은 물론, 저자 본인이 오롯이 보고, 듣고, 배우고, 익힌 오리지널이 그대로 녹아들어 있습니다. 지금의 편리한 정보통신은 언감생심이었던 시절이지만, 인간은 기록을 남길 줄 아는 존재였습니다. 그래서 우리는 그들이 남긴 사상과 뜻깊은 이야기들을 언제고 한 번은 제대로 읽고 싶다는 생각이 들곤 합니다.

특히, 저명 연사들이 자주 언급하는 고전 속 글귀나 학창시절 교과서나 선생님, 부모님들을 통해 한 번쯤은 들어본 문구를 나의 노력과 경험으로 탐험하고 확인하고자 하는 욕구도 있습니다.

문제는 '언제, 무엇부터, 어떻게 읽어야 하는가' 하는 고민에 빠지게 된다는 점입니다. 저는 그 어떤 일이든 쇠뿔도 단김에 빼라는 말처럼 바로 실천하는 것이 답이라 생각합니다. 여름 휴가를 이용해도 좋고, 출퇴근 길 유튜브를 통해서든, 도서관 독서 동아리 활동을 통해서든, 개인적 취향과 형편에 맞춰 하루에 한 줄이라도 일단 고전을 읽기 시작하는 것이 최선입니다.

여름 피서지 계곡물에 발 담그고 유유자적 한 문장을 읽고 난 후, 눈을 감고 그 시대를 떠올리며 글귀를 읊어보는 것도 멋진 휴가를 보내는 방법이라 생각합니다. 그때 읽었던 한 문장이 자신의 좌우명이 되고 인생의 방향을 알려주는 멘토가 될 수 있을지 누가 압니까? 단 한 문장만으로도 삶을 변화시키고 개인의 인생에 어떠한 행태로든 스며드는 힘이 바로 고전이 가지는 가치가 아닐까 싶습니다.

완독이 아니라도 좋습니다. 단 한 문장만이라도 읽고, 그 문장을 쓴 연대를 생각하면서 '나라면 그 시대에 어땠을까?'를 생각해 보세요. 고전이 보다 가깝게 느껴질 것입니다.

그렇게 수많은 고전을 읽고 받아들인 인생의 간접 경험들은 선현들이 평생을 살아온 경험치보다 많은 정보량입니다. 그리고 우리가 하는 고민들 역시 누군가가 이미 깊이 사유해 왔음을 알게 될 것입니다. 그러니 자신 있게 도전하여 고전을 통한 아름다운 인생을 꿈꾸는 것도 매우 가치 있는 일일 것입니다.

고전이 주는 가치

시대를 막론하고 사람들이 꾸준히 고전을 찾고 읽는 이유는 뭘까요? 그것은 '고전이 지닌 가치와 메시지가 현재의 삶에도 그대로 적용되는 부분이 분명히 존재하기 때문이 아닐까?'라고 생각합니다.

수십 세기를 지나온 과거 인류의 삶에서 무한히 반복된 영속성 속에는 공통된 메시지가 존재합니다. 인간의 욕심과 본능에도 불구하고 사회 질서와 삶을 존재케 하는, 삶에 녹아있는 철학을 얻고자 하는 성찰의 과정이 바로 고전 읽기입니다. 그래서 많은 사람이 고전 속에서 교훈을 찾고 있습니다.

그러나 수천 년 전에 쓰인 글과 언어로 만나는 시대와 환경, 삶의 방식이 지금과는 차이가 나는 것도 사실입니다. 그런 연유로 현재의 가치와 기준 속에서, 감춰진 진주를 찾기란 어려운 일임이 틀림없습니다. 많은 독자가 고전 읽기에 실패하는 이유이기도 합니다.

　고전의 가치와 메시지를 현재의 눈높이에 맞추는 데는 분명 한계가 있습니다. 다만 그것을 본인의 기준과 가치관으로 재해석하고 무엇을 받아들일지 결정하는 것은 오롯이 독자의 몫이라 생각합니다.

　예를 들어 『논어』를 읽으면서, '그 시대에서 말한 형제, 부부 간의 윤리관을 현시대에 어떻게 해석하고 이를 실천할 것인가?', 『중용』을 읽으면서 '중용의 올바른 의미를 오늘날 어떻게 적용하고 실천할 것인가?'라는 식으로 생각하는 것만으로도 충분합니다. 이런 고민을 하는 것만으로도 사고의 영역을 확장시킬 수 있음은 물론, 뜻밖에 '새로운 해결 방식과 윤리 규범, 가치를 탄생시킬 수도 있지 않을까?' 기대해 봄직도 합니다.

　저는 지난 34년 동안 교단에서, 수많은 청춘과 함께 호흡하며 인생의 길을 지켜보았습니다. 그 시간 동안 깨달은 가장 큰 진실은, 세상을 살아가는 힘은 단순한 지식이 아니라 깊이 생각하는 힘에서 나온다는 사실입니다.

　입시와 취업을 준비하는 과정에서 우리는 흔히 말합니다. "고전을 읽기에는 시간이 없다, 너무 어렵다"라고요. 그러나 바로 그 순간이야말로 책을 통해 사유하고 성장할 수 있는 절호의 기회입니다. 시험은 언젠가 끝나지만, 생각하는 힘은 여러분의 삶을 평생 지탱해 줄 자산이 되기 때문입니다.

이 책은 그동안 대학 논술과 면접 준비의 필수 저서로 다루어진 서울대 추천 고전과 현대 교양서의 핵심을 묻고, 답한 내용을 정리한 것입니다. 마르크스, 니체, 프로이트 같은 사상가에서부터 박경리, 한강의 작품, 그리고 빌 게이츠가 추천한 현대 명저들까지 총망라해 각각의 책이 전하는 핵심 사상과 의미를 간결하게 담았습니다. 시간을 낼 여유가 없는 바쁜 일상 속에서도 교양의 맥을 짚고, 스스로 생각을 확장할 수 있도록 돕고자 했습니다.

여러분이 이 책을 통해 얻게 될 것은 그저 시험에 대비하기 위한 짧은 지식이 아닙니다. 그것은 곧 자신의 언어로 세상을 해석하고, 자신의 목소리로 미래를 설계하는 힘입니다.

청춘들이여, 은퇴자들이여! 주저하지 마십시오. 때로는 막막하고 길이 보이지 않는 순간에도, 책은 늘 곁에서 길을 밝혀주는 등불이 되어 줍니다. 이 책이 여러분에게 그 첫걸음을 함께하는 작은 동반자가 되기를 소망합니다.

여러분의 앞날에 지혜와 용기, 그리고 환한 빛이 함께하기를 진심으로 기원합니다.

이 책이 발간되기까지 많은 격려와 후원을 준 대방건설 구찬우 대표님 진심으로 감사드립니다. 아울러 이사벨 아로마 윤영식 사장, 멋진 추천사를 주신 문성제 총장님과 윤인현 교수님, 아이콤마 이동국 대표님께도 감사드립니다. 그리고 언제나 힘을 주는 사랑하는 아내와 두 아들에게도 고마움을 전합니다.

2026년 봄

저자 문장 드림

• 차례 •

고전을 혼자서 끝까지 읽는 일은 생각보다 쉽지 않습니다. 특히 번역의 한계, 시대와 문화 차이, 낯선 어휘와 문체 때문에 중간에 포기하기 쉬운 것이 현실이죠.

이러한 현실적인 경험에 바탕해 효율적으로 고전을 소화할 수 있는 요령을 한 번 정리해 보았습니다.

첫째, 목적부터 분명히 하기

"왜 이 고전을 읽고 싶은가"를 먼저 스스로 묻고 아래와 같이 답을 적어보세요.

> ㉠ 교양을 쌓기 위해, 글쓰기 소재를 얻기 위해, 삶의 지혜를 배우기 위해 등.

책을 읽다가 어려운 부분이 나와 포기하고 싶을 땐, 처음의 목적을 떠올려 봅니다.

처음부터 끝까지 읽을 필요는 없습니다. 부담을 내려놓고, 흥미로운 부분이나 유명한 장면부터 읽는 것이 오히려 좋습니다.

> ㉙ 『논어』를 읽을 때 "배우고 때때로 익히면…" 같은 자주 인용되는 구절부터 읽기.

이러한 능동적인 독서법은 두꺼운 책을 읽을 때 특히 도움이 됩니다.

한 권으로 끝낸다면 원문과 번역본을 함께 싣고, 현대어 해설까지 달린 책을 선택하면 좋습니다. 그게 아니라면 쉬운 이야기체로 재구성한 고전을 먼저 읽고, 나중에 원문 번역으로 넘어가면 수월하게 독서할 수 있습니다.

21

하루에 1~3쪽씩이라도 꾸준히 읽는 습관을 들이는 것이 중요합니다. 스마트폰 메모 앱에 인상 깊은 구절을 옮겨 적으며 읽으면 더 깊이 있는 독서를 할 수 있습니다.

읽은 내용이 오늘날의 사회나 개인의 삶에 어떻게 적용될 수 있는지 그때 그때 떠오르는 생각을 짧게 메모해 봅니다.

> ㉠『손자병법』의 "싸우지 않고 이기는 것이 최상"을 마케팅 전략에 도입해 본다면….

독서 자체는 고독한 시간일 수 있지만, 읽은 내용을 나누는 시간은 전혀 그렇지 않습니다. 혼자 읽기 힘든 경우, 독서 모임이나 온라인 커뮤니티에서 함께 읽고 토론해 보세요. 완독할 확률이 크게 높아집니다. 다른 사람의 해석과 시각을 들으며 이해의 폭도 넓어집니다.

고전을 한 번 읽고 다 이해하려 하지 말고, 1년 뒤나 몇 달 뒤에 다시 읽어보면 또 새롭게 다가옵니다. 고전의 매력이죠. 고전은 나이와 경험에 따라 다른 책이 되어 돌아옵니다.

처음에는 쉬운 해설본이나 이야기본으로 시작해 일독을 마치고, 고전이 좀 익숙해졌다면 원문 번역으로 확장하는 방식을 추천합니다.

수많은 책 사이에서 고전이라는 이름이 붙은 책들은 마치 도서관 한편에서 오래도록 우리를 기다리는 지혜로운 노인과 같다고 합니다. 하지만 수많은 고전 가운데 어떤 책을 먼저 집어 들어야 할지 고민하게 되지요. 고전을 선택하는 데에도 나름의 기준이 필요합니다. 여기에 몇 가지 기준이 있습니다.

첫 번째 기준은 시대를 뛰어넘는 가치입니다. 고전은 그저 오래된 책이 아닙니다. 오랜 시간 동안 다양한 세대의 독자들에게 읽히며 여전히 감동과 사유를 일으키는 책이어야 고전의 반열에 오르게 되죠. 인간의 본성과 삶의 의미, 사회의 구조, 윤리와 미학에 대한 질문은 시대가 바뀔지언정 그 본질은 유지됩니다. 셰익스피어의 희곡이나 공자의 『논어』, 톨스토이의 소설들이 여전히 생생한 감동을 주는 것처럼 말입니다.

두 번째는 개인의 관심과 삶의 맥락입니다. 아무리 위대한 고전이라도, 지금의 나에게 전혀 와 닿지 않는다면 그것은 단지 먼 나라 이야기일 뿐입니다. 예를 들어 삶의 전환기를 맞이한 사람이 『변신』이나 『죄와 벌』을 읽는다면, 그 안에서 더 깊은 공감과 통찰을 얻을 수 있습니다. 따라서 고전을 선택할 때는 내 삶의 시기, 감정의 흐름, 관심사와 맞닿은 작품을 찾는 것이 중요합니다.

세 번째 기준은 언어와 표현의 깊이입니다. 고전은 문장의 무게가 다릅니다. 한 문장, 한 단어 속에 당대의 문화와 사유의 깊이가 응축되어 있습니다. 이런 문장을 곱씹고 되새김질하는 과정에서 우리는 비로소 언어의 힘을 배우고, 사고의 폭을 넓히게 되지요. 그래서 고전을 선택할 때는 내용뿐만 아니라 문장과 표현의 품격도 주의 깊게 살펴야 합니다.

네 번째는 타인의 시선을 통한 재발견입니다. 비평가, 작가, 교수 등 다양한 사람들이 추천하는 고전 리스트는 좋은 출발점이 됩니다. 그러나 그보다 더 중요한 것은 독자 자신이 책을 읽고 직접 판단하고, 그 가치를 재해석해내는 일이겠지요. 때로는 문학 동아리나 독서 모임, 혹은 친구의 추천을 통해 내 인생의 고전을 만나기도 합니다.

고전을 선택하는 일은 나의 삶을 어떤 이야기와 연결할 것인지, 어떤 질문을 품고 살아갈 것인지에 대해 스스로 결정하는 일과 같습니다. 수많은 고전 중 어떤 책을 먼저 읽을 것인가를 고민하는 순간, 우리는 이미 인생을 성찰하고 재설계하는 데 첫 걸음을 내디딘 것입니다.

고전은 완성된 책이 아닙니다. 읽는 사람의 경험과 생각 속에서 매번 새롭게 태어나는 만큼, 그 선택 기준 또한 나에게 어떤 울림을 주는 책인가가 되어야 합니다.

그럼, 본론으로 들어가 여러 고전을 읽고 그 고전이 주는 구체적인 메시지가 무엇인지 확인해 보겠습니다.

Ⅰ 　세계의 시작과 사유의 기원
— 신화에서 철학으로

01

나는 누구인가, 세계는 무엇인가

『우파니샤드』

우리는 지금 인류 사유의 긴 여정을 시작하려 합니다. 수천 년을 거슬러 올라가 인간이 처음 "나는 누구인가, 세계는 무엇인가"라는 질문을 던지기 시작한 순간으로 돌아가 보는 것이지요. 그 출발점에 서 있는 고전이 바로 『우파니샤드 Upaniṣad』입니다.

『우파니샤드』는 대략 기원전 700년경부터 기원전 200년경까지 인도에서 형성된 브라만교 후기 철학 경전입니다. 특정 저자의 작품이 아니라 오랜 세대에 걸쳐 무명의 현인들이 전한 사상과 대화가 집약된 철학 문헌이기 때문에 그 깊이와 규모가 방대합니다. 산스크리트어로 '가까이 앉아 듣는다'는 뜻을 지닌 우파니샤드라는 이름 자체가 의미심장하지 않나요? 스승 곁에 앉아 은밀히 배우는 비밀스러운 가르침이 무엇일지 궁금해집니다.

"너는 그것이다 Tat Tvam Asi"라는 유명한 명제를 볼까요? 이 명제는 우주 근원의 절대적 실재인 브라만 Brahman 과 개인의 참된 자아인 아트만 Ātman 이 본질에서 하나라는 가르침을 담고 있습니다. 좀 어려운 말로 표현됐지만, 결국 이 가르침은 우주와 내가 별개가 아니라 하나의 생명으로 이어져 있다는 자각으로 이어집니다.

인간의 삶을 설명하는 방식도 독특합니다. 우리는 업業, karma 에 의해 윤회의 굴레를 돌고 있고, 참된 자아를 깨닫게 됨으로써 굴레를 벗어날 수 있다고 말하지요. 어디서 많이 들어본 말 아닌가요? 맞습니다. 불교의 윤회사상을 비롯해 당시 사람들이 널리 수용한 세계관을 엿볼 수 있는 부분입니다. 형식적인 제사나 의례보다 내적 성찰과 지혜, 명상을 통해 궁극적 진리에 다가가는 길을 제시했다는 점도 주목해야 합니다.

오늘날 진정한 '나'를 잃어버린 채 살아가는 우리에게, 『우파니샤드』는 잠시 멈춰 서서 내면을 들여다보라고 권합니다. 타인의 시선이 아닌, 참된 자아를 찾는 여정이 곧 해방의 길이라는 가르침을 전하면서요.

인도 사상의 뿌리로 자리 잡은『우파니샤드』는 후대 힌두교는 물론 불교, 자이나교, 나아가 서양 철학에도 깊은 영향을 끼쳤습니다. 서구 철학자 쇼펜하우어를 비롯해 에머슨과 톨스토이 같은 사상가들에게도 큰 영감을 주었지요. 현대에 들어서는 동서양을 잇는 인류 공동의 지혜로 평가받고 있습니다. 한 지역의 종교 경전을 넘어, 인간 존재의 보편적 질문에 답하려 한 텍스트임을 증명한 것입니다.

생각해 보세요. 거대한 우주 앞에 인간은 얼마나 미미하기 이를 데 없는 존재인가요.『우파니샤드』는 바로 이 존재의 내재적 한계를 어떻게 슬기롭게 대처하고, 풀어 갈지에 대한 깊은 의문과 사유를 남긴 고전이라고 할 수 있습니다.

자, 그러면『우파니샤드』를 통해 던져진 첫 번째 질문, "나는 누구인가, 세계는 무엇인가"라는 질문을 품고, 인류가 쌓아올린 사유의 여정을 계속 걸어가 보겠습니다.

02

인생의 고통 앞에
우리는 무엇을 해야 할까

『아함경』

이제 불교의 사유를 만나볼 차례입니다. 불교 초기 경전을 집대성한 『아함경』은 석가모니의 설법을 제자들이 모아 엮은 경전군經典群입니다. 아함阿含은 범어Āgama를 소리 나는 대로 옮긴 말로, '전해 내려온 가르침' 또는 '전승된 법敎法'이라는 뜻을 담고 있습니다.

불교에서 가장 오래된 경전 중 하나로 꼽히는 만큼 대승불교 이전 부파불교分派佛敎 시대에 이미 성립되었고, 팔리어로 쓰인 니까야Nikāya와 대응하는 한역본이 바로 『아함경』입니다. 설명을 덧붙이자면, 장아함경長阿含經은 장편 설법을 모았고, 중아함경中阿含經은 중간 길이의 설법을 담았습니다. 잡아함경雜阿含經은 짧은 설법을 방대하게 모은 모음집이며, 증일아함경增—阿含經은 법의 수法數에 따라 분류한 모음집이라 하겠습니다. 여기에는 고苦·집集·멸滅·도道의 사성제四聖諦, 무아無我, 연기緣起 사상, 수행법, 계율 등 불교의 근본 교리가 모두 담겨 있지요.

인생의 본질적 문제인 고苦에서 출발하는 『아함경』의 가르침은 단순하면서도 깊습니다. 인간이라면 누구나 피할 수 없는 고통, 그 고통이 어디서 오는지, 그리고 어떻게 벗어날 수 있는지를 차근차근 밝히고 있거든요. 생로병사生老病死의 괴로움부터 사랑하는 대상과 헤어지는 아픔, 싫은 것과 마주치는 괴로움까지, 인간 존재가 겪는 모든 고통을 직시하라 말합니다.

인생은 고통이라고도 하지요. 그렇다면 고통 앞에 인간은 무엇을 해야 할까요? 부처님은 고통을 부정하거나 외면하지 않았습니다. 오히려 고통을 인정하고 그 본질을 꿰뚫어 보라 가르쳤지요. 고통은 집착에서 비롯된다는 깨달음, 그 집착을 내려놓으면 고통도 사라진다는 단순하면서도 명료한 진리를 전했습니다.

현대 사회를 살아가는 우리 역시 크고 작은 고통 속에 살아갑니다. 경쟁과 성과에 지친 마음, 관계에서 오는 상처, 미래에 대한 불안. 『아함경』이 전하는 메시지는 바로 여기서 빛을 발합니다. 고통을 피하려 애쓰기보다, 그 고통이 왜 생겨났는지 들여다보고, 집착을 내려놓는 연습을 하라. 바로 이것입니다.

모든 것이 변한다는 무상無常의 사상은 어떤가요. 영원한 것은 없으며, 집착하면 괴로움만 커질 뿐입니다. 좋은 일도 영원하지 않고, 나쁜 일도 영원하지 않습니다. 집착을 내려놓고 변화의 흐름을 받아들일 때 비로소 마음의 평안을 얻을 수 있습니다. 소유하고 싶은 욕망, 지키고 싶은 집착이 강할수록 고통은 깊어진다는 것이지요.

연기법緣起法을 통해서는 인간이 독립된 존재가 아니라 관계망 속에서 서로 의존하며 살아가는 존재임을 밝혔습니다. 나 홀로 존재할 수 없으며, 모든 것이 서로 영향을 주고받는다는 통찰입니다. 내가 겪는 고통도, 내가 누리는 행복도 모두 수많은 인연과 조건이 만들어낸 결과라는 깨달음. 개인주의가 팽배한 현대 사회에서 우리가 다시 되새겨야 할 가르침이 아닐는지요.

형이상학적 사변보다 실천을 강조한다는 점도 『아함경』의 큰 특징입니다. 사변보다는 실천을 강조한 석가모니는 제자들에게 여덟 가지 바른 길을 뜻하는 팔정도八正道라 불리는 실천 가능한 구체적 지침을 제시했지요. 사물을 바르게 보는 정견正

見과 바르게 생각하는 정사유正思惟, 바르게 말하고 행동하는 정
어正語와 정업正業 등을 설법하며 이론에 파묻히기보다 매일의
삶 속에서 실천할 수 있는 작은 행동들이 쌓였을 때, 고통을 소
멸시킬 수 있다고 가르쳤습니다.

복잡한 철학보다는 누구나 실천할 수 있는 삶의 태도와 수행
법을 담고 있어, 불교 수행의 출발점이자 근본 경전으로 자리
해 온『아함경』. 어떤가요? 고통 앞에서 좌절하지 말고, 그 고통
의 본질을 이해하고 집착을 내려놓으라는 가르침은 2,500년이
지난 지금도 여전히 유효한 지혜가 아닐는지요.

누군가 인생을 고苦라 했지요.『아함경』은 생로병사의 물결 속에서 무상
과 연기의 이치로 고통을 풀어내는 법을 전합니다.

03

변화하는 세상 속에서 중심을 잡는 법

『주역』

동양 고전 가운데 가장 중요한 경전 중 하나로 『주역周易』을 빼놓을 수 없습니다. 우주의 원리와 인간 삶의 이치를 괘상卦象과 효사爻辭로 설명한 책인데요, 본래 점서占書에서 출발했으나, 점술의 범위를 훌쩍 넘어 철학·윤리·정치 사상의 근원이 되었습니다.

64괘로 구성된 『주역』의 각 괘는 여섯 개의 음효와 양효로 이루어져 만물 변화의 원리를 상징합니다. 음은 부드럽고 수용적인 힘, 양은 강하고 창조적인 힘을 뜻하는데요. 바로 이 두 기운의 상호작용이 천지와 인간사의 변화를 일으킨다고 보는 것

36

입니다. 변화와 조화를 핵심으로 삼아, 세상 만물이 끊임없이 변하는 가운데서도 일정한 질서가 존재한다는 역易의 원리를 보여주는 대목이지요.

주목할 만한 지점은 『주역』이 단순히 운명을 읽는 책이 아니라는 사실입니다. 유교에서는 『주역』을 도덕적 수양과 정치적 통치의 지침으로 삼았고, 도가에서는 자연과 합일하는 길을 모색하는 근거로 활용했습니다. 결국 인간이 자연과 사회 속에서 어떻게 조화롭게 살아가야 하는지를 가르쳐주는 '지혜의 책'이라고 하겠습니다.

주역의 괘는 고대에는 미래를 점치는 도구로 많이 쓰였지만, 본질에서 보자면 세상의 모든 현상이 끊임없이 변한다는 변역變易의 사상을 담고 있습니다. 지금도 많은 이들이 인생의 갈림길에서 역술원을 찾곤 합니다. 불확실한 미래 앞에서 방향을 잃은 사람들, 결정을 내려야 하는데 두려움에 사로잡힌 이들. 그들이 듣고자 하는 건 단순히 올해의 연애운, 재물운만이 아닙니다. 자신의 나약함을 마주하고, 변화 속에서도 무너지지 않을 힘을 얻고자 하는 것이지요.

인간은 누구나 나약합니다. 삶의 무게 앞에서 주저앉고 싶을 때가 있고, 앞날이 보이지 않아 막막할 때가 있습니다. 바로 이

지점에서 『주역』이 오늘날 우리에게 분명한 메시지를 전합니다. 변화 자체를 두려워하지 말고, 그 변화를 이해하며 능동적으로 대응할 것. 『주역』의 가르침은 단순한 철학적 명제를 넘어, 인간의 나약함을 붙들고 위로를 안길 수 있는 동양 고전의 정수라 할 수 있습니다.

음양 사상을 들여다보면 서로 다른 요소가 갈등만 하는 것이 아니라, 상호 보완하며 조화를 이룰 때 가장 안정적이라는 교훈을 읽을 수 있습니다. 정치에서의 보수와 진보, 경제에서의 성장과 분배, 인간관계에서의 주장과 경청. 어느 한쪽으로 치우치지 않고 균형점을 찾는 지혜가 바로 여기서 나오는 것입니다. 우리가 삶에서 마주하는 대부분의 갈등은 이 균형을 잃었을 때 생겨나곤 하지요.

우리는 흔히 '위기'라는 말을 자주 합니다. 여기서 『주역』의 통찰은 위기危機라는 말 속에 담긴 의미입니다. 변화 속에는 언제나 위危와 기機가 함께 존재한다고 봅니다. 위험이 곧 기회가 될 수 있다는 것이지요. 이 깨달음은, 불확실성이 지배하는 21세기에도 여전히 유효한 생존 전략이라 할 수 있습니다. 팬데믹이 가져온 위기 속에서 디지털 전환이 가속화된 것처럼, 위기는 때로 새로운 시대를 여는 문이 되곤 하지요. 지금 내가 겪고 있는 고난이 끝이 아니라 새로운 시작으로 가는 과정이라는 발상의 전환을 통해, 언제든 다시 일어설 수 있다는 용기를 얻을 수 있습니다.

나약한 인간이 강해지는 방법은 두 가지입니다. 하나는 나약함을 부정하고 억지로 강한 척하는 것, 다른 하나는 나약함을 인정하되 그 안에서 변화에 대응하는 힘을 기르는 것.『주역』이 제시하는 길은 후자입니다. 인간의 한계를 인정하면서도, 변화하는 세상 속에서 흔들리지 않는 중심을 잡으라고 말하고 있는 겁니다.

세상은 끊임없이 변하고, 그 변화 속에서 균형을 잡으며 기회를 포착하는 사람이 미래를 만듭니다. "변화는 두렵지만, 그 안에 길이 있다"라는 가르침처럼 어떠한 상황에서도 다시 나아갈 길을 모색하는 여러분이 되었으면 합니다.

04

절제와 지혜, 용기, 공존의 가치

『그리스·로마 신화』

신화의 대명사로 우리에게 잘 알려진 그리스·로마 신화는 고대 그리스에서 시작되어 로마 시대로 이어진 신화 체계입니다. 신과 인간, 자연과 우주의 기원을 설명하며 서양 문명의 정신적 뿌리가 되어온 이야기들이지요.

세계는 혼돈, 즉 카오스에서 시작되었습니다. 대지의 여신 가이아와 하늘의 신 우라노스에서 신들이 태어났고, 제우스는 티탄족을 물리친 뒤 신들의 왕이 되어 올림포스 12신과 함께 세계를 다스리게 됩니다. 흥미로운 건 이들 신이 인간적인 욕망과 질투, 사랑을 지니며 인간사에 깊이 개입했다는 점입니다. 아폴론은 음악과 예언의 신, 아테나는 지혜와 전쟁의 여신, 아프로디테는 사랑과 미의 여신으로 각기 고유한 역할을 맡았지요.

신화는 또한 인간 영웅들의 모험을 통해 삶과 죽음을 성찰합니다. 페르세우스의 메두사 퇴치, 헤라클레스의 12 과업, 테세우스의 미노타우로스 전투가 그 사례입니다. 트로이 전쟁의 영웅 아킬레우스와 오디세우스의 모험 역시 빼놓을 수 없지요. 인간의 본성과 정의·운명, 사랑과 비극을 주제로 삼은 이 이야기들은 후대 문학과 예술, 철학의 원천이 되었습니다.

이 신과 영웅들의 이야기가 우리에게 전하는 메시지는 무엇일까요? 먼저 인간의 한계를 인정하는 겸손의 가치입니다. 신화 속 인물들은 종종 오만, 즉 히브리스hybris 때문에 몰락합니다. 태양의 마차를 함부로 몰다 떨어진 파에톤, 미궁을 탈출하려다 하늘 높이 올라 태양에 날개가 녹아 추락한 이카로스를 보면서, 인간이 자신의 한계를 넘어서는 순간 스스로를 파멸시킬 수 있음을 인지하게 됩니다.

다음으로 지혜와 용기의 균형입니다. 오디세우스가 트로이 전쟁 후 귀향길에 수많은 역경을 극복할 수 있었던 비결은 무력이 아니라 지략과 끈기 덕분이었습니다. 오늘날 복잡한 사회 문제를 해결하는 데도 힘보다 지혜와 전략, 그리고 포기하지 않는 용기가 필요함을 일깨워 주고 있지요.

다양성을 인정하고 공존하는 자세도 빼놓을 수 없습니다. 그리스·로마 신화에는 인간과 신, 반인반수, 괴물 등 서로 다른 존재가 뒤섞여 살아갑니다. 각자의 특성과 한계를 인정하면서도 때로는 협력하고 갈등하는 모습은 현대의 다문화·다가치 사회와 닮은 부분이 많지요.

인간 내면의 양면성을 잘 드러내고 있다는 점도 특징적입니다. 신화 속 영웅들도 완벽하지 않습니다. 아킬레우스의 용맹 뒤에 있는 분노, 헤라클레스의 힘 뒤에 숨겨진 충동과 후회처럼, 인간은 빛과 그림자를 동시에 지닌 존재라는 사실을 우리는 다시 확인하게 됩니다.

정리하자면 그리스·로마 신화는 인간이 추구해야 할 절제와 지혜, 용기, 공존의 가치를 상기시키는 거울이라고 하겠습니다. 신들의 이야기 속에서 우리는 여전히 우리 자신의 모습을 보고, 시대를 넘어 통용되는 삶의 교훈을 얻을 수 있습니다.

신화의 기능 중 하나는 욕망과 질투, 사랑, 배신, 모험심 같은 보편적 인간 감정을 드러내는 일종의 상징이 된다는 점입니다. 때문에 현대 심리학과 문학, 예술에 끊임없이 응용되며 인간 내면의 복잡한 구조를 이해하는 상징적 언어로도 작용하고 있습니다. 일례로 자기애의 상징인 나르키소스 신화를 들면서 현대인의 '자기 중심성' 문제를 설명하는 식으로요. 비슷하게 판도라의 상자는 인류가 만들어낸 환경 파괴와 전쟁, 과학의 역기능 같은 재앙을 상징하고, 미궁 속 테세우스 이야기는 복잡한 현대 사회 속에서 진실을 찾고 길을 잃지 않으려는 인간의 노력을 상징합니다.

이렇듯 신화는 서양 문학과 미술, 음악, 영화, 심지어 게임에까지 영향을 끼쳐온 스토리텔링의 창조적 원천이라고 하겠습니다. 현대의 예술가들은 신화 속 상징을 빌려 새로운 작품을 만들어내고 의미를 부여합니다. 이러한 과정을 통해 신화는 과거와 현재를 연결하는 문화적 코드 역할을 이어갑니다. 신화가 인간의 본성과 사회, 문화와 예술, 윤리와 기술의 문제를 성찰하게 만드는 영원한 이야기의 보고인 이유입니다.

05

인간이 어디까지 잔인해질 수 있는가

소포클레스, 아이스킬로스, 에우리피데스

고대 그리스에서 활동한 소포클레스, 아이스킬로스, 에우리피데스 세 작가는 3대 비극작가로 불리며, 그들의 작품은 오늘날까지도 인간과 사회를 이해하는 중요한 지적 자산으로 평가받고 있습니다. 특징적인 건, 이들의 작품을 읽다 보면 인간이 어디까지 잔인해질 수 있는지를 적나라하게 들여다보게 된다는 점입니다. 복수와 살인, 배신과 증오가 뒤엉킨 무대 위에서 인간 본성의 가장 어두운 면이 가감 없이 드러나기 때문이지요. 한 명씩 알아보도록 하겠습니다.

먼저 아이스킬로스(기원전 525?~456)입니다. 아이스킬로스의 『오레스테이아 Oresteia』는 아가멤논 왕의 귀환과 그의 살해, 오레스테스의 복수, 그리고 복수가 복수를 낳는 악순환을 신의 정의로 종결시키는 3부작입니다. 피로 얼룩진 복수의 굴레를 끊고, 인간 사회가 법과 질서라는 새로운 정의 체계를 세워야 함을 보여주는 작품이지요.

전쟁에서 돌아온 아가멤논은 아내 클리타임네스트라의 손에 살해당합니다. 딸 이피게네이아를 제물로 바친 남편에 대한 복수였습니다. 그러자 아들 오레스테스가 어머니를 죽여 아버지의 원수를 갚습니다. 어머니를 죽인 아들은 다시 복수의 여신들에게 쫓기게 되고요. 한 사람의 죽음이 또 다른 죽음을 부르고, 그 죽음이 다시 새로운 살인을 낳는 끔찍한 연쇄가 펼쳐지는 겁니다. 여기서 우리는 인간이 정의라는 이름으로, 혹은 명예와 복수라는 명분으로 얼마나 잔인해지는지 보게 됩니다.

작품은 신과 운명 앞에서 인간이 얼마나 무력한지 적나라하게 드러내면서도, 동시에 정의와 질서를 통해 공동체가 새로운 길을 열어갈 수 있다는 희망을 제시합니다. 비극적 운명 속에서도 종교적 경외심과 도덕적 교훈을 전달하려는 작가의 의도가 작품 곳곳에 스며들어 있거든요.

『오레스테이아』가 오늘날 우리에게 던지는 화두는 명확합니다. 법치주의와 사회 정의, 그리고 복수와 보복의 악순환을 끊는 문명 질서가 필요하다는 것이지요. 테러와 전쟁, 갈등이 끝없이 반복되는 현실 속에서 "어떻게 정의로운 사회 질서를 확립할 것인가"라는 질문을 우리에게 던지고 있습니다. 아이스킬로스는 인간의 잔인함을 직시하되, 그것을 법과 제도로 극복할 가능성을 보여준 것입니다.

다음으로 소포클레스(기원전 496~406)입니다. 『오이디푸스 왕 Oedipus Rex』은 소포클레스의 대표작으로, 인간이 운명을 거부하려 애쓰지만 결국 피할 수 없는 숙명과 마주하게 된다는 내용입니다.

오이디푸스는 아버지를 죽이고 어머니와 결혼한다는 예언을 피하려 온갖 노력을 기울였지만, 그 예언은 결국 실현되고 맙니다. 길에서 만난 낯선 이를 사소한 다툼 끝에 죽였는데, 그가 바로 자신의 친아버지였던 겁니다. 자신을 구한 나라의 여왕과 결혼했는데, 그녀가 친어머니였고요. 진실을 알게 된 오이디푸스는 스스로 눈을 찌르며 자신에게 형벌을 내립니다. 인간이 자신에게 가할 수 있는 가장 잔인한 폭력을 자기 자신에게 행하는 순간이지요.

인간이 자신의 의지와 지혜를 믿지만, 운명과 신의 질서 앞에서는 한계를 인정해야 한다는 비극적 진실을 작품은 보여줍니다. 오늘날에도 과학과 기술이 눈부시게 발전했지만, 인간의 한계와 예측 불가한 삶의 변수는 여전히 존재하지요. 이 작품은 인간의 오만, 즉 히브리스hybris에 대한 경계와 겸손, 그리고 자기 성찰의 필요성을 일깨워줍니다. 현대 사회의 지도자, 정치가, 과학자가 반드시 새겨들어야 할 교훈이 아닐까요? 소포클레스는 인간이 자신에게조차 얼마나 잔혹해질 수 있는지, 그리고 그 잔혹함이 어떻게 자기 파괴로 이어지는지 보여줍니다.

마지막으로 에우리피데스(기원전 480~406)입니다. 『메데이아Medea』는 에우리피데스의 대표작으로, 남편 이아손의 배신에 분노한 메데이아가 자녀를 죽이며 복수한다는 충격적인 이야기를 그렸습니다.

메데이아는 이아손을 위해 조국을 버렸고, 친동생까지 죽였습니다. 그런데 이아손이 권력을 얻기 위해 왕녀와 결혼하려 하자, 메데이아는 복수를 결심합니다. 그녀는 왕녀와 왕을 독살하고, 마지막으로 자신의 두 아들까지 죽이지요. 남편이 사랑하는 것을 모두 빼앗음으로써 가장 완벽한 복수를 완성하는 겁니다. 어머니가 자기 자식을 죽이는 장면은 인간이 도달할 수 있는 잔인함의 극단을 보여줍니다.

작품은 인간의 욕망, 질투, 분노와 같은 심리적 갈등을 사실적으로 묘사하여 비극의 현실성을 극대화했습니다. 신보다는 인간의 감정과 현실적 갈등을 무대 중심에 놓았고, 고전 비극에서 주변적 존재였던 여성, 노예, 이방인의 목소리를 당당히 끌어올렸지요. 인간 내면의 심리를 깊이 파고들며, 그 안에 숨겨진 어둠과 욕망을 가감 없이 드러냈습니다.

가정, 사랑, 배신, 복수 등 인간관계의 보편적 갈등은 현대인에게도 깊은 공감을 불러일으킵니다. 특히 여성의 사회적 위치, 억압받는 자들의 목소리라는 주제는 현대 페미니즘, 인권 담론과도 맞닿아 있습니다. 또 감정과 인간성에 본질적 질문을 던지며, 문학·연극·심리학 분야에서 여전히 생생한 의미를 지니고 있지요.

세 비극작가는 각각 다른 방식으로 인간과 사회를 비추었습니다. 아이스킬로스는 신과 정의에 기반한 질서를 통해 사회의 법적·도덕적 기초를 모색했고, 소포클레스는 운명과 인간의 한계 속에서 성찰과 겸손을 강조했으며, 에우리피데스는 인간 내면의 심리와 사회적 약자의 현실을 드러냈습니다.

무엇보다 복수를 위해 가족을 죽이고, 운명에 저항하다 스스로를 파괴하며, 사랑하는 자식까지 희생시키는 모습을 보면서 우리는 인간 본성의 가장 어두운 면을 마주하게 됩니다. 그러나 동시에 그 잔인함을 넘어서는 길, 즉 법과 제도, 성찰과 겸손, 그리고 인간에 대한 깊은 이해를 모색하게도 되지요. 이를 통해 더 나은 공동체를 만들 가능성도 함께 제시하고 있습니다.

이 비극들은 법과 정의, 인간의 오만, 사회적 약자와의 공존이라는 영원한 질문을 던지며 우리에게 사유의 자양분을 제공합니다. 2,500년 전 고대 그리스 무대 위에서 울려 퍼진 그들의 목소리가, 지금 이 순간에도 우리에게 묻고 있는 겁니다. "인간이란 무엇인가, 정의로운 사회란 무엇인가, 그리고 우리 안의 잔인함을 어떻게 다스릴 것인가."

그리스 3대 비극작가의 작품, 인간이 어디까지 잔인해질 수 있는지 그 끝을 보여주는 무대입니다.

세계의 시작과 사유의 기원

06

인간 존재의 경계와
정체성에 대한 성찰

오비디우스, 『변신 이야기』

이제 로마로 건너가 보겠습니다. 오비디우스(기원전 43~기원후 17)는 로마 시대를 대표하는 시인입니다. 그가 남긴 『변신 이야기Metamorphoses』는 최고 걸작으로 꼽히지요. 총 15권, 약 12,000행에 달하는 이 장편 서사시는 세계의 창조에서부터 율리우스 카이사르의 신격화에 이르기까지, 신화적·역사적 사건들을 "변신"이라는 하나의 실로 꿰어냈습니다.

그리스·로마 신화 속 신들과 인간이 펼치는 사랑과 질투, 복수와 욕망, 정의와 예술이 문학이란 이름으로 변신했다고 할까요? 작품 속 인물들이 동물이나 식물, 별자리, 강으로 변하는

50

250여 개의 이야기를 통해 세계의 생성과 변화, 인간 존재의 덧없음과 영속성, 신들의 권능을 생생하게 느낄 수 있습니다.

오비디우스가 보기에 인간의 삶은 덧없고 변화무쌍했습니다. 하지만 문학과 예술을 통해서라면 영원성을 얻을 수 있다고 믿었지요. 실제로 작품의 마지막 부분에서 그는 자신의 시가 불멸의 생명을 부여받아 로마 제국이 존재하는 한 후대에 읽힐 것임을 당당히 선언합니다. 문학의 힘에 대한 확신이 얼마나 강렬했는지 엿볼 수 있는 대목이지요.

작품 속에서 변신은 신들의 권능에 의한 형벌이자, 동시에 인간의 욕망이 낳은 결과로 나타납니다. 님프 다프네는 아폴론의 집요한 구애를 피해 월계수로 변하고, 나르키소스는 자기 자신에 대한 과도한 사랑 끝에 수선화가 되지요. 아라크네는 직조 실력을 자랑하다 아테나의 노여움을 사서 거미로 변합니다. 오비디우스는 이런 이야기들을 통해 사랑과 질투, 권력과 복수 같은 인간의 본능적 감정과 그것이 초래하는 비극을 날카롭게 드러냅니다.

변신은 또한 자연과 인간, 신들의 경계가 무너지는 사건이라 하겠습니다. 인간이 나무가 되고, 동물이 되고, 별이 되는 순간들을 보면서 우리는 묻게 됩니다. 인간은 자연 속에서 어떻게 존재하는가? 신은 우리에게 무엇인가? 오비디우스는 변신이라는 극적 장치로 이 질문을 풀어내며, 인간 존재의 경계와 정체성에 대한 성찰을 유도하고 있습니다.

특이한 점은 작품의 마지막이 율리우스 카이사르의 신격화와 아우구스투스 황제의 위대함을 찬양하는 것으로 끝난다는 사실입니다. 로마 제국의 질서를 신화적 기원과 연결하려는 의도가 엿보이지요. 제국의 정당성을 문학적으로 뒷받침하려 한 셈인데요, 정치적 메시지와 문학적 상상력이 교묘하게 결합한 결말이라 하겠습니다.

『변신 이야기』가 오늘날 우리에게 울림을 주는 까닭은 인간 존재의 덧없음과 욕망, 자연과 신의 관계를 신화적 상상력으로 풀어내면서도, 문학만이 지닌 불멸의 힘을 증명했다는 점 때문입니다. 2,000년이 지난 지금도 우리가 이 작품을 읽고 있다는 사실 자체가 오비디우스가 옳았음을 말해주고 있습니다. 변화무쌍한 세상 속에서도 예술과 문학은 시간을 초월해 인간의 본질을 전달하며, 그 안에서 우리는 영원을 발견할 수 있습니다.

07

개인과 공동체가 함께 나아가야 할 길

『논어』

이제는 동아시아 지역으로 넘어가 보겠습니다. 우리가 속한 한자 문화권에서 대표적인 저작을 하나 꼽으라면 단연코 『논어論語』가 빠질 수 없겠지요. 『논어』는 공자와 제자들 사이에 오간 문답과 일상의 언행을 제자들이 기록한 책입니다. 동양 유가 사상의 뿌리가 되는 경전인데요, 전체 20편으로 이루어진 이 책에는 정치와 도덕, 인간관계와 수양에 관한 공자의 가르침이 오롯이 담겨 있습니다. 그 핵심을 꼽자면 인仁·예禮·의義·지智 같은 덕목을 삶 속에서 몸소 실천하는 데 있다고 하겠습니다.

공자가 평생 찾고자 한 인간의 도리, 그 출발점은 바로 인이었습니다. 사람 사이의 따뜻한 마음과 배려를 뜻하는 인을 바탕으로, 예를 통해 질서를 세우고, 학문과 자기 수양으로 군자의 경지에 이르는 길을 제시했지요. 특히 정치에서는 덕치德治를 강조했습니다. 임금이란 백성이 스스로 따르는 존재가 되어야 한다는 그의 주장은, 권력이 아닌 덕으로 다스리는 사회를 꿈꿨다는 방증입니다.

스승과 제자, 부모와 자식, 벗과 벗. 공자는 사람과 사람이 맺는 관계의 바른 질서를 무엇보다 중시했습니다. 관계의 조화가 곧 사회 전체의 평화로 이어진다고 본 것입니다. 그래서일까요? 오늘날에도 『논어』는 인격 수양과 올바른 인간관계, 지도자가 지녀야 할 자세에 관한 깊은 통찰을 제공하고 있습니다.

대표적으로 현대 사회에서 인의 가치는 더욱 절실해 보입니다. 끊임없는 경쟁 속에서 협력의 소중함을, 이익을 좇는 세상에서 인간 존중의 가치를 일깨우기 때문입니다. 인공지능과 자동화 기술이 눈부시게 발전하는 요즘, 역설적이게도 사람을 향한 진심과 공감 능력이 더욱 소중해지고 있습니다.

기술은 효율을 높여주지만, 사람의 마음을 어루만질 수는 없습니다. 의료 현장에서 인공지능이 진단의 정확도를 높여준다 해도, 환자의 불안을 달래주는 것은 결국 의사의 따뜻한 손길이거든요. 비즈니스 세계에서도 마찬가지입니다. 데이터와 알고리즘이 의사결정을 돕지만, 직원들의 사기를 북돋우고 팀워크를 만들어내는 것은 리더의 공감 능력과 배려입니다.

일례로 구글이나 마이크로소프트 같은 글로벌 기업들이 직원 복지와 조직문화에 막대한 투자를 하는 모습을 보면 잘 알 수 있습니다. 아무리 뛰어난 기술과 시스템을 갖췄어도, 사람을 배려하지 않는 조직은 결국 무너지게 마련이지요. 공자가 강조한 인의 정신이 21세기 기업 경영에서도 핵심 가치로 자리 잡은 것입니다.

예禮의 의미도 다시 들여다봐야 합니다. 예는 웃어른에게 인사를 잘하는 것처럼 겉으로 드러나는 예의범절만을 의미하지 않습니다. 나를 앞세우기보다 타인을 존중하고 공동체의 조화를 지키자는 것, 그것이 진짜 예라고 할 수 있지요. 오늘날 인종 간, 민족 간, 세대 간 갈등의 시대를 살아가면서, 서로의 차이를 인정하고 존중하는 태도가 얼마나 중요한 일인지 생각해볼 일입니다.

온라인 공간을 예로 들어보겠습니다. 익명성이 보장되는 인터넷 공간일수록 예가 더 필요한 법입니다. 얼굴을 마주하지 않는다고 해서 상대를 함부로 대해도 된다는 뜻은 아니거든요.

공자가 살았던 시대에는 대면 관계가 전부였지만, 지금은 온라인상에서 맺는 관계가 현실만큼이나 중요해졌습니다. 화면 너머 보이지 않는 누군가도 나와 똑같이 감정을 가진 사람이라는 사실, 잊지 말아야 하겠습니다.

군자 개념도 흥미롭습니다. 공자가 말한 군자는 권력자나 귀족층을 가리키는 말이 아니었습니다. 도덕과 지혜를 갖춘 성숙한 사람, 즉 누구나 노력하면 도달할 수 있는 목표였습니다. 현대 사회의 지도자와 전문가, 그리고 우리 모두가 자신을 군자로 만들기 위해 배움과 자기 성찰을 멈추지 말아야 하는 이유, 아시겠나요?

여기서 중요한 점은 군자가 '완벽한 사람'을 의미하지 않는다는 겁니다. 실수하고 넘어지더라도 다시 일어나 배우는 사람, 자신의 부족함을 인정하고 채워가려는 사람을 군자라 부를 수 있습니다. 진짜 리더의 자격도 여기에 있지요. 모든 것을 다 아는 사람처럼 행동하는 것이 아니라, 모르는 것을 솔직히 인정하고 끊임없이 배우려는 자세를 갖춘 사람이야말로 진정한 리더일 것입니다.

공자 자신도 "나는 태어나면서부터 아는 사람이 아니라, 옛것을 좋아해 부지런히 구한 사람일 뿐"이라고 말했습니다. 성인으로 추앙받는 공자조차 자신을 낮추며 배움의 자세를 잃지 않았던 것입니다. 오늘날 각 분야의 전문가와 리더들이 새겨들어야 할 대목입니다.

『논어』 첫머리를 장식하는 학이學而편 1장, "배우고 때때로 익히면 즐겁지 아니한가"라는 구절은 2,500년이 지난 지금도 여전히 울림이 큽니다. 지식과 기술이 빠르게 변하는 오늘날, 평생 학습은 선택이 아닌 생존과 성장을 위한 필수 요소가 되었거든요.

다만 한 가지 짚고 넘어가야 할 것이 있습니다. 공자가 말한 배움은 정보의 축적에 그치지 않았다는 사실입니다. 배움은 사람됨을 가꾸고, 삶의 지혜를 체득하는 것까지 포함하는 개념입니다. 자격증을 따거나 스펙을 쌓는 것이 아니라, 배운 것을 실천하고 내면을 성숙시키는 과정이 진정한 배움이라 할 수 있습니다.

저 또한 교육 현장에 있었지만, 현대 교육이 놓치기 쉬운 대목이기도 합니다. 경쟁에서 이기기 위한 지식 습득에만 몰두하다 보면, 정작 중요한 인성과 가치관 형성은 뒷전으로 밀려나기 쉽거든요. 공자가 오늘날 우리 사회를 본다면, 아마도 "배움의 본질을 잃지 말라"고 당부하지 않았을까요?

결국 『논어』가 오늘날 우리에게 전하는 핵심 메시지는 자신의 내면을 닦고, 타인을 존중하며, 공동체를 조화롭게 이끌어가라는 것. 그 길은 평생에 걸쳐 배우고, 배운 바를 성실히 실천하는 데 있다는 겁니다.

시대가 바뀌어도 사람의 본질은 변하지 않았고, 인간다운 삶을 향한 갈망은 예나 지금이나 동일합니다. 『논어』를 읽는다는 것은 나 자신을 돌아보고, 더 나은 사람으로 성장하기 위한 여정에 나서는 것입니다.

공자가 건넨 말씀, 낡은 진리라 여길 수도 있겠지만 인간 삶의 근본은 시대를 넘어서도 변함없습니다.

08

사람을 사람답게 만드는 것

『맹자』

공자 하면 함께 연상되는 인물이 있습니다. 바로 맹자孟子인데요, 공자의 『논어』와 함께 유교 사상의 핵심 경전 중 하나로 손꼽히는 『맹자』는 공자의 사상을 계승하고 발전시킨 맹자의 언행과 제자들과의 문답을 담은 작품입니다. 전 7편으로 구성되어 있으며, 인간 본성과 정치, 도덕 실천을 중심에 두고 논의를 펼쳐나갑니다.

아마 '성선설'이라는 말을 한 번쯤 들어봤을 겁니다. 사람은 본래 선한 본성을 지니고 태어나며, 이를 잘 길러야 한다는 주장이지요. 맹자는 측은지심·수오지심·사양지심·시비지심이라는 사단四端을 근거로, 인간 내면에 도덕적 싹이 이미 자리하고 있음을 밝혔습니다. 네 가지 마음의 싹이 제대로 발달하면 인仁·의義·예禮·지智의 덕목으로 확장된다는 겁니다. 마치 작은 씨앗이 큰 나무로 자라나듯, 인간의 선한 본성도 교육과 수양을 통해 성장할 수 있다고 본 것이지요.

정치사상 면에서 맹자가 보여준 통찰은 더욱 놀랍습니다. 백성을 근본으로 삼는 민본주의를 주장하며, 백성의 생계를 보장하지 못하는 정치는 도덕적 정당성을 잃는다고 단언했거든요. 여기서 한발 더 나아가 폭군을 몰아내는 역성혁명의 정당성까지 옹호했습니다. 왕이라고 해서 무조건 복종할 대상이 아니라, 백성을 위한 왕도정치를 펼치지 못하면 그 자리를 내려놓아야 한다는 주장이었어요. 당시로선 상당히 파격적인 사상이었습니다.

경제적 측면에서도 맹자는 실질적인 제안을 내놓았습니다. 균등한 토지 분배를 주장하며 백성의 생활 안정을 중시했는데, 단순히 이상론을 펼친 게 아니라 구체적인 정책 방향을 제시한 셈이지요. 이처럼 철학적 논의에만 머물지 않고, 인간의 도덕적 자각과 함께 이상적 정치 질서를 세우려는 실천적 지침을 담은 정치·경제 서적으로 널리 읽혔습니다. 그 결과 후대 동양 정치철학과 교육사상에 지대한 영향을 끼치게 됩니다.

그렇다면 『맹자』가 오늘날 우리에게 전하는 메시지는 무엇일까요? 먼저 맹자의 성선설입니다. 사람은 본래 착하다는 주장은, 모든 사람 안에 측은지심과 같은 도덕적 씨앗이 있음을 전제로 합니다. 오늘날 인권, 평등, 복지 논의의 기초가 되는 인간 존엄성의 철학적 뿌리가 바로 여기 있다고 할 수 있습니다. 교육이나 사회 정책에서 처벌보다는 교정의 기회와 성장을 중시하는 방향과도 맞닿아 있지요. 사람을 바라보는 시선 자체가 달라지는 겁니다. 큰 잘못을 저지른 사람조차 본래는 선한 존재였으며, 올바른 환경과 교육만 주어진다면 얼마든지 회복될 수 있다는 믿음 말이지요.

정치에서 이익보다 정의를 중시해야 한다는 맹자의 가르침도 빼놓을 수 없습니다. 현대 민주사회에서도 지도자의 도덕성, 공정한 정책, 공동체 이익을 우선하는 정치의 필요성은 여전히 유효합니다. '의義 없는 이익은 나라를 망친다'라는 그의 경고는 부패와 사익 추구가 만연한 오늘날에도 날카로운 비수처럼 가슴을 찌르지요. 경제 성장과 발전도 중요하지만, 정의와 공정이라는 토대 위에서만 지속 가능하다는 사실을 일깨워 줍니다.

'백성이 귀하고, 사직社稷이 그다음이며, 군주는 가볍다'라는 맹자의 민본주의 사상은 또 어떤가요? 현대의 시민 주권과 민주주의가 연상되지 않나요? 정치권력은 국민을 위해 봉사해야 한다는 원칙, 지금 우리가 당연하게 여기는 가치가 사실 2,000년도 더 전에 맹자가 주장한 내용이라니 놀랍습니다.

경제적인 측면에서도 오늘날 기업 윤리, 환경 보호, 사회적 책임처럼 행동으로 옮기는 도덕의 중요성을 강조하는 흐름과도 자연스럽게 연결됩니다. 사람을 사람답게 만드는 것은 이익이 아니라 도덕이며, 올바른 정치와 사회는 백성의 행복에서 출발한다는 것. 『맹자』가 현대인에게 전하는 조언입니다.

성선설과 왕도정치, 이 시대를 가로지르는 통찰은 현실 속 도덕의 실천법을 제시합니다.

09

모든 변화의 시작점은 자기 자신

『대학』

『대학大學』은 유교 사서四書 가운데 하나로, 원래『예기禮記』의 한 편이었으나 송대 주자에 의해 독립된 경전으로 정리되었습니다. 짧은 분량이지만 유교적 세계관의 정수를 담고 있는 텍스트라고 할 수 있지요.

개인의 수양에서 시작하여 가정과 사회, 나아가 천하를 다스리는 올바른 정치에 이르기까지의 단계를 체계적으로 제시합니다. 핵심은 삼강령三綱領과 팔조목八條目에 있습니다. 삼강령은 밝은 덕을 드러내고明明德, 백성을 새롭게 하며親民, 지극히 선에 머무는 것止於至善을 뜻합니다. 여기서 밝은 덕이란 타고난

선한 본성을 의미하지요. 스스로 깨닫고 세상에 펼쳐내는 것, 그것이 바로 수양의 출발점이라는 겁니다.

팔조목은 격물格物·치지致知·성의誠意·정심正心·수신修身·제가齊家·치국治國·평천하平天下의 여덟 단계로 이루어져 있습니다. 이 방법론은 사물의 이치를 탐구하고 앎을 확장하는 데서 시작해, 내면을 바르게 하고 몸과 마음을 닦은 뒤, 가정을 화목하게 하고 국가를 다스려 마침내 천하를 평화롭게 이끄는 길을 제시합니다. 한마디로 지식 탐구와 내면 수양을 바탕으로 평화로운 세상을 만들어가는 단계적 실천론이라 하겠습니다.

뭐니 뭐니 해도 『대학』의 가장 중요한 가르침은 바로 수신제가 치국평천하修身齊家 治國平天下입니다. 자신을 닦고, 집안을 가지런히 하며, 나라를 다스리고, 천하를 평화롭게 한다는 뜻이지요. 이 문장 속에는 동아시아 정치철학의 본질이 담겨 있습니다. 개인과 공동체가 따로 떨어진 게 아니라 하나로 연결되어 있다는 통찰 말입니다. 모든 변화의 시작점은 자기 자신이며, 그 변화가 가정과 사회, 더 나아가 세계 전체로 확장된다는 것입니다.

그렇다면 『대학』이 오늘날 우리에게 주는 메시지는 무엇일까요? 팔조목의 뒷 부분 네 단계를 현대적 시각에서 다시 해석해 볼 필요가 있습니다.

먼저 수신修身입니다. 자신을 지속적으로 발전시키는 평생 학습의 의미로 읽을 수 있지요. 급변하는 사회에서 자기 계발은 경쟁력을 갖추는 일일 뿐 아니라, 인격의 기초를 다지는 일이기도 합니다. 기술과 지식이 빠르게 변하는 지금, 배움을 멈추지 않는 사람만이 시대를 앞서갈 수 있다는 뜻이기도 하고요. 수신의 핵심은 내면의 성찰입니다. 자신의 행동과 생각을 돌아보고, 옳지 못한 것을 고쳐나가는 과정 말입니다.

다음으로 제가齊家입니다. 가정의 화목과 질서가 사회 안정의 기반이라는 가르침이지요. 현대에서 제가의 의미는 가정 교육이랄지, 가족의 유대감을 강조하고 세대 간에 원활히 소통한다는 의미로 확장됩니다. 가정이 건강해야 사회가 건강하다는 생각, 여전히 유효한 진리입니다. 가족 구성원 간에 신뢰하고 존중하는 태도와 책임감을 배우는 곳이 바로 가정이거든요. 그곳에서 익힌 관계의 원리가 사회로 확장된다는 원리입니다.

치국治國은 국가 경영뿐 아니라, 기업이나 조직 운영에도 적용할 수 있습니다. 지도자는 도덕성과 전문성을 함께 갖추고, 공동체의 장기적 이익을 생각해야 한다는 원칙을 담고 있지요. 단기 성과에 급급하지 않고 구성원 전체의 행복과 지속 가능한 발전을 추구하는 리더십, 오늘날에도 절실히 요구되는 덕목입니다. 아울러 치국의 핵심은 덕으로 다스리는 것, 즉 덕치德治라 할 수 있습니다. 법과 제도도 중요하지만, 지도자의 인격과 모범이 먼저라는 거지요.

마지막으로 평천하平天下입니다. 평천하란 단순히 전쟁이 없는 상태로 만드는 게 아닙니다. 인류 전체의 평화와 번영을 추구하는 보다 큰 목표라고 할 수 있어요. 오늘날 기후위기, 팬데믹, 난민 문제처럼 국경을 넘어서는 문제들이 산적한 지금, 평천하의 정신은 글로벌 시민의식을 바탕으로 국경을 넘어 연대해야 한다는 사실을 일깨워 줍니다. 한 사람의 평화가 세계의 평화로 이어진다는 믿음, 거창해 보이지만 모든 변화는 작은 실천에서 시작되는 법이지요.

10

다름을 인정하고 조화를 추구하는 길

『중용』

『중용中庸』은 유교 사서四書 가운데 하나로, 본래『예기禮記』의 한 편이었습니다. 그러다가 12세기 후반 송대의 주자朱子에 의해 독립된 경전으로 정리되었지요.『중용』의 원문을 쓴 사람은 공자의 손자인 자사子思로 알려져 있습니다.

중中은 치우치지 않는 바른 중심을, 용庸은 일상 속에서 늘 실천함을 뜻합니다. 그런데 많은 이들이 중용을 오해하곤 합니다. 마치 양쪽의 중간 지점에서 타협하는 것, 혹은 이도 저도 아닌 애매한 태도로 여기는 경우가 많거든요. 하지만 중용의 참된 의미는 전혀 다릅니다. 양극단을 모두 깊이 고려하되, 결국 자신의 주관과 소신에 따라 옳은 길을 선택하는 것, 그것이야말로 진정한 중용이라 하겠습니다.

『중용』은 하늘이 부여한 성性을 따르는 것이 도道이며, 이를 일상에서 실천하는 것이 교敎라고 밝힙니다. 성실함誠을 최고의 덕목으로 삼아, 참된 인간은 하늘과 합일할 수 있다고 설명하지요. 정치적으로는 군자가 중용의 덕을 갖추어야 나라가 안정되고 사회가 조화를 이룬다고 강조합니다.

절제와 균형, 조화의 가치를 중시한『중용』은 인간의 내적 수양과 외적 실천을 하나로 연결하며 유교적 이상인 성인聖人의 길을 제시했습니다. 개인의 도덕적 완성과 더불어 사회적 조화, 나아가 천지와의 합일을 추구하는 지혜의 책으로, 동양 철학사 전반에 깊은 영향을 미쳤지요.

그렇다면『중용』이 오늘날 우리에게 전하는 바는 무엇일까요? 빠르게 변하는 사회에서 극단적인 선택보다 사실과 상황을 바탕으로 한 균형 잡힌 결정을 내리는 능력이야말로 리더와 개인 모두에게 필수적이라는 사실입니다. 정치적 양극화와 진영 논리, 세대 간 갈등, 이념 대립이 심화되는 현실 속에서 중용의 사고방식은 대화와 타협의 토대가 됩니다.

중용은 모든 사람과 상황을 하나의 기준으로만 재단하지 않습니다. 각기 다른 특성과 조건을 인정하며 조화를 추구하는 까닭이지요. 다문화 사회와 글로벌 시대를 살아가는 우리에게 타인의 관점을 이해하고 공존의 길을 모색하는 지혜를 제공합니다.

변하는 환경 속에서도 본질적인 가치를 지키는 것, 그것이 바로 신뢰의 핵심입니다. 중용의 '용'은 일관된 원칙과 성실함을 뜻하며, 현대의 윤리 경영, 공직자의 청렴성, 개인의 신의와 맞닿아 있습니다. 조직과 사회에서 구성원 간 신뢰가 무너지는 까닭은 대개 일관성 없는 태도와 이중적 잣대에서 비롯되곤 하지요. 성실함과 진정성을 잃지 않을 때 비로소 지속 가능한 관계가 형성되는 법입니다.

중용은 또한 감정적 대립을 줄이고, 서로의 처지를 이해하며 함께 나아갈 방법을 찾는 과정을 중시합니다. 따라서 외교 협상이나 조직 내 갈등 해결, 가족과 이웃 간 관계 개선에도 도움이 됩니다. 상대를 이기려 하기보다 더 나은 해법을 모색하는 자세야말로 평화로운 공동체를 만드는 출발점입니다.

결국 『중용』이 현대인에게 주는 교훈은 이렇게 정리할 수 있겠습니다. "치우치지 않되 소신을 잃지 말고, 변하지 않는 원칙을 지키며, 함께 조화를 이루어 가라."

지속 가능한 삶의 지혜

『도덕경』

동양 사상의 핵심에는 공자와 맹자 말고도 하나의 축이 더 있습니다. 바로 노자老子와 장자莊子로 대표되는 노장사상인데요, 노자의 『도덕경道德經』은 노장사상의 근본 경전으로 기원전 6세기경 중국 춘추시대에 쓰인 것으로 추정됩니다. 불과 5천여 자로 이루어진 짧은 책이지만, 도道와 덕德을 통해 인간과 자연, 그리고 사회의 조화를 꿰뚫는 놀라운 지혜가 담겨 있지요.

도는 만물의 근원이자 우주를 관통하는 자연의 법칙입니다. 인위적으로 만들어진 것이 아니라 스스로 그러한 자연自然의 원리를 뜻하는데, 노자는 인간이 억지로 욕망과 이익을 좇는

70

삶을 살 때 혼란과 고통이 생긴다고 보았습니다. 참된 삶은 무위無爲, 즉 자연의 흐름을 따르는 삶이라는 겁니다. 여기서 무위는 아무것도 하지 않는 소극적 태도가 아닙니다. 억지로 꾸미지 않고 본연의 순리에 따르는 적극적 태도를 의미합니다.

덕은 도가 현실 세계 속에서 발현된 모습입니다. 덕을 지닌 사람은 다투지 않고 겸허하며, 부드럽지만 강인한 삶을 산다고 했습니다. 대나무가 바람에 휘어지되 부러지지 않는 것처럼 말입니다. 즉 세상의 진정한 힘은 거칠고 단단한 데서 나오는 게 아니라, 유연하고 부드러운 데서 나온다는 겁니다.

『도덕경』은 통치론에서도 독특한 관점을 제시합니다. 무위의 리더십을 강조하는데요. 훌륭한 군주는 백성을 억압하거나 간섭하지 않고, 그들이 스스로 살아가도록 돕는 존재라고 했습니다. 작은 나라, 적은 욕망, 검소한 생활을 추구하는 것이 안정된 사회의 바탕이라고 본 거지요.

특히 '상선약수上善若水'로 대표되는 물의 이미지가 인상적입니다. '최고의 선善은 물과 같다'는 의미를 담고 있는 이 사자성어를 통해 노자는 물과 같은 존재를 이상적 인간상으로 제시했습니다. 물은 낮은 곳으로 흐르되 만물을 이롭게 하고 다투지 않습니다. 겸손하게 낮은 자리를 택하지만, 시간이 지나면 단단한 바위마저 뚫어내는 힘을 발휘하지요. 그는 이런 물의 덕을 본받으라고 가르칩니다.

그렇다면 『도덕경』이 오늘날 우리에게 던지는 메시지는 무엇일까요? 먼저 무위와 자연의 지혜입니다. 오늘날 과잉 경쟁과 인위적 욕망에 휩쓸리는 현대인에게 있는 그대로의 자연스러움이 곧 균형과 평화를 찾는 길임을 일깨워줍니다. 현대 사회에서 보자면 과잉 개입하지 않는 자율적 리더십과 환경친화적인 삶의 태도와 연결되는 셈이지요. 직장 상사가 부하 직원의 일거수일투족을 감시하고 통제하기보다, 자율성을 부여하고 신뢰하는 것. 국가가 시민의 모든 영역에 간섭하기보다, 스스로 판단하고 책임질 수 있도록 여지를 주는 것. 이 모두가 무위의 현대적 실천이라 할 수 있습니다.

유약柔弱의 힘도 빼놓을 수 없습니다. 현대 사회는 강한 권력과 힘을 추구하지만, 『도덕경』은 겸손과 온유함이 오히려 가장 큰 힘이 될 수 있음을 보여주지요. 비바람이 지나간 뒤를 떠올려보세요. 거센 바람 앞에 큰 나무는 부러져 쓰러져 있지만, 연약한 풀들은 비가 그치면 바람의 향기와 태양의 온기 속에서 다시금 제자리를 찾아 일어서지 않던가요? 강한 것은 부드러움을 이기지 못합니다. 국제 사회에서도 무력 대결보다 대화와 협력이, 기업 경영에서도 강압적 명령보다 소통과 공감이 더 지속 가능한 성과를 낸다는 사실을 우리는 목격하고 있습니다. 갈등을 조정하고 대화와 타협을 통해 더 나은 삶으로 나아가야 하는 시대적 소명 앞에, 노자의 유약함에 대한 통찰은 새롭게 조명받고 있습니다.

지족知足, 즉 만족을 아는 마음의 가치도 되새겨볼 만합니다. 『도덕경』은 지나친 욕망과 소유를 경계하며, 적게 가지는 것이 더 큰 자유라고 말합니다. 물질적 풍요를 좇는 현대 문명 속에서 이런 가르침은 미니멀리즘, 심플라이프, 환경윤리와 같은 현대적 삶의 지향으로 이어지고 있지요. 최근 젊은 세대 사이에서 퍼지는 '소확행小確幸', 작지만 확실한 행복을 추구하는 태도 역시 노자의 지족 사상과 맞닿아 있다고 볼 수 있습니다.

섬기는 리더십으로의 전환도 주목할 만합니다. 노자는 군주와 지도자에게 무위의 정치, 즉 백성을 억압하지 않고 스스로 살아가게 하는 리더십을 제시했습니다. 오늘날에는 권위적 통치가 아닌 섬기는 리더십Servant Leadership, 민주적이고 자율적인 사회 운영의 철학으로 재해석할 수 있습니다. 리더가 자신의 이익과 명예를 앞세우기보다, 공동체 구성원의 성장과 행복을 우선시하는 것. 바로 노자가 말한 '성인은 백성을 위해 존재한다'는 가르침의 현대적 실천이 아닐는지요.

인간이 도道의 일부라는 관점은 인간 중심적 사고를 넘어 자연과 더불어 살아야 한다는 생태 철학의 토대가 되기도 합니다. 기후위기와 환경 파괴가 심각한 오늘날,『도덕경』의 가르침은 지속 가능한 삶의 지혜로 다시 주목받고 있습니다. 자연을 정복하고 지배하는 대상으로 보지 않고, 인간과 자연이 하나의 생명 공동체임을 인식하는 것. 바로 2,500년 전 노자가 이미 제시한 통찰이었다는 점에서 놀라움을 금할 수 없습니다.

강한 것은 부드러움을 이기지 못합니다. 폭풍 뒤 큰 나무는 부러져 쓰러져도, 연약한 풀은 다시 고개를 듭니다.

고전 격차

12

인위적인 것을 버릴 때 얻는 진정한 자유

『장자』

『장자莊子』는 노자의 『도덕경』과 함께 도가 사상의 핵심 경전으로, 노자의 사상을 계승하고 발전시킨 장자의 철학과 우화들을 담은 책입니다. 전체 33편으로 구성되어 있는데, 그중 내편 7편은 장자 본인의 사상을 직접 반영한 핵심 부분이고, 외편과 잡편은 후대 제자나 도가 학자들이 덧붙인 것으로 여겨집니다.

『장자』의 중심 사상은 도道와 자유라고 할 수 있습니다. 인간과 사물은 모두 도에서 비롯되며, 본질적으로 차별이 없는 평등한 존재로 이해되지요. 장자가 강조한 것은 세속적 가치와 규범에 얽매이지 않고, 자연의 흐름에 따라 살아가는 자연무위

自然無爲였습니다. 이를 설명하기 위해 호접지몽胡蝶之夢이나 포정해우庖丁解牛 같은 유명한 우화를 사용했는데요. 특히 호접지몽은 꿈속의 나비와 현실의 나를 구분할 수 없다는 이야기로, 삶과 죽음, 현실과 환상의 경계를 초월한 자유를 상징합니다.

포정해우의 이야기도 인상적이지요. 백정 포정이 소를 해체할 때 칼날이 뼈 사이의 빈 곳을 자연스럽게 찾아 움직이듯, 도를 체득한 사람은 인위적 노력 없이도 일을 완벽하게 해낸다는 뜻입니다. 기술과 숙련을 뛰어넘은 경지, 즉 도와 하나 되는 무위의 경지를 보여주는 우화라 하겠습니다. 또한 장자는 인위적 구분과 집착에서 벗어나, 만물을 한데 아우르는 제물론齊物論을 주창하며 크고 작음·귀하고 천함의 차별을 초월한 세계관을 제시했습니다.

이렇듯 현실 정치와 도덕 규범을 상대화하고, 개인의 내적 자유와 정신적 해탈을 추구하는 도가 철학의 정수를 담은『장자』는 후대의 문학과 사상에 깊은 영향을 끼쳤습니다. 중국의 시가와 문학, 선불교의 사상, 나아가 한국과 일본의 문화에 이르기까지, 장자의 자유로운 정신은 면면히 이어져 왔지요.

그렇다면 2,000년도 더 된 이 고대 중국 철학서가 오늘날 우리에게 말하고 있는 것은 무엇일까요? 소요유逍遙遊의 정신은 타인의 평가나 사회적 규범에 지나치게 얽매이지 않고, 자신의 본성에 따라 사는 삶을 제안합니다. 현대 사회에서 우리는 끊임없이 비교당하고 평가받습니다. SNS에서의 '좋아요' 개수, 직장에서의 성과 평가, 타인이 정한 성공의 기준. 이런 외부 잣대에 휘둘리다 보면 정작 내가 원하는 삶이 무엇인지 잊어버리기 쉽지요.

장자가 말하는 '붕새가 9만 리를 날아오르는 것'과 '매미가 나뭇가지 사이를 나는 것'은 모두 각자의 방식으로 자유롭다는 뜻입니다. 경쟁과 규율에 지친 현대인에게 진정한 해방감을 주는 메시지가 아닐 수 없습니다. 다만 여기서 주목할 점이 있습니다. 장자가 말하는 자유는 무책임한 방종이 아니라는 사실입니다. 개인의 내면 자유는 절대적이지만, 그 자유는 자연의 섭리에 따라 조화를 이루어야 한다고 봤거든요. 바람을 타고 구만 리를 날아오르는 붕새도 결국 바람이라는 자연의 힘에 의지하듯, 인간의 자유 역시 자연과 더불어 이루어질 때 진정한 의미를 갖게 됩니다.

이러한 가르침은 실제로 우리 선조들의 삶에 깊숙이 배어 있습니다. 한옥의 처마가 자연의 곡선을 따르고, 정원의 돌과 나무를 있는 그대로 배치하는 것, 사계절의 흐름에 맞춰 농사짓고 절기에 따라 생활하는 모습. 이 모든 것이 자연의 섭리를 거스르지 않고 그 안에서 조화를 추구한 삶의 방식이었지요. 개인의 자유를 존중하되 자연과의 균형을 잃지 않으려 했던 선조들의 지혜가, 장자 철학의 실천이었다고 볼 수 있습니다.

제물론에서 장자는 모든 사물과 관점은 평등하다고 보았습니다. "저것도 옳고 이것도 옳다"는 그의 말은 절대적 진리를 내세우는 독단을 경계하라는 뜻이지요. 자기 생각만이 유일하게 옳다고 주장하는 순간, 갈등과 대립이 생기게 마련입니다. 장자의 제물론은 상대의 입장에서 생각하고, 차이를 존중하는 태도가 얼마나 중요한지 알려줍니다.

여기서 우리는 『논어』와 『장자』의 흥미로운 대조를 발견하게 됩니다. 공자의 『논어』는 사회 속에서의 도덕적 책임과 질서를 강조한 반면, 장자의 『장자』는 개인 내면의 자유와 자연과의 조화를 중시했지요. 한쪽은 사회적 인간으로서의 도리를, 다른 한쪽은 자연적 존재로서의 해방을 말합니다. 겉보기엔 상반되지만, 실제로 두 사상은 서로 보완적입니다.

현대인은 『논어』에서 사회적 관계의 규범과 책임감을 배우고, 『장자』에서 규범 속에서도 자기다움을 잃지 않는 자유와 유연함을 배울 수 있습니다. 회사에서는 조직의 일원으로 책임을

다하되, 퇴근 후엔 나만의 공간에서 진정한 나를 찾는 것처럼
말이지요. 두 사상은 삶의 서로 다른 측면을 비추는 거울이며,
균형 잡힌 삶을 위해 함께 읽고 적용할 가치가 있습니다. "세상
의 잣대에 휘둘리지 말고, 자연의 흐름 속에서 진정한 나를 찾
으며, 자유롭게 살아가라."『장자』가 우리에게 던지는 메시지
입니다.

개인의 자유는 절대적이되, 자연의 섭리와 조화를 이루어야 합니다. 이것
이 우리 선조들 삶의 바탕이었지요.

13

이상적인 국가와 개인의 조화

플라톤, 『국가』

이제 다시 시선을 옮겨 서양 철학이 본격적으로 시작된 고대 그리스 사회로 돌아가 보겠습니다. 수많은 고대 그리스 철학자 중에서 가장 주목받는 철학자가 있지요. 바로 플라톤입니다. 그가 쓴 『국가 The Republic』는 고대 그리스 철학의 정수이자 정치·윤리·교육·철학 전반을 아우르는 방대한 사유의 결정체입니다. 소크라테스를 중심으로 다양한 인물들과의 대화를 통해 전개되는 이 작품의 출발점은 단순하면서도 근본적인 질문 하나, 바로 '정의란 무엇인가'입니다.

플라톤이 제시한 이상 국가는 세 계층으로 구성됩니다. 지혜를 지닌 철인哲人이 통치자가 되고, 용기를 지닌 수호자가 군사를 맡으며, 욕망을 지닌 생산자가 경제를 담당하지요. 각 계층이 자신의 역할에 충실할 때 정의가 성립한다는 겁니다. 여기서 특히 주목할 점은 철인정치哲人政治 개념입니다. 철학자는 '이데아Idea', 그중에서도 선의 이데아를 인식함으로써 참된 진리를 아는 존재이므로 국가를 가장 올바르게 이끌 수 있다는 것이지요. 여기서 이데아란 영원불변하고 절대적인 최고의 실재Reality를 뜻합니다.

동굴의 비유는 플라톤 사상을 이해하는 핵심 열쇠라 할 수 있습니다. 인간은 감각 세계에 갇혀 있는 존재지만, 철학자는 그 한계를 뛰어넘어 진리와 이데아의 세계를 직접 본 자라는 겁니다. 어둠 속에서 그림자만 보던 이가 동굴 밖으로 나가 태양을 마주하는 순간, 비로소 참된 실재를 깨닫게 되는 과정을 그린 이 비유는 지식과 무지, 깨달음과 착각을 구분하는 플라톤 인식론의 토대가 되었습니다. 아울러 플라톤은 교육과 예술의 역할, 여성의 평등한 참여, 공동체적 삶의 중요성 등을 논하며, 개인적 욕망보다 공동선을 중시하는 사회를 이상으로 제시했습니다.

그렇다면 플라톤이 『국가』를 통해 말하고자 했던 바는 무엇일까요? 플라톤은 이상적인 국가 체제 설계에 그치지 않고, 인간과 공동체가 추구해야 할 가치와 원리를 심층적으로 제시했습니다.

정의의 본질부터 살펴보지요. 플라톤에게 정의란 단순히 법이나 규칙을 철저히 지키는 것이 아니라 각자가 자신의 역할을 충실히 수행하며 전체의 조화를 이루는 상태, 그게 바로 정의였습니다. 오늘날에도 정치, 경제, 사회 모든 영역에서 정의의 기준을 둘러싼 논쟁이 계속되고 있지요. 롤스의 정의론을 비롯해 현대 정치철학의 주요 이론들은 모두 플라톤이 제기한 '정의란 무엇인가'라는 질문에서 출발했다고 해도 과언이 아닙니다. 플라톤의 통찰은 정의를 사회 구조와 개인의 윤리 모두에서 동시에 고민하게 만드는 지적 토대를 제공했습니다.

철인 통치자 개념도 새롭게 읽어볼 필요가 있습니다. 쉽게 말하면 권력을 가진 자는 정치 기술자가 아니라 지혜와 도덕성을 갖추고 공공선에 헌신하는 인물이어야 한다는 주장입니다. 현대 민주사회에서 철인정치가 직접 구현되기는 어렵겠지만, 정치인은 지식과 도덕성을 갖추어야 한다는 원칙만은 여전히 유효하며, 지도자 선택의 중요한 기준이 됩니다.

교육에 대한 플라톤의 견해는 더욱 흥미롭습니다. 올바른 국가 건설의 기초를 교육에서 찾았거든요. 교육이란 지식을 주입하는 과정이 아니라 영혼을 진리와 선으로 이끄는 과정이라 본 겁니다. 동굴 속 죄수를 밖으로 이끌어 태양을 보게 하는 것처럼, 교육은 무지에서 지혜로, 그림자에서 실재, 즉 이데아의 세계로 나아가게 하는 변화의 여정이라 할 수 있지요. 오늘날에도 교육은 민주 시민을 양성하고 사회 발전을 책임지는 핵심 축입니다. 비판적 사고, 윤리적 판단, 공동체 의식을 기르는 방향으로 교육 개혁을 이루어야 함을 시사하는 대목이지요. 듀이, 프레이리, 누스바움 등 현대 교육철학자들이 제시한 민주 교육, 비판 교육, 인문 교육의 이론적 뿌리에도 플라톤의 교육관이 자리하고 있습니다.

『국가』는 개인의 자유와 공동체 규범과의 조화를 어떻게 이룰 것인가 하는 고전적인 질문도 던집니다. 각자가 자신에게 맞는 역할을 성실히 수행하며 공공선을 우선시할 때, 공동체는 안정과 번영을 누릴 수 있다는 플라톤의 견해는 현대 사회의 사회적 책임, 협력, 연대의 가치와도 맞닿아 있습니다. 나아가 '국가란 무엇인가'라는 물음에 대해 플라톤은 시민들의 덕성에 바탕해 공동선을 추구하는 윤리적 공동체로서의 국가상을 제시했습니다.

플라톤의 사상을 접하면서 놀라웠던 점은, 그의 정의론, 교육의 본질, 국가의 의미에 관한 탐구가 이후 수많은 논쟁을 거치면서 오늘날의 정치철학, 교육철학, 국가론에 이론적 틀을 제공했다는 점입니다. 아리스토텔레스가 스승의 이상주의를 비판하며 현실주의적 정치학을 발전시킨 것도, 근대 계몽주의자들이 교육을 통한 이성적 시민 양성을 주장한 것도, 모두 플라톤이 던진 근본 질문들에 대한 응답이었던 셈입니다.

물론 플라톤의 이상 국가는 현실에서 완벽히 구현되기 어렵습니다. 하지만 그 이상은 여전히 정치와 사회를 비판하고 방향을 제시하는 나침반 역할을 하고 있지요. 우리는 이상주의와 현실주의 사이에서 균형을 찾으며, 제도를 개선하고 동시에 성숙한 시민 의식을 길러가야 한다는 점을 배울 수 있습니다.

14

행복이란 무엇인가, 어떻게 살아야 하는가

아리스토텔레스, 『니코마코스 윤리학』

고대 그리스 철학자 중에서 플라톤과 함께 서양 철학의 두 기둥을 형성하면서 자주 비교되는 철학자로 아리스토텔레스를 논하지 않을 수 없습니다. 그가 쓴 『니코마코스 윤리학』은 서양 윤리학의 기초를 세운 저작으로, 행복과 덕을 중심 주제로 삼고 있습니다. 플라톤의 제자이자 알렉산더 대왕의 스승이었던 그가 철학사에서 차지하는 위치는 실로 막중합니다. 그의 주옥같은 철학 사상을 논하지 않고서는 철학에 입문할 수 없다는 말에 전적으로 동의하게 되는데요. 그도 그럴 것이 형이상학에서 자연과학, 정치학에서 윤리학에 이르기까지 오늘날 우리가 연구하는 거의 모든 학문 분야의 토대를 놓은 인물이기 때문입니다.

『니코마코스 윤리학』에서 아리스토텔레스는 인간 삶의 궁극적 목적을 에우다이모니아 eudaimonia라 규정했습니다. 흔히 '행복' 또는 '잘 사는 삶'으로 번역되는 이 개념은, 쾌락이나 부, 명예 같은 외적 가치와는 차원이 다릅니다. 그는 인간 고유의 이성적 활동을 덕에 따라 실현할 때 비로소 진정한 행복에 이른다고 본 겁니다.

덕arete에 관한 설명은 체계적이면서도 실용적입니다. 덕을 지적인 덕과 도덕적 덕으로 나누어 살폈는데요, 지적 덕은 교육과 학습을 통해 형성되고, 도덕적 덕은 습관과 반복적 실천을 통해 길러진다는 겁니다. 마치 악기 연주를 배우듯, 덕도 꾸준한 연습과 체화의 과정을 거쳐야 한다는 뜻입니다. "제비 한 마리가 왔다고 봄이 온 것은 아니다"라는 말을 들어 보셨나요? 바로 꾸준한 덕의 실천을 강조한 말입니다.

특히 그가 강조한 개념이 중용meson입니다. 덕은 과도함과 부족함 사이에서 이성적 선택을 통해 올바른 균형을 찾는 것이라 정의했거든요. 용기라는 덕목을 예로 들면, 무모함과 비겁함 사이의 적절한 균형점을 찾는 것입니다. 절제는 방종과 무

감각 사이에서, 관대함은 낭비와 인색함 사이에서 발견됩니다.

우정의 가치도 크게 강조했습니다. 참된 우정은 이익이나 쾌락 때문이 아니라 선을 지향하며 상대방의 덕과 인격을 존중하는 관계라고 보았지요. 공리적 관계나 쾌락적 관계는 목적이 사라지면 함께 소멸할 뿐이고 덕에 기반한 우정만이 영속성을 지닌다는 겁니다.

정의dikaiosynē에 대해서는 개인적 차원을 넘어 공동체적 차원에서 설명합니다. 정의로운 삶이 사회적 조화를 이끄는 핵심 원리임을 밝혔는데요. 분배적 정의와 교정적 정의를 구분하면서, 각자의 몫과 사회적 균형에 관한 심오한 논의를 펼칩니다.

실천적 지혜phronesis라는 개념도 빼놓을 수 없습니다. 도덕적 삶은 추상적 이론이 아니라 구체적 상황 속에서 올바른 판단을 내리는 능력에 달려 있다고 했거든요. 리더십에 바탕한 윤리적 의사결정을 내려야 할 때, 전문 직업윤리(특히 의사·교사·법조인 등)에서 여전히 가장 중요한 원칙으로 남아 있는 것도 바로 이 때문입니다. 매뉴얼이나 규칙만으로는 해결할 수 없는 복잡한 윤리적 딜레마 앞에서, 실천적 지혜야말로 우리가 의지해야 할 나침반이라 하겠습니다.

아리스토텔레스는 인간을 정치적 동물zōon politikon이라 불렀습니다. 행복은 혼자가 아니라 공동체 속에서 실현된다는 말이지요. 개인주의적 풍조가 강한 오늘날, 공동체적 책임과 협력의 윤리를 다시 일깨워 주면서, 우리가 본질적으로 관계적 존재임을 상기시키는 대목입니다.

『니코마코스 윤리학』은 우리에게 이런 질문을 던집니다. "행복이란 무엇인가, 어떻게 살아야 하는가?" 아리스토텔레스는 균형 잡힌 삶, 실천적 지혜, 덕을 통한 자아실현, 공동체적 책임이라는 답을 내놓습니다. 어떤가요? 이제 여러분의 대답을 들을 차례입니다.

플라톤과 아리스토텔레스는 서양 철학을 지지하고 있는 두 개의 큰 기둥입니다.

Ⅱ 어떻게 살아야 하는가
― '좋은 삶'의 철학

01

인간이 지켜야 할 도리와 의무

키케로, 『의무론』

인류는 오랜 시간 세계의 기원과 존재의 본질을 물었습니다. 이 세계는 어디서부터 시작되었는가, 인간은 무엇인가, 사회는 무엇이고 국가는 어떤 모습이어야 하는가? 이제 우리는 한 걸음 더 나아가 또 다른 질문 앞에 섭니다. "그렇다면 주어진 세계 속에서 나는 어떻게 살아야 하는가."

존재의 근원을 탐구하는 일도 중요하지만, 결국 우리는 매일의 선택 앞에서 고민하는 구체적 삶을 살아가는 한 개인입니다. 무엇이 옳은 삶인지, 어떤 가치를 좇아야 하는지, 내 안의 갈등과 욕망을 어떻게 다스려야 하는지. 이 질문들과 치열하게 씨름해야 하지요. 혼돈의 시대를 헤치며 살아간 한 아버지가 아들에게 전한 속 깊은 편지인 키케로의 『의무론』이 그 좋은 길잡이가 됩니다.

로마 공화정 말기, 혼란의 소용돌이 속에서 쓰인 윤리 철학서인 키케로의 『의무론』은 아들 마르쿠스에게 건네는 편지 형식을 빌려 쓰인 책입니다. 서간문의 형태지만 그 안에는 모든 시대의 인간이 지켜야 할 도덕적 의무와 실천적 삶의 지혜가 담겨 있습니다.

키케로는 의무를 크게 두 가지로 나눕니다. 하나는 도덕적 선honestum에 따른 의무이고, 다른 하나는 유용성expediens에 따른 의무라고 하겠습니다. 두 가지가 충돌하는 것처럼 보일 때도 있지만, 그는 참된 의무란 결국 도덕과 유용성이 하나로 만나는 지점에 있다고 보지요. 궁극적으로는 도덕성이 우위에 있다는 것이 그의 확고한 입장이었습니다.

『의무론』에서 키케로가 제시하는 인간 본성의 네 가지 근본적 덕목은 지혜prudentia, 정의iustitia, 위대함magnitudo animi, 그리고 적절성decorum입니다. 지혜는 진리를 추구하고 올바른 판단을 내리는 능력이며, 정의는 타인에게 해를 끼치지 않고 공동의 이익을 추구하는 덕입니다. 위대함은 어려움 속에서도 고결

한 정신으로 나아가는 용기와 결단력을, 적절성은 사회적 관계에서 조화롭고 품위 있는 태도를 뜻하죠. 타인에게 해를 끼치지 않고 공동선을 추구하는 것이야말로 인간 본성에 가장 합당한 길이라 여겼습니다.

그가 받아들인 스토아적 인류 공동체 사상은 또 어떤가요? 인간은 이성적 존재로서 서로를 존중해야 한다는 생각은, 로마 시민권 중심의 실천적 맥락에서 출발해 후대에 세계 시민 의식의 철학적 토대로 이어졌습니다.

오늘날 기업은 이윤 추구와 사회적 책임 사이에서, 정치인은 당리당략과 공익 사이에서, 개인은 자기 이익과 타인 배려 사이에서 매 순간 선택을 요구받습니다. 키케로가 말한 '도덕적 선과 유용성의 조화'가 단순한 고전적 이상이 아니라, 바로 지금 우리가 풀어야 할 실천적 과제라는 뜻이지요.

일례로 환경 문제를 생각해 봅시다. 기업의 단기적 이익(유용성)과 생태계 보존(도덕적 의무)이 충돌하는 듯 보이지만, 키케로의 관점에서 보면 참된 유용은 결국 지속 가능한 경영과 만나게 됩니다. 공정 무역, 윤리적 소비, 사회적 기업 같은 오늘날의 움직임이 바로 이 지점에서 출발한다고 하겠습니다.

02

자신의 내면을 들여다볼 용기

아우구스티누스, 『고백록』

아우구스티누스의 『고백록』은 서양 기독교 사상사에서 가장 중요한 자전적 신앙 고백서로 꼽힙니다. 인류 역사상 가장 유명한 고백록이자 최초의 실존주의存在主義 저서라 할 수 있지요. 그만큼 인간 영혼의 내적 여정과 신을 향한 갈망을 깊이 있게 기록한 작품입니다.

총 13권으로 구성된 이 책에서 그는 어린 시절부터 청년기에 이르는 방황, 쾌락과 명예욕, 마니교 사상과의 접촉, 회의와 탐구의 과정을 진솔하게 고백합니다. 특히 젊은 시절을 방탕하게 보내고 지적 오만에 빠져 있던 자신을 숨김없이 드러내며, 인간의 나약함과 죄성을 적나라하게 보여주지요. 그러나 밀라노에서 암브로시우스 주교의 설교와 어머니 모니카의 간절한 기도로 감화받아, 결국 기독교 신앙을 받아들이고 세례를 받게 됩니다. 길고도 험난했던 그의 회심 과정은 오늘날 우리에게도 깊은 영감을 줍니다.

하지만 이 책의 본질은 단순한 자서전이 아니라는 점에 있습니다. 신 앞에서의 고백이자 참회이며, 동시에 인간의 기억·시간·창조와 같은 철학적 주제를 깊이 탐구하는 작품이지요. 그는 특히 첫머리에서 "주님, 당신을 위해 우리를 지으셨으니, 우리 마음은 당신 안에서 안식하기 전에는 평안이 없습니다"라는 유명한 고백을 남겼습니다. 이 한 문장은 인간 존재의 근원적 갈망을 압축적으로 보여주는 동시에, 현대를 살아가는 우리의 끝없는 불안과 허무를 설명해주는 열쇠이기도 합니다. 마지막 권에서는 창세기의 해석을 통해 시간과 영원의 문제를 사유하며, 신과의 합일을 향한 영혼의 여정을 마무리하지요.

인간의 불안, 욕망, 허무를 극복하고자 한 그의 고백은 오늘날 종교인뿐 아니라 세속적 삶을 사는 사람들에게도 깊은 울림을 줍니다. 현대인이 겪는 정체성의 혼란, 끝없는 경쟁 속에서 밀려드는 공허함과 관계의 단절은 아우구스티누스가 고백했던 내면의 갈등과 본질적으로 다르지 않습니다. 그는 개인적 체험을 솔직히 고백했지만, 그것은 한 인간의 삶을 넘어 모든 인간이 겪는 근원적 고민, 즉 죄책감과 욕망, 구속과 해방을 담아냅니다.

바삐 돌아가는 세상 속에서 우리는 우리 자신의 내면을 얼마나 들여다보고 있을까요? 자기 성찰을 통해 삶의 의미를 발견하고, 내면의 진실을 고백하는 시간이 필요한 때입니다.

인류 역사상 가장 유명한 고백록이자 참회와 성찰의 기록. 자신을 직시하는 용기가 삶을 보석처럼 빛나게 합니다.

고전 격차

03

내 마음이 곧 부처

지눌, 『보조법어』

불교의 관점에서 본 나의 내면은 어떤 모습일까요? 『보조법어普照法語』는 고려시대 보조국사 지눌知訥이 제자들을 교화하기 위해 남긴 설법과 가르침을 모은 어록집입니다. 제자와의 문답, 선어록 인용, 수행 지침 등을 통해 불교 수행의 핵심을 전합니다. 특히 돈오점수頓悟漸修 사상이 담겨 있는데요, 깨달음은 단번에 얻되 그 깨달음을 완전히 구현하기 위해서는 점진적 수행이 필요하다는 그의 유명한 교리입니다.

지눌이 활동하던 시기는 12세기 후반에서 13세기 초반으로, 당시 고려 불교는 형식적 의식과 교단 권위에 치우쳐 본래의 정신을 잃어가고 있었습니다. 사찰은 웅장해졌지만, 정작 수행자들의 마음은 텅 비어 있었던 겁니다. 지눌은 참된 수행과 실천을 중시하며 선禪의 본질을 회복하고자 했고, 그의 노력은 바로 이 책 속에 고스란히 담기게 되었습니다.

당시 고려 불교가 의식과 교단 권위에만 집착하는 모습을 보이자, 지눌은 개인의 내적 수행을 강조했습니다. 경전이나 형식보다 마음의 본성을 깨닫는 것을 중시했던 그는, "자기의 마음이 곧 부처인지라 부처를 지니고 부처에게 절하지 말라"고 설파했습니다. 어리석은 중생은 마음 밖에 딴 부처가 없음을 알지 못하고, 밖으로만 구하려 든다는 것이지요. 금박을 입힌 불상 앞에서 수백 번 절하는 것보다, 자신의 본성을 들여다보는 것이 진정한 수행이라는 가르침입니다. 마음 안에서 진리를 찾도록 이끈 지눌의 이 화두는, 종교를 넘어 인간 존재의 근원을 묻는 철학적 질문이기도 합니다.

무엇보다 지눌은 교리 해설에 그치지 않고, 수행자와 일반 대중 모두가 이해하고 실천할 수 있는 생활 속 불교를 제시하려 애썼습니다. 복잡한 경전 용어를 풀어 설명하고, 일상에서 마주하는 번뇌와 집착을 어떻게 다스려야 하는지 구체적으로 일러주었지요. 그의 가르침은 오늘날 내면 성찰과 마음 다스림의 지혜로 이어지고 있습니다.

빠른 변화와 경쟁이 일상화된 현대 사회 속에서, 우리는 끊임없이 바깥을 향해 달려갑니다. 더 나은 직장, 더 높은 연봉, 더 많은 인정을 좇지요. 그러나 지눌이 말한 "마음 밖에 딴 부처가 없다"는 가르침은, 진정한 답은 외부가 아닌 내면에 있음을 일깨워줍니다. 잠시 멈추어 자신을 돌아보고 마음을 다스리는 수행의 가치, 그것이야말로 현대인에게 절실한 마음 공부가 아닐까요?

현대인은 흔히 순간의 통찰(돈오)에 머무르기 쉽습니다. 한 권의 책을 읽고, 하나의 강연을 듣고, 짧은 여행을 다녀온 뒤 깨달음을 얻었다고 여기곤 하지요. 정작 일상으로 돌아오면 예전의 습관과 태도로 되돌아가기 일쑤입니다. 지눌이 강조한 점수漸修, 즉 일상의 꾸준한 실천은 바로 이 지점을 겨냥합니다. 먼저 본래 깨끗한 마음을 단번에 깨달았으면, 그 후 번뇌와 습기를 차츰 제거하는 실천의 과정을 반드시 거쳐야 한다는 것입니다. 자기 계발, 학문, 예술, 삶 전반에 적용되는 보편적 원리라 할 수 있습니다.

일례로 글쓰기를 배우는 사람을 생각해봅시다. 좋은 문장을 쓰는 방법을 순간적으로 깨달을 수는 있지만, 그것이 몸에 배어 자연스럽게 흘러나오려면 매일 조금씩 써야 합니다. 운동도 마찬가지입니다. 올바른 자세를 알았다고 해서 곧바로 몸이 완성되지는 않거든요. 지눌의 돈오점수는 이처럼 삶의 모든 영역에서 유효한 지혜랍니다.

깨달음은 순간에 얻어질 수 있지만, 그것을 온전히 살아내려면 평생의 수행이 필요합니다. 자기 성찰과 꾸준한 삶의 실천을 통해 진정한 자유와 평안을 얻을 수 있다는 지눌의 메시지, 마음 밖에 딴 부처가 없다는, 그 단순하지만 깊은 진리에 귀를 기울여보는 것은 어떨까요?

자기 마음이 곧 부처입니다. 어리석은 중생은 마음 밖에 딴 부처를 찾지요. 진리는 이미 내 안에 있습니다.

04

스스로 세운 보편적 법칙에 따른 삶

칸트, 『실천이성비판』

서양 철학의 유구한 역사 속에서, 임마누엘 칸트가 차지하는 위치는 우리가 반드시 마주하게 되는 커다란 산맥과도 같습니다. 『실천이성비판』은 그의 대표 저작으로 도덕 철학을 체계화한 저작입니다. 인간의 이성이 어떻게 도덕법칙을 인식하고 실천을 끌어내는지를 다루고 있지요. 칸트 철학의 3대 비판서 중 두 번째 저작에 해당하는 이 책은, 인간 이성의 한계를 논한 『순수이성비판』과 달리, 이성이 인간의 실천 영역, 즉 도덕과 자유의 영역에서 어떻게 작용하는가를 밝히려 했습니다.

칸트는 인간 행위의 근거를 쾌락이나 결과에서 찾는 공리주의적 입장과 선을 그었습니다. 그에게 모든 도덕 행위는 조건 적이지 않고 보편적으로 타당한 원리에 의해 규정되어야 했거 든요. 바로 정언명령 categorical imperative 이라 부르는 개념입니다. 정언명령의 대표적 표현은 "네 행위의 준칙이 언제나 동시에 보편적 입법의 원리가 될 수 있도록 행위를 하라"는 명제지요. 개인적 욕망이나 상황적 이익이 아니라, 이성이 인정할 수 있 는 보편적 법칙에 따라 행동해야 진정한 도덕성이 성립한다는 의미입니다.

도덕 행위의 동기를 의무에 두는 것도 칸트 철학의 특징입니 다. 인간은 자유로운 의지로써 자기 자신에게 도덕법칙을 부여 하는 존재라는 겁니다. 따라서 자유와 도덕은 서로 긴밀히 연 결된다고 보았지요. 도덕을 외부의 권위나 결과적 효용이 아니 라, 이성적 주체가 스스로 세운 보편적 법칙에 따라 행위를 하 는 것으로 규정한 까닭입니다.

나아가 칸트는 도덕적 실천이 궁극적으로 최고선 summum bonum 을 지향한다고 보았습니다. 최고선이란 도덕성과 행복이 조화를 이루는 상태를 뜻하는데요. 문제는 현실에서 둘이 쉽게 일치하지 않는다는 점이었습니다. 그래서 그는 최고선의 가능 성을 보장하기 위해 신과 영혼 불멸의 존재를 실천 이성의 가설로 제시했습니다. 비록 증명할 수는 없지만, 도덕적 실천을 지탱하는 믿음으로서 필요하다고 본 거지요.

『실천이성비판』이 오늘날 우리에게 전하는 메시지는 여러 겹으로 읽힙니다. 우선 인권 보편성, 인간 존엄성, 자율적 주체성을 뒷받침하는 철학적 근거로 작용합니다. 칸트는 모든 인간을 목적 그 자체로 존중해야 한다고 강조했거든요. 현대 사회에서 인공지능, 생명과학, 경제 체제 등에서 인간이 수단으로 전락할 위험이 커지고 있는 지금, 칸트의 사상은 인간을 자원이나 도구로 취급하지 말아야 한다는 윤리적 원칙을 강하게 제시한다고 볼 수 있습니다.

도덕법칙이 인간의 자유와 직결된다는 통찰도 깊이 새겨볼 대목입니다. 자유로운 존재이기에 스스로 도덕을 따를 수 있으며, 따라서 책임 또한 피할 수 없다는 게 칸트의 주장이었지요. 오늘날 개인의 자유가 강조되는 사회에서, 그의 사상은 자유와 책임이 함께 가야 한다는 점을 다시금 일깨워 줍니다. 그런 의미에서 현대 민주주의와 법치주의에도 깊은 흔적을 남겼다고 볼 수 있겠습니다.

오늘날 기술 발전과 글로벌 위기 속에서 인간은 수많은 가치 충돌을 경험합니다. 경제적 이익, 사회적 효율, 개인의 욕망이 우선시되는 현실 속에서, 『실천이성비판』은 보편적 도덕과 인간 존엄을 기준으로 삼아야 한다는, 일종의 나침반 역할을 하고 있습니다. 바로 "인간을 목적으로 대우하고 있는가?"라는 질문에 우리는 응답해야 할 것입니다.

1장에서 다루었던 노자의 『도덕경』에서 말하는 무위자연의 정치는 통치자가 인위적으로 개입하지 않고 백성 스스로 자연스러운 질서 속에서 살아가도록 한다는 사상이었습니다. 언뜻 보면 칸트의 엄격한 도덕법칙과 상반된 듯 보이지만, 둘을 깊이 들여다보면 묘한 접점이 드러납니다.

칸트가 말한 자율성 autonomy은 외부의 강제가 아니라 스스로 법칙을 세우고 따르는 자유를 뜻합니다. 노자의 무위 또한 억압적 통치가 아니라, 백성 스스로 도에 따라 조화롭게 살도록 내버려두는 지혜를 담고 있지요. 결국 두 사상 모두 인간의 자율적 본성을 존중하고, 외부의 인위적 개입을 경계한다는 점에서 공통점이 있습니다.

만약 칸트의 정언명령과 노자의 무위가 결합된 정치 체계를 상상해본다면 어떨까요? 통치자는 보편적 도덕법칙, 즉 모든 시민을 목적으로 대우하는 원칙을 확고히 세우되, 구체적 삶의 영역에서는 과도한 규제와 간섭을 삼가는 겁니다. 법과 제도는 최소한의 정의와 공정을 보장하는 틀만 제공하고, 시민들은 자신의 이성과 양심에 따라 자유롭게 삶을 꾸려갑니다. 권력은 최대한 절제되고, 개인의 자율성은 최대한 존중받는 사회 말입니다.

실제로 현대 민주주의의 이상도 여기에 가깝습니다. 인권과 법치라는 보편적 원칙 위에서, 개인의 다양한 삶의 방식을 존중하는 체제 말이지요. 다만 현실에서는 자본과 권력의 논리가 개입하며 이상에서 멀어지곤 합니다. 이건 인간이 여전히 본능을 따르는 존재이기 때문일까요?

노자의 자연과 칸트의 이성이 손잡는다면, 그것이야말로 이상 국가의 밑그림이 아닐까요.

05

만들어진 도덕

니체, 『도덕의 계보학』

프리드리히 니체의 『도덕의 계보학』은 도덕의 기원과 본질을 역사적·심리학적 관점에서 탐구한 철학서입니다. 그는 기존 도덕, 특히 기독교적 도덕을 선과 악의 이분법으로 이해하는 것을 비판하며, 도덕이 절대적 가치가 아니라 사회적·심리적 조건 속에서 형성되었다고 봅니다.

니체는 도덕을 두 가지 계보로 구분했습니다. 하나는 '주인 도덕'으로, 힘과 권력을 가진 귀족적 계층이 자신의 생존과 창조적 삶을 긍정하며 선을 정의한 도덕이라 하겠습니다. 다른 하나는 '노예 도덕'으로, 약자와 피지배 계층이 억압과 원한 속에서 선을 겸손, 순종, 자기희생 등으로 재정의한 것이지요. 노예 도덕은 힘과 생명력을 억압하며, 인간의 창조적 가능성을 제한한다는 게 그의 생각이었습니다.

도덕의 기원을 원한 ressentiment에서 찾은 점도 흥미롭습니다. 약자는 자신의 힘 부족을 인정하지 못하고, 힘 있는 자를 악으로 규정하며 도덕적 판단을 형성한다는 분석이지요. 니체가 보기에 기존 도덕은 인간 본능과 생명 의지를 억압하며, 삶을 부정하는 구조였던 겁니다.

그래서 니체는 이러한 도덕의 역사적·심리적 분석을 바탕으로, 삶을 긍정하고 개인의 자기실현을 강조하는 새로운 가치 창조를 제안했습니다. 초인 사상이 바로 여기서 나온 거죠. 결국 『도덕의 계보학』은 도덕을 절대적 기준으로 보지 않고, 인간 역사와 심리 속에서 해석합니다. 그럼으로써 기존 가치에 대한 근본적 비판과 함께 새로운 삶의 가능성을 모색하는 사상적 기초를 제공하고 있습니다.

그렇다면 이 작품이 오늘날 우리에게 전하는 메시지는 무엇일까요? 먼저 도덕의 상대성을 깨닫게 합니다. 니체는 도덕이 절대적이거나 보편적인 것이 아니라, 역사적·사회적 맥락 속에서 형성되었음을 드러냈습니다. 선과 악이라는 구분이 특정 계급이나 집단의 역학 관계 때문에 만들어졌다는 점은, 오늘날에도 우리가 당연하게 여기는 가치와 규범이 정말 누구를 위한 것인지 다시 묻게 하지요.

도덕과 권력의 관계도 빼놓을 수 없습니다. 약자가 원한과 무력감 속에서 강자의 가치를 뒤집어 노예 도덕을 만들어 내고 그 도덕이 힘에의 의지와 삶의 창조적 에너지를 억제해 왔다는 분석은 현대 사회의 도덕 담론과 권력관계를 이해하는 데 여전히 중요한 통찰을 줍니다. 정치, 언론, 교육, 종교 등에서 사용되는 도덕적 언어가 실제로는 노예·사제 계급이 보편적으로 확산시킨 결과 생겨난 가치 체계이자, 권력의 도구일 수 있다는 점을 성찰하게 하는 대목이지요.

니체가 죄의식과 양심을 내면화된 폭력으로 본 대목에서는 오늘날 사람들이 겪는 과도한 자기검열과 죄책감, 즉 사회 규범과 도덕적 기대 속에 내면화된 억압을 드러냅니다. 그는 자신을 구속하는 도덕적 굴레에서 벗어날 용기를 촉구합니다.

흥미로운 건 도덕과 법의 관계를 생각해 볼 때입니다. 흔히 '법은 도덕의 최소한'이라고 말하지만, 니체의 관점에서 보면, 법조차도 특정한 권력 관계와 사회 구조 속에서 형성된 합의, 즉 강자의 힘을 약화시키는 평준화 도구에 불과합니다. 법이 보호하는 가치가 과연 누구의 이익을 대변하는지, 법 너머의 '더 높은' 도덕적 요구가 또 다른 억압의 도구가 될 수는 없는지 질문하게 만들지요. 법을 지키는 것만으로 도덕적이라고 자부하는 태도, 반대로 법 너머의 도덕을 내세워 타인을 심판하는 태도 모두 니체가 경계한 도덕의 폭력성과 연결됩니다.

오늘날 다문화 사회, 젠더 문제, 생태 위기, 인공지능 시대 등 전에 없던 도전 속에서 이제는 과거의 도덕 규범만으로는 사회 질서를 유지하기가 쉽지 않습니다. 니체의 사상은 우리가 기존 가치에 안주하지 않고, 스스로 새로운 삶의 의미와 가치를 창조해야 한다는 점을 일깨웁니다. 비판적 성찰을 통한 자유와 새로운 가치 창조의 용기, 그것이 '망치를 든 철학자' 니체가 오늘날 우리에게 건네는 물음이라 하겠습니다.

'신은 죽었다'라고 선언한 니체가 진정 말하고 싶은 것은, 인간 스스로 새로운 가치를 창조하라는 것이었습니다.

06

불완전한 한 인간의 성장기

『간디 자서전: 나의 진실을 실험한 이야기』

마하트마 간디의 자서전은 한 사람의 삶이 어떻게 진리 탐구의 여정이 될 수 있는지 보여주는 고백록입니다. 그는 어린 시절부터 정직과 도덕적 삶을 중요시하며, 자신을 끊임없이 시험하고 반성했습니다. 진리에 다가가기 위해 일상에서 작은 약속과 도덕적 선택을 지키려 애썼고, 이를 통해 내적 성찰과 성장의 과정을 기록했습니다.

주목할 만한 점은 간디가 신을 초월적 존재로 보기보다는, 인간이 추구해야 할 도덕적 절대선으로서의 진리와 동일시했다는 점입니다. 그에게 신은 멀리 있는 숭배의 대상이 아니었습니다. 오히려 매일의 선택과 행동 속에서 구현해야 할 진리 그 자체였지요. 그래서 그의 삶 대부분은 금욕, 비폭력, 불복종 운동 등으로 이어졌는데 모두가 이 진리를 실험하고 증명하는 과정이었다고 할 수 있습니다. 신앙을 관념이 아닌 구체적 실천으로 살아낸 셈이지요.

청년기 런던 유학 시절, 간디는 서구 문화를 접하며 새로운 문화와 인도의 전통적 가치를 양립시킬 수 있는 윤리적 삶을 모색했습니다. 그는 채식과 금욕, 자제 등을 실천하며 자신을 다스렸습니다. 먹고 입고 살아가는 모든 순간이 영적 수련의 장이 되도록 한 것입니다. 진리를 향한 실험은 특별한 곳이 아니라 일상의 작은 습관에서 시작되었습니다.

남아프리카에서 인종차별과 불의에 맞서면서 그는 비폭력 저항과 시민 불복종의 방법을 실험했습니다. 개인적 진실이 사회적 정의와 연결될 수 있음을 몸소 체험한 거지요. 진리를 말이 아니라 행동과 생활 속 실천으로 증명해야 한다고 믿었고, 이를 위해 고통과 시련 속에서도 끊임없이 자기 자신을 점검하고 다듬었습니다. 한 번의 성공이나 깨달음으로 끝나는 게 아니었습니다. 하루하루가 새로운 시험이고 실험이었으니까요.

자서전을 쓰면서 간디는 자신의 윤리적 실험과 내적 성찰, 삶

전체를 통한 진리 탐구 과정을 솔직하게 드러냈습니다. 완벽한 성인의 모습을 보여주기보다, 불완전한 인간이 어떻게 성장하고 배워가는지 있는 그대로 기록한 겁니다. 인간으로서의 도덕적 책임과 사회적 참여의 중요성을 보여주는 것은 물론, 완벽하지 않은 인간이 어떻게 진리를 향해 나아갈 수 있는지 증명했지요. 실패와 좌절조차 진리에 다가가는 과정의 일부로 받아들였던 겁니다.

그가 강조한 아힘사(비폭력)와 사티아그라하(진리의 힘)는 20세기 인권운동, 민권운동, 민주화 운동에 큰 영향을 주었습니다. 마틴 루터 킹, 넬슨 만델라 같은 지도자들이 간디의 비폭력 저항 방식을 받아들여 역사를 바꿨지요. 현대 사회에서도 전쟁, 테러, 사회적 갈등을 해결하는 방식으로 비폭력 대화와 평화적 저항은 여전히 중요한 실천 전략이 되고 있습니다. 폭력으로는 상대를 굴복시킬 수 있을지 몰라도, 마음을 움직일 수는 없으니까요.

정리하자면, 간디는 거대한 사회 변화를 이루려면 먼저 개인이 변해야 한다고 믿었습니다. "내가 변화하면 세상도 변화한다"라는 그의 믿음은 오늘날 환경운동, 시민운동, 지역공동체 운동 속에서 여전히 울림을 줍니다. 큰 변화를 기다리지 말고, 지금 당장

내가 할 수 있는 것부터 시작하라는 메시지입니다. 세상을 탓하기 전에 자신부터 돌아보라는 가르침이기도 하고요.

또한 지도자라면 카리스마나 웅변이 아니라 일관된 삶의 태도를 지니는 것이 진정한 리더십의 토대임을 강조한 점도 잊지 말아야 합니다. 말과 행동이 일치하고, 자신에게 엄격하며, 타인에게는 관대한 진정한 지도자상이 필요한 때입니다.

간디에게 신은 멀리 있는 존재가 아니었습니다. 진리 그 자체였지요. 금욕과 비폭력, 불복종으로 그는 이 진리를 몸소 증명했습니다.

고전
격차

III 권력과 사회계약
— 국가의 정당성

01

불확실한 시대의 권력과 인간

마키아벨리, 『군주론』

우리는 지금까지 1, 2장에 걸쳐 개인의 내면을 주로 들여다보았습니다. 어떻게 살아야 하는가, 무엇이 선한 삶인가, 나의 욕망과 불안을 어떻게 다스려야 하는가. 그런데 인간은 혼자 살아가는 존재가 아닙니다. 우리는 공동체 속에서 태어나고, 타인과 관계를 맺으며, 국가라는 틀 안에서 살아갑니다.

앞선 논의에서도 그러한 점들을 조금씩 다루긴 했지만, 이제 본격적으로 그 본질과 관련된 질문을 해야 할 때입니다. "누가 우리를 다스릴 것인가. 권력은 어디서 나오며, 국가는 어떤 근거로 정당성을 얻는가." 개인의 윤리에서 공동체의 정치로 한 걸음 더 나아가는 출발점에 서 있는 인물이 바로 니콜로 마키아벨리입니다.

마키아벨리의 『군주론』은 군주가 권력을 획득하고 유지하며 국가를 안정적으로 통치하기 위한 실제적 지침을 담은 정치사상서입니다. 16세기 초 이탈리아 반도가 분열과 외세 침략으로 혼란에 빠져 있을 때, 마키아벨리는 강력한 통치자의 필요성을 절감하며 이 책을 집필했습니다. 흥미롭게도 『군주론』은 마키아벨리가 살아 있을 때는 빛을 보지 못했습니다. 그가 세상을 떠난 지 5년이 지난 1532년, 로마에서 비로소 출간되었지요.

왜일까요? 마키아벨리가 제시한 사상은 당시로서는 파격 그 자체였습니다. 고대와 중세를 관통해 온 전통적인 도덕과 사상에 정면으로 반기를 들었던 최초의 철학서라 할 수 있거든요. 군주가 도덕적 선이나 종교적 규범보다 현실적 효과와 결과를 중시해야 한다는 그의 주장은 당시로서는 받아들이기 어려웠습니다. 인간은 본성적으로 이기적이고 변덕스럽기 때문에, 군주는 필요하다면 거짓과 기만, 심지어 폭력도 사용할 수 있어야 한다는 것이었기 때문이지요.

당연히 거센 반발이 뒤따랐습니다. 영국의 레지널드 폴 추기경은 『군주론』을 '악마의 사상'이라 맹렬히 비난했고, 교황청은 마키아벨리의 모든 저서를 금서로 지정하기에 이릅니다. 그만큼 종교와 도덕이 지배하던 중세 시대에 『군주론』이 던진 메시지는 충격적이었던 겁니다.

다만 마키아벨리가 무자비한 폭정을 권장한 것은 아니었습니다. 상황에 따라 과감한 결단과 냉철한 현실 인식이 필요하다고 본 것이지요. 군주는 사랑받는 것보다 두려움의 대상이 되는 편이 안전하다고 했지만, 증오를 받는 것만은 피해야 한다고 강조했습니다. 두려움은 통제 가능하지만 증오는 언제든 반란의 씨앗이 되기 때문입니다. 또한 군주는 군사력을 직접 통제하고 용병에 의존하지 말아야 하며, 국가의 안정을 위해 법과 무력의 균형을 유지해야 한다고 설명했지요. 용병은 충성심이 약하고 위기 상황에서 믿을 수 없다는 것이 그의 판단이었습니다.

그렇다면 한 가지 의문이 듭니다. 민주주의가 주류를 이루는 오늘날, 절대 군주를 위한 지침서인 『군주론』이 과연 의미가 있을까요? 『군주론』이 가지는 의의는 정치에서 도덕을 분리하고 권력의 현실적 논리를 드러냄으로써 근대 정치학의 출발점이 되었다는 점에 있습니다. 이후 '마키아벨리즘'이라는 현실주의적 정치철학의 대명사로 자리 잡았고, 오늘날까지도 권력과 통치의 본질을 이해하는 중요한 텍스트로 읽히고 있지요.

마키아벨리는 있는 그대로의 인간을 직시했습니다. 인간을 이기적이고 변덕스러운 존재라 봅니다. 따라서 지도자는 현실을 이상이 아닌 실제로 바라보아야 하며, 때로는 도덕보다 효율성과 결과를 우선해야 한다고 말합니다.

그런 의미에서 그가 제시한 이상적인 군주상은 사자의 용맹과 여우의 지혜를 겸비한 인물입니다. 사자처럼 강력한 힘으로 적을 제압하되, 여우처럼 교활하게 함정을 피할 줄도 알아야 한다는 겁니다. 오늘날 위기관리 능력, 유연한 사고, 전략적 판단력을 갖춘 리더의 자질과도 일치하지요. 특히 빠르게 변화하는 현대 사회에서, 고정된 도덕 기준보다는 상황에 맞는 결단력이 더욱 중요해지는 현실과도 잘 들어맞습니다.

한편 『군주론』은 종종 '목적을 위해 수단이 정당화된다'라는 마키아벨리즘으로 비판받기도 합니다. 어찌 보면 자연스러운 반응입니다. 그러나 책을 자세히 들여다보면, 마키아벨리가 강조한 것은 권모술수가 아니라 공공의 안정을 위한 실천적 선택이었습니다. 현대 사회에서도 지도자는 모든 사람을 만족시킬 수 없으며, 때로는 비판을 감수하고서라도 강단 있는 결정을 내려야 할 필요가 있습니다. 코로나19 팬데믹 시기에 각국 정부가 내린 봉쇄 조치나 백신 정책이 그 예라 할 수 있겠지요.

니콜로 마키아벨리의 『군주론』은 불확실한 시대를 살아가는 리더들에게 주는 현실적 조언서라 할 수 있습니다. 오늘날 우리는 그로부터 도덕과 현실 사이의 균형, 리더십의 본질, 정치와 권력의 작동 원리를 배울 수 있습니다. 마키아벨리가 말한 진실은 지금 이 순간에도 변함없이 유효합니다. "사람은 변화하지 않으며, 권력은 여전히 인간을 시험한다."

02

권력은 누구로부터 나오는가

로크, 『정부론』

존 로크의 『정부론』, 특히 『통치론 제2편』은 근대 자유주의 정치철학의 기초를 세운 저작입니다. 정부의 존재 의의를 개인의 자유와 권리를 보장하는 것에 두고 이를 규명하는 데 초점을 맞춘 작품이지요. 국민주권의 원리, 권력 분립, 저항권 등을 인정한 자유민주주의의 원형이자 근대 정치사상의 기반을 제공한 문헌이랍니다.

로크는 인간이 본래 자연 상태에서 생명·자유·재산이라는 자연권을 평등하게 지니고 있다고 보았습니다. 그러나 자연 상태에서는 권리 보장이 불완전하고 갈등이 빈번히 발생하기 때문에, 사람들은 상호 합의로 사회계약을 맺어 정부를 수립한다고 설명하지요. 이때 정부의 정당성은 국민의 동의에 기초하며, 정부의 가장 큰 임무는 개인의 자연권 보호에 있습니다. 따라서 권력을 맡은 자가 권한을 남용하거나 시민의 권리를 침해한다면, 국민은 저항권을 행사하고 새로운 정부를 세울 권리가 있다고 하였습니다.

로크는 입법권을 최고의 권력으로 보되, 입법부 역시 법에 따라 제한되어야 하며 권력 분립을 통해 권력 남용을 방지해야 한다고 강조하였습니다. 그의 사상은 이후 미국 독립선언과 근대 민주주의의 기본 원리에 깊은 영향을 끼쳤으며, 자유·평등·재산권 보장의 정치적 토대를 마련했지요. 17세기 영국의 정치적 혼란 속에서 등장한 이 저작이 오늘날 우리에게 전하는 의미를 살펴보면 다음과 같습니다.

우선 천부인권의 보편성을 들 수 있습니다. 로크는 모든 인간이 생명, 자유, 재산이라는 권리를 가지고 태어난다고 보았습니다. 현대 민주국가의 헌법과 인권선언은 바로 이 사상을 토대로, 정부의 권력이 시민의 권리를 보장할 때만 정당하다고 규정하고 있지요. 그래서 통치자가 권력을 남용할 때 이를 견제하고, 권력이 국민 위에 군림하는 것을 막는 기준이 되는 것입니다.

사회계약론과 민주주의의 제도적 구현 또한 중요합니다. 로크에 따르면, 정부는 국민과의 사회계약을 통해 수립됩니다. 오늘날의 선거, 의회 제도, 권력 분립 등은 모두 국민이 동의한 권력만이 합법적이라는 로크의 사상을 제도화한 결과라 할 수 있지요. 국민주권의 원리가 단순한 이념에 그치는 것이 아니라 구체적인 정치 시스템으로 자리 잡은 결과입니다.

한편, 로크는 정부가 권리를 침해하거나 계약을 위반하면 국민은 저항권을 행사할 수 있다고 보았습니다. 현대 사회에서 부당한 권력에 맞선 민주화 운동, 인권 시위, 시민 저항의 철학적 근거가 되고 있는 것이지요. 우리나라를 비롯해 독재 정권에 저항한 각국의 민주화 투쟁이 정당성을 얻을 수 있었던 배경에는 로크의 사상이 깔려 있다고 할 수 있습니다.

로크의 사상은 법치주의의 확립에도 결정적 역할을 했습니다. '모든 사람은 법 앞에 평등하며, 권력도 법에 구속된다'라는 원칙을 세우는 데 기여한 것이지요. 이 원칙은 현대 국가에서 권력의 부패를 방지하고, 사법을 독립시키며, 권력 분립을 유지하는 근간이 되고 있습니다.

'권력은 국민을 위해 존재한다'라는 민주주의의 근본 원리를 명확히 제시한 이 고전은 지금도 헌법의 정신, 인권 보호의 기준, 부당한 권력에 대한 저항의 정당성을 뒷받침하는 철학적 기둥으로 작동하고 있습니다. 자유민주주의 체제를 살아가는 우리가 누리는 자유와 권리, 그리고 정부를 향해 목소리를 낼 수 있는 힘의 뿌리가 바로 여기에 있다고 하겠습니다.

국민주권, 권력 분립, 저항권을 명확히 세운 고전. 자유민주주의의 원형이 바로 이 책 안에 있습니다.

권력과 사회계약

03

자유를 지키는 권력 분립의 원리

몽테스키외, 『법의 정신』

몽테스키외의 『법의 정신』은 근대 정치사상과 헌법 발전에 큰 영향을 끼친 저작으로, 법과 제도가 어떻게 인간 사회와 국가를 지탱하는지를 탐구한 책입니다. 그는 법을 단순한 명령이나 규범으로 보지 않았습니다. 인간의 본성과 사회적 조건, 지리와 기후, 풍습과 종교, 경제적 토대에 따라 달라지는 복합적인 질서로 이해했지요.

그는 정치 체제를 공화정·군주정·전제정으로 나누고, 각각이 유지되기 위한 원리를 덕성·명예·공포로 설명했습니다. 그러나 무엇보다 중요한 사상은 삼권분립론이었습니다. 권력이

한 곳에 집중되면 필연적으로 폭정이 발생한다고 본 그는, 입법·행정·사법을 분리하여 상호 견제와 균형을 이루어야 자유가 보장된다고 주장했습니다. 자유란 무제한적 방종이 아니라 법이 허용하는 범위 안에서 안전하게 행동할 수 있는 상태라는 게 그의 정의였지요.

입헌정치를 통해 권력의 남용을 막고 국민의 기본권을 보장해야 한다는 그의 사상은 당시로서는 혁명적인 발상이었습니다. 아울러 법의 다양성이 자연적·사회적 환경과 역사적 맥락 속에서 형성된다고 강조하며, 특정한 법 제도가 모든 나라에 똑같이 적용될 수 없음을 역설했습니다.

이 책은 이후 미국 독립혁명과 프랑스 대혁명에 직접적 사상적 영향을 주었습니다. 미국 헌법의 삼권분립 원칙과 프랑스 인권선언의 자유·평등 이념이 모두 『법의 정신』의 토대 위에서 꽃피웠다고 할 수 있지요. 이렇듯 근대 민주주의와 입헌주의의 사상적 기초를 닦으며, 정치와 법, 권력 구조에 관한 현대 정치학의 출발점이 되었습니다.

몽테스키외가 제시한 입법·행정·사법의 삼권분립 원칙은 현대 거의 모든 민주국가 헌법의 핵심이 되었습니다. 권력이 한 손에 집중될 때 필연적으로 부패와 독재가 발생한다는 그의 통찰은, 오늘날에도 정치적 견제와 균형의 기본 논리로 작동하고 있습니다. 현대 한국 사회만 봐도 대통령과 국회, 법원이 서로를 견제하며 균형을 맞추려 애쓰는 모습에서 그의 사상이 살아 숨 쉬고 있음을 확인할 수 있지요.

한편 몽테스키외는 기후, 역사, 풍습, 종교 등 사회의 다양한 조건이 법과 제도에 영향을 준다고 보았습니다. 같은 민주주의라도 미국식 대통령제와 영국식 내각제가 다르고, 북유럽의 복지국가 모델과 아시아의 발전국가 모델이 다른 까닭을 설명하는 부분입니다. 오늘날 각국의 정치 제도를 똑같이 복제하기보다 상황에 맞게 설계해야 함을 시사하고 있습니다.

그가 주장한 '국가 간 권력 균형'의 원리는 현대 국제사회에서 외교 정책과 국제기구 운영에도 적용됩니다. 유엔 안전보장이사회의 거부권 제도나 G7, G20 같은 국제 협의체가 강대국의 패권을 견제하고 평화를 유지하기 위한 제도적 협력의 장치로 기능하는 것도 그의 사상과 맞닿아 있습니다.

『법의 정신』이 전하는 메시지를 한마디로 정리하자면, 권력의 분산과 법 앞의 평등을 통한 자유 보장이라 하겠습니다. 시민이 주체적으로 자유를 지켜가려는 노력 속에 그 가치는 여전히 살아 숨 쉬고 있습니다.

04

자연으로 돌아가 인간을 키우다

루소, 『에밀』

장 자크 루소의 『에밀』은 인간 교육의 원리를 탐구한 교육 철학서입니다. 자연 상태에서의 인간 본성을 존중하며 성장 단계에 맞는 교육을 제시한 작품이지요. 근대 교육사상에 큰 전환점의 토대를 이룬 저서로, 교육은 자연의 질서에 따라 자율성과 개성을 존중해야 한다고 주장했습니다.

루소는 사회가 인간을 타락시킨다고 보았습니다. 아이는 태어날 때부터 선하며 자연과 더불어 자유롭게 자라야 한다는 것이 그의 주장이었어요. 이에 따라 작품은 가상의 어린이 '에밀'을 주인공으로 설정해, 유아기에서 청년기에 이르기까지의 발달 단계별 교육 방법을 구체적으로 펼쳐 보입니다.

유아기에는 신체적 발달과 감각 훈련을 중시하고, 아동기에는 자유로운 활동과 경험을 통해 자연을 배우게 합니다. 소년기에는 지적 호기심을 기초로 자율적 학습을 강조하며, 청년기에는 도덕과 사회적 책임을 가르치게 되지요. 마지막 단계에서는 '소피'라는 여성 인물을 통해 성인기의 가정과 사랑, 사회적 역할까지 다룹니다. 각 시기마다 아이의 눈높이와 발달 특성을 고려한 교육법을 제시한 것입니다.

루소는 교사의 개입을 최소화하는 '소극적 교육'을 통해 아이의 내적 동기와 자연스러운 호기심을 키우라고 역설했습니다. 여기서 주목할 만한 사실은 아이를 '작은 어른'으로 취급하지 않았다는 점입니다. 아이를 독립된 인격체로 보고, 그들의 발달 리듬을 존중하면서 발달 단계에 맞춰 자연스럽게 성장하도록 돕는 교육을 강조했지요. 오늘날 아동 중심 교육, 발달심리학, 놀이 기반 학습 등은 루소의 사상을 현대적으로 계승한 결과라 할 수 있습니다.

루소가 꿈꾼 교육은 교실 안 칠판 속에 있지 않고, 들과 숲에서 이루어지는 살아 있는 배움에 있었습니다. 오늘날 환경교육, 체험학습, 야외활동의 중요성이 강조되는 까닭도 여기에 있지요. 아이들이 직접 만지고, 느끼고, 경험하며 세상을 배워 나갈 때 진짜 앎이 시작된다는 겁니다.

『에밀』이 전하는 또 다른 중요한 메시지는 지식보다 올바른 마음과 도덕성이 먼저라는 것입니다. 루소에게 교육의 목표는 박식한 사람을 만드는 것이 아니라, 선하고 지혜로운 인간을 키워내는 데 있었습니다. 지식의 빅뱅이 일어난 인공지능 시대에도 굳이 왜 인문·윤리 교육이 필요한가를 먼저 앞서 설명해 주고 있는 대목이라고 봅니다. 기술과 정보가 넘쳐나는 시대일수록, 사람다운 사람을 기르는 것이 교육의 본질임을 잊지 말아야 합니다.

하지만 현실은 어떤가요? 경쟁과 성적 중심의 교육이 지배하는 오늘날 입시 교육, 전문가 양성 교육이 가져다줄 미래는 어떤 모습일까요? 이 대목에서 아이를 한 명의 '완성된 인간'으로 존중하는 교육이 왜 필요한지를 다시 돌아보게 됩니다. 우리가 진정 키워내야 할 인재는 시험을 잘 보는 사람이 아니라, 스스로 생각하고 선택하며 더불어 살아갈 줄 아는 사람입니다.

또한 교육은 어린 시절에 끝나는 것이 아니라 한 인간이 평생을 통해 성장하고 사회에 이바지하도록 하는 과정이라는 그의 생각은 오늘날 평생 학습, 시민교육, 공동체 교육이라는 이름으로 실현되고 있습니다. 교육은 백년지대계입니다. 또한 우리의 가장 가까운 미래입니다.

자연의 질서를 따라 자율과 개성을 존중하는 교육. 사람은 자기발견과 경험을 통해 성장할 수 있어야 합니다.

고전 격차

05

연방 국가는 어떻게 작동하는가

해밀턴, 『페더럴리스트 페이퍼』

알렉산더 해밀턴이 주도적으로 집필한 『페더럴리스트 페이퍼』는 미국 헌법 제정을 지지하고 그 정당성을 설득하기 위해 쓰인 일련의 논문입니다. 1787년부터 1788년까지 뉴욕의 신문에 연재된 이 논문집은 단순한 정치 논평이 아니었습니다. 연방주의의 정당성과 필요성을 제기한 정치 이론서이자, 미국 헌법의 해석과 운영에 관한 중요한 해설서로 기능하며 민주주의 정치철학의 바탕을 이루게 되었기 때문이지요.

해밀턴은 제임스 매디슨, 존 제이와 함께 85편의 글을 발표했는데, 그중 절반 이상을 직접 집필하며 강력한 연방 정부의 필요성을 역설했습니다. 당시 미국은 독립 후 느슨한 연합 규약 체제로 운영되고 있었는데, 각 주가 제각각 움직이다 보니 국가의 안보도, 재정도, 국제적 신뢰 확보도 제대로 이루어지지 못하는 상황이었습니다. 해밀턴은 바로 이 지점을 날카롭게 파고들었지요.

국가의 생존과 번영을 위해서는 강력한 중앙정부가 필요하다는 게 그의 핵심 주장이었습니다. 그는 행정부와 사법부의 독립, 입법부의 견제와 균형, 군사력과 과세권의 확보를 강조하며, 권력 분립과 견제 장치를 통해 독재의 위험을 막을 수 있다고 설득했습니다. 새로운 헌법이야말로 자유와 안정, 번영을 동시에 보장할 수 있는 유일한 길이라고 본 것입니다.

특기할 만한 점은 해밀턴의 글이 단순한 정치 선전이 아니라 논리적이고 철학적인 이론 전개로 구성되어 있다는 점입니다. 감정에 호소하기보다 이성과 논리로 독자를 설득했는데요, 바로 이 점 때문에 이후 미국 헌법 해석과 정치사상의 근간이 될 수 있었습니다. 실제로 오늘날 『페더럴리스트 페이퍼』는 미국 민주주의의 사상적 뿌리이자 헌법적 원리의 해설서로 자리매김하고 있지요.

해밀턴이 강조한 권력 분립과 견제와 균형 checks and balances 의 원리는 지금 봐도 놀랍도록 현대적입니다. 민주주의 국가들이 권력 집중을 방지하고 법치주의를 유지하기 위해 의회, 사법부, 행정부 사이의 균형을 고민할 때, 이 논문집은 여전히 중요한 고전적 근거가 됩니다. 한 곳에 권력이 쌓이면 반드시 부패하고 남용된다는 인간 본성에 대한 통찰이 담겨 있기 때문이지요.

당시 각 주의 이해관계는 크게 달랐습니다. 큰 주는 작은 주를 압도할까 걱정했고, 작은 주는 큰 주에 흡수될까 두려워했습니다. 해밀턴은 이런 우려를 정면으로 다루면서 분열된 작은 주권 체제보다는 강력한 연방이 더 큰 자유와 안정, 경제적 번영을 보장한다고 설득했습니다. 다양한 이해관계가 충돌하는 현대 사회에서도, 다민족·다문화 공동체가 직면한 갈등과 분열의 문제를 해결하는 데 있어 통합의 원리를 제시해 준 셈입니다. 미국 사회를 흔히 '멜팅 팟melting pot', 즉 용광로라고 표현하지요.

한 걸음 더 나아가 『페더럴리스트 페이퍼』는 제도를 논하는 데 그치지 않습니다. 시민들이 정치적 판단과 참여를 통해 민주주의를 지탱해야 한다는 공화주의적 이상을 담았습니다. 민주주의는 촘촘한 제도만으로는 작동하지 않습니다. 시민들이 스스로 생각하고, 토론하고, 책임 있게 참여할 때 비로소 지속 가능한 것이지요. 오늘날에도 정치적 무관심이나 포퓰리즘이 민주주의를 위협할 때, 시민적 교양과 책임의 중요성을 일깨우는 텍스트로서 기능하고 있습니다.

실제로 미국에서는 연방 대법원 판례와 정치 이론의 기초 자료로 『페더럴리스트 페이퍼』가 끊임없이 인용됩니다. 미국뿐 아니라 다른 국가들도 헌법과 제도의 정당성을 성찰하는 데 참고가 되는 자료라고 할 수 있습니다.

민주주의는 제도적 안정과 공동체의 통합, 시민의 책임이 함께할 때 비로소 완성됩니다. 정치적 갈등과 분열 속에서도 자유와 질서가 균형을 이루는 민주주의의 이상을 되새기게 한다는 점에서 이 책은 지금도 살아 숨 쉬는 고전이라 하겠습니다.

06

민주주의는 평등과 자유를 동시에 보장할 수 있는가

토크빌, 『미국의 민주주의』

프랑스 정치사상가 알렉시스 드 토크빌이 쓴 『미국의 민주주의』는 저자가 1830년대의 미국을 여행하면서 관찰한 기록이자 정치·사회 제도를 분석한 저작입니다. 이를 바탕으로, 민주주의가 단순한 정치 제도가 아닌 생활 양식과 사회문화의 근본 원리임을 강조했지요. 이 책은 기행문의 형식을 빌렸지만, 실상은 근대 민주주의의 특징과 가능성을 체계적으로 정리했다는 점에서 정치철학의 고전으로 자리매김하게 되었습니다.

토크빌은 유럽의 귀족적 전통과 달리, 미국 사회가 평등한 조건 위에 세워져 있음에 주목했습니다. 그는 미국 시민들이 자발적으로 결사체를 이루고 지방 자치에 참여함으로써 자유와 질서를 조화시키는 모습을 긍정적으로 평가했습니다. 법과 제도가 안정을 이루고 언론의 자유가 보장되며, 종교와 민주주의가 공존하는 모습이 미국 민주주의의 강점이라 본 것입니다.

오늘날 전 세계에서 민주주의가 제도적으로 확산되었지만, 실질적 불평등은 오히려 심화되고 있습니다. 경제적 양극화, 교육 기회의 격차, 정보 접근의 불균형 등이 민주주의의 토대를 흔들고 있는 모습을 우리는 쉽게 관찰할 수 있습니다.

토크빌의 평등론은 바로 이 지점에서 민주주의가 제도의 문제만이 아니라, 사회적 평등을 바탕으로 하는 생활 양식과 의식의 문제임을 강조했습니다. 일상에서의 평등한 관계, 대화 방식, 상호 존중의 태도가 민주주의를 떠받치는 토대라고 본 것입니다.

더 나아가 그는 미국 민주주의의 생명력을 시민들의 자발적 결사association에서 찾았습니다. 공동체를 위해 모이고 토론하며 협력하는 시민의 힘이 민주주의를 지탱한다는, 정부나 정치인이 아니라 바로 시민 스스로가 민주주의의 주인이라는 뜻입니다.

오늘날에도 시민 사회, NGO, 자원봉사 등이 풀뿌리 민주주의를 뒷받침하고 있습니다. SNS와 온라인 플랫폼이 발달한 지금에 와서는 이러한 시민의 자발적 참여와 연대가 더욱 다양한 방식으로 펼쳐지고 있습니다. 다만 디지털 공간에서의 결사가 진정한 공동체 정신으로 이어질지, 아니면 이기적인 집단주의로 흐를지는 전적으로 우리에게 달린 문제이기도 합니다.

토크빌은 미국 민주주의의 장밋빛 전망만 내놓지는 않았습니다. 그가 우려한 것은 다수의 폭정 tyranny of the majority 인데요, 다수가 동의했다는 명분으로 소수의 권리를 억압할 수 있다는 점을 그는 일찍이 경고했습니다. 또 지나친 개인주의가 공동체 정신을 약화시킬 수 있다고도 비판했습니다. 토크빌은 바로 이 지점에서 시민적 결사와 교육, 언론의 역할을 강조했습니다.

오늘날에도 포퓰리즘, 여론 독재, 온라인 집단주의가 횡행하곤 합니다. 다수결이 민주주의의 전부는 아니며, 소수자 보호와 개인의 권리 존중이 함께 이루어져야 진정한 민주주의라 할 수 있겠지요.

토크빌에 따르면 민주주의는 자유와 평등을 동시에 추구해야 합니다. 평등이 지나치면 개인의 자유가 침해되고, 자유만 강조하면 불평등이 심화할 수 있기 때문입니다. 두 가치의 균형을 잡는다는 건 결코 쉬운 일은 아닙니다. 오늘날 사회복지

와 개인의 자유, 국가 개입과 시장 자율성 사이의 갈등을 조율
하는 것이 바로 이 균형의 문제입니다.

재미 있는 건 미국의 사례를 분석하면서도, 민주주의가 세계
사의 보편적 흐름이 될 것이라고 내다봤다는 겁니다. 실제로
오늘날 민주주의는 세계 정치의 보편적 이념으로 자리 잡았습
니다. 하지만 동시에 권위주의적 도전과 후퇴 현상도 곳곳에서
나타나고 있음을 우리는 심심치 않게 목격하고 있지요. 권위주
의로의 회귀, 가짜 뉴스와 여론 조작이 민주주의를 심각하게
위협하는 현실 속에서, 토크빌의 통찰은 민주주의의 성숙과 지
속 가능성을 고민하는 현대인들에게 여전히 많은 지적 자극을
주고 있습니다.

민주주의는 완성된 체제가 아니라, 끊임없이 성찰하고 가꿔
나가야 할 과정입니다. 그것이 바로 토크빌이 21세기를 사는
우리에게 전하는 교훈이 아닐는지요.

07

타인에게 해를 끼치지 않는 한 자유로워야 한다

밀, 『자유론』

존 스튜어트 밀의 『자유론』은 1859년에 출간된 근대 자유주의 사상의 핵심 저작입니다. 개인의 자유와 사회 권력의 한계를 규명한 이 책이 펼친 논리는 오늘날까지도 자유민주주의 사회의 이론적 뼈대를 이루고 있습니다.

밀은 무엇보다도 개인의 자유가 인류 발전의 원천임을 강조했습니다. 그에 따라 사회 다수의 여론이나 국가 권력이 개인의 삶을 과도하게 간섭하는 것을 경계했는데, 그는 이를 '다수의 폭정'이라 불렀습니다. 앞서 토크빌이 제시한 개념을 직접 인용하면서 다수를 공공 여론의 폭정으로 확장한 것인데요, 이는 표현의 자유와 개인의 자유를 보호하기 위함이었습니다. 이러한 위험을 막기 위해 밀은 유명한 '해악 원리Harm Principle'를 제시합니다.

해악 원리는 개인의 자유로운 행위는 타인에게 직접적인 해를 끼치지 않는 한 제한되어서는 안 된다는 원칙입니다. 밀은 사상의 자유, 표현의 자유, 출판과 토론의 자유가 절대적으로 보장되어야 하며, 이것이야말로 진리 발견과 사회 진보의 필수 조건이라고 밝혔습니다. 다양한 의견의 충돌 속에서 사회가 발전하며, 진리는 보호될 때가 아니라 비판을 통해 더욱 강해진다고 본 것이지요. 진리조차도 끊임없는 도전과 검증을 거쳐야만 생명력을 유지할 수 있다는 생각이 꽤 매력적입니다.

밀에게 자유란 억압을 제거한 상태만을 의미하지 않았습니다. 각 개인의 독창성과 개성이 발현될 수 있는 건강함이야말로 진정한 자유라고 여겼거든요. 이 지점에서 개인의 자기실현이 곧 사회 전체의 발전으로 이어진다는 그의 주장을 되새겨 보아야 합니다. 획일화된 사회가 결국 정체될 수밖에 없음을 경고한 것이기도 합니다.

『자유론』이 오늘날 우리에게 던지는 메시지는 여러 갈래로 뻗어 있습니다. 먼저 '해악 원리'는 현대 자유민주주의 사회에서 표현의 자유, 사생활 보호, 신체의 자유 등을 정당화하는 원칙으로 여전히 유효합니다. 동시에 오늘날 온라인 혐오 발언, 가짜뉴스, 공공안전 문제와 같은 논쟁에도 중요한 기준을 제공하지요. 어디까지가 허용 가능한 자유이고, 어디서부터 타인에 대한 해악이 시작되는지를 판단하는 일은 여전히 현재진행형인 과제입니다. 이 지점에서 우리는 오늘날 온라인 공간을 떠올리지 않을 수 없습니다. 무분별한 신상털기, 명예훼손, 인격모독을 서슴지 않는 이들이야말로 밀의『자유론』을 필독해야 할 사람들이 아닐까요? 자유란 타인에게 해를 끼치지 않는 범위 내에서만 절대적으로 보장된다는 밀의 가르침을 새겨들어야 할 것입니다.

'다수의 폭정' 개념은 포퓰리즘 정치, 여론 독재, 온라인 집단주의 같은 현상을 이해하고 비판하는 데 중요한 이론적 틀을 제공합니다. 순식간에 형성되는 여론의 파도 속에서 소수 의견이나 비주류 목소리가 묻히거나 공격받는 현실을 보면, 밀의 경고가 마치 예언처럼 들리기도 하지요.

개인은 자신의 생활 방식과 행복을 추구할 권리가 있으며, 설령 그것이 비주류적이거나 다수와 다르더라도 존중받아야 합니다. 앞서 말했듯 밀은 표현의 자유를 진리 발견의 과정으로 보았으며, 잘못된 의견조차도 진리를 더 선명하게 드러내는 역할을 한다고 했습니다. 또한 획일화된 교육, 표준화된 평가, 동조 압력이 강한 사회에서는 창의적 인재가 자라기 어렵습니다. 개인의 독창성과 실험적 삶의 방식이 사회 전체를 풍요롭게 만들기 때문입니다.

한편 오늘날 인공지능, 빅데이터, 감시 기술의 확산은 개인의 자유를 위협하는 새로운 요소로 떠올랐습니다. 편리함과 안전을 이유로 개인 정보가 수집되고, 행동이 추적되며, 알고리즘이 우리의 선택을 유도하는 시대가 되었거든요. 밀의 사상은 이러한 현실 속에서 개인의 자유를 존중하면서도 사회적 안전과 균형을 어떻게 맞출 것인지를 성찰하게 합니다. 기술이 눈부시게 발전할수록 이러한 발전이 주는 편리함이 인간의 자율성을 침해하지 않도록, 우리는 끊임없이 경계하고 질문해야 할 것입니다.

자유는 절대적이지만 어디까지나 타인에게 해를 끼치지 않는 범위 안에서입니다.

IV   Money is History
— 인간 활동과 자본의 문명사

01

보이지 않는 손이 이끄는 국가의 부

애덤 스미스, 『국부론』

지금까지 우리는 개인의 내면에서 출발해 공동체의 정치로 시야를 넓혀왔습니다. 어떻게 살 것인가라는 질문에서 누가 어떻게 다스릴 것인가라는 질문으로 나아갔지요. 그런데 인간 사회를 움직이는 힘에는 정치만 있는 것이 아닙니다.

사람들은 매일 아침 일터로 향하고, 시장에서 물건을 사고팔며, 일한 대가로 돈을 벌어 생계를 꾸립니다. 권력 못지않게, 어쩌면 권력보다 더 강력하게 우리 삶을 규정하는 것이 바로 경제입니다. 빵 한 조각, 집 한 채, 일자리 하나가 때로는 정치 이념보다 더 크게 현실을 바꾸니까요.

그렇다면 이제 또 다른 질문을 던져야 합니다. "부는 어디서 오는가? 인간의 경제 활동은 어떤 원리로 작동하며, 역사는 어떻게 자본과 함께 움직여왔는가?" 여기에 대한 해답 역시 고전에서 찾을 수 있습니다. 그 출발점에 서 있는 책이 바로 애덤 스미스의 『국부론』입니다.

애덤 스미스의 『국부론』은 근대 경제학의 출발점이 된 고전입니다. 국가의 부가 어디에서 비롯되는가를 탐구한 이 책은 1776년 출간 당시 유럽을 지배하던 중상주의 경제관에 정면으로 도전하며, 완전히 새로운 경제 질서의 비전을 제시했지요.

스미스는 국부의 원천을 금이나 은 같은 귀금속이 아니라 국민 개개인의 노동 생산성에서 찾았습니다. 국가가 부유해지려면 금고에 금을 쌓아둘 것이 아니라, 사람들이 더 많이, 더 효율적으로 생산하게 유도해야 한다는 겁니다. 그가 유명한 핀 공장의 예를 든 까닭이 바로 여기 있습니다. 한 사람이 핀을 만드는 모든 공정을 혼자 처리하면 하루에 겨우 몇 개밖에 만들지 못하지만, 열 명이 각자 한 가지 공정만 맡아 분업하면 수만 개를 생산할 수 있다는 거지요. 노동의 전문화가 생산성을 극적으로 높이고, 그 결과 사회 전체의 부가 증대된다는 통찰입니다.

인간의 본성에 대한 스미스의 시선도 예리합니다. 그는 사람은 본래 이기적이지만, 교환을 통해 서로의 필요를 충족시키며 경제가 발전한다고 보았습니다. "우리가 저녁 식사를 기대할 수 있는 것은 정육점 주인이나 빵집 주인의 자비심 때문이 아니라, 그들이 자신의 이익을 추구하기 때문"이라는 그의 표현은 시장 경제의 본질을 꿰뚫는 문장이지요. 시장의 자율적 조정 기능을 '보이지 않는 손'이라 표현하며, 개인의 이익 추구가 의도하지 않게 사회 전체의 번영을 이끈다고 설명한 대목은 경제학사에서 가장 유명한 개념 가운데 하나랍니다.

자유무역에 대한 스미스의 주장도 혁명적이었습니다. 당시 국가들은 수출은 장려하고 수입은 막아 금을 쌓으려 했는데, 스미스는 이런 보호무역주의를 정면으로 비판했습니다. 국가의 과도한 규제나 특권 부여는 오히려 경제를 왜곡하게 되며, 경쟁과 시장의 자율을 보장할 때 가격과 자원이 효율적으로 배분된다고 본 겁니다. 각국이 비교우위를 살려 특화하고 교역하면 모두가 이득을 본다는 논리는, 오늘날 글로벌 경제 체제의 사상적 토대가 되었지요.

주목할 점은 스미스가 시장의 자유를 강조하면서도, 독점과 특권이 경제를 해친다는 경고를 잊지 않았다는 겁니다. "같은 업종 사람들이 모이면 곧 담합과 음모를 꾸미게 된다"는 그의 말은 오늘날 공정거래법, 반독점 규제, 시장 감시 제도의 사상적 토대가 되었지요.

정부의 역할에 대한 스미스의 관점도 되새겨 볼 만합니다. 그는 정부가 모든 경제 활동에 개입하는 것을 반대했지만, 치안, 국방, 공공 인프라, 기본 교육 등 공공재 제공에서는 정부의 역할을 명확히 인정했습니다. 시장이 모든 문제를 해결할 수는 없으며, 공적 영역에서 국가의 책임이 필요하다는 겁니다.

무역에 대한 스미스의 시각 또한 시사점이 큽니다. 그는 무역을 제로섬 게임이 아닌 상호 이익의 교환으로 보았습니다. 한쪽이 이득을 보면 다른 쪽이 손해를 본다는 중상주의적 사고를 뒤집은 거예요. 현대 자유무역협정(FTA), 세계무역기구(WTO) 등 국제경제 질서의 기본 철학이 바로 여기서 출발합니다. 물론 무역 불균형이나 불공정 관행 같은 문제는 여전히 존재하지만, 교역이 창출하는 상호 이익이라는 기본 원칙만큼은 흔들리지 않고 있습니다.

그런데 돌이켜 생각해 보면, 『국부론』에 몇 가지 아쉬움이 남습니다. 스미스는 시장의 자율 조정 기능을 탁월하게 설명했고 이에 따라 19세기 산업혁명 이후 자본주의는 눈부신 경제 성장을 이뤘지만, 동시에 노동자 착취, 빈부 격차 확대, 주기적 경제공황 같은 어두운 그림자도 드리웠습니다.

1930년대 대공황은 시장이 스스로를 조정하지 못한다는 사실을 극명하게 보여줬고, 케인스의 등장으로 정부의 적극적 개입이 정당화되는 계기가 되었지요. 또한 오늘날 기후 위기는 시장이 환경 비용을 제대로 반영하지 못한 결과라 할 수 있습니다.

만약 스미스가 이러한 문제들까지 통찰하고, 시장의 한계를 보완할 제도적 장치, 이를테면 재분배 정책, 사회 안전망, 환경 규제, 소비자 보호까지 함께 제시했다면 어땠을까요? '보이지 않는 손'과 '보이는 손'의 조화로운 협력, 자유와 평등의 균형을 아우르는 더욱 완전한 경제 이론이 탄생했을지도 모릅니다. 물론 이런 요구는 역사적으로 가혹한 것일 수 있습니다. 한 시대의 천재가 모든 미래를 내다볼 수는 없는 법이니까요.

그럼에도 『국부론』이 전하는 메시지는 여전히 울림이 큽니다. 개인의 자유로운 경제 활동과 사회 전체 부의 증대 간의 관계를 분석한 인류사적인 통찰이 담겼다는 점에서 말입니다.

스미스의 이론에 후대 경제학자들의 보완 — 케인스의 유효 수요 이론, 피구의 외부효과 분석, 롤스의 정의론 — 이 더해지면서 현대 경제학은 더욱 정교해졌습니다. 자유시장의 효율성

과 정부 개입의 필요성이라는 두 가치를 어떻게 조화시킬 것
인가. 바로 이 질문에 답하려는 노력이 오늘날까지도 계속되고
있는 겁니다. 『국부론』은 그 긴 여정의 출발점이자, 공정하고
개방적인 시장경제를 설계하는 지침으로 여전히 작동하고 있
습니다.

02

자본은 어떻게 인간을 지배하는가

마르크스, 『자본론』

애덤 스미스가 자본주의의 밝은 면을 잘 보여줬다면, 이제는 자본주의의 어두운 면을 살펴볼 차례입니다. 칼 마르크스의 『자본론』은 자본주의 경제 체제를 과학적으로 분석하고 그 내적 모순을 밝히려는 저작입니다. 바로 시장 경제의 이면에는 '착취'라는 보이지 않는 손이 작용한다는 것이지요.

마르크스는 상품 교환 경제에서 출발하여 상품의 사용가치와 교환가치를 구분하고, 가치의 근원이 노동임을 밝혔습니다. 이에 따라 노동력이 하나의 상품으로 전환되는 과정에서 잉여가치가 발생한다고 설명했지요. 노동자가 창출한 가치 중 임금으로 지급되지 않은 부분이 자본가의 이윤이 되며, 바로 여기에 자본주의 착취의 본질이 있다는 겁니다.

자본의 축적 과정을 들여다보면, 자본가들은 경쟁을 통해 생산 수단을 확대하고 기술 혁신을 추구합니다. 하지만 이 과정은 노동의 기계적 대체와 실업 증가, 노동 강도의 심화로 이어진다고 분석했습니다. 이러한 현상은 자연스럽게 자본의 집중화에 따른 소수 자본가의 지배 강화와 빈부 격차 심화라는 결과를 낳게 되지요.

마르크스는 자본주의가 주기적인 공황을 피할 수 없다고 보았으며, 나아가 그 구조적 모순이 결국 체제의 붕괴와 프롤레타리아 혁명을 불러온다고 주장했습니다. 이런 측면이 『자본론』으로 하여금 경제학 서적의 범주를 넘어 철학, 정치학, 사회학을 아우르는 비판적 분석서로서, 사회주의 운동의 이론적 토대가 되게 하였습니다.

먼저 자본주의 사회의 본질을 자본의 축적과 노동력 착취라는 구조적 문제에서 찾았던 마르크스의 통찰을 살펴볼까요? 글로벌 기업과 금융 자본이 막대한 부를 축적하고 있는 지금, 불안정한 노동 환경과 비정규직이 확산하는 현실은 그의 분석이 여전히 유효함을 보여줍니다. 플랫폼 경제가 확대됨에 따라

배달 노동자나 프리랜서들의 처우가 열악해지는 모습에서, 우리는 마르크스가 말했던 노동력의 착취를 목격하게 됩니다.

노동 소외 문제도 빼놓을 수 없습니다. 마르크스는 노동을 인간 본질의 표현으로 보았으나, 자본주의에서 노동은 상품화되어 인간을 소외시킨다고 했지요. 플랫폼 노동, 자동화, 인공지능의 확산은 노동의 가치를 재정의하게 만들고 있으며, 인간 소외 문제를 다시금 제기합니다. 단순 반복 작업에 매몰되거나, 알고리즘에 의해 통제받는 노동 환경 속에서 사람들은 점차 자신의 일에서 의미를 찾기 어려워하고 있습니다. 노동의 인간적 존엄성과 삶의 의미를 고민하게 하는 점에서 『자본론』은 여전히 현재성을 갖습니다.

자본주의가 내재적으로 주기적 위기를 피할 수 없다는 마르크스의 진단은 어떠한가요? 실제로 2008년 금융위기나 최근 글로벌 경기 침체 현상은 자본주의 체제가 구조적 불안정을 안고 있음을 잘 보여줍니다. 자본의 집중과 독점, 이윤율 저하, 과잉생산 문제는 여전히 현대 경제학과 사회학의 주된 분석 주제이지요. 대공황 이후 100년 가까이 지났지만, 위기는 형태만 바꿔 되풀이되고 있는 셈입니다.

그런데 마르크스의 예언은 실현되지 않았습니다. 그가 확신

했던 자본주의의 필연적 붕괴와 사회주의로의 이행은 왜 일어
나지 않았을까요? 자본주의는 마르크스가 예상했던 것보다 훨
씬 더 강한 적응력과 변화 능력을 지니고 있었습니다. 20세기
들어 복지국가 체제가 등장하면서 노동자의 권리가 보장되기
시작했고, 사회보장 제도가 확립되었습니다. 노동조합의 성장,
최저임금제, 누진세 같은 제도적 보완 장치들이 자본주의의 가
혹한 모순을 완화하고 그 생명력을 연장시켰던 겁니다.

기술 발전 역시 마르크스가 예상한 방향과 다르게 전개되었
습니다. 기계가 노동을 대체하면서 실업이 늘어날 것이라는 예
측과 달리, 새로운 산업과 일자리가 계속 창출되었습니다. 정
보기술 혁명이 전에 없던 새로운 경제 영역을 열어젖혔기 때문
입니다.

사회주의 실험의 실패도 마르크스의 이론에 큰 타격을 주었
습니다. 소련과 동유럽 사회주의 국가들의 몰락은, 생산 수단
의 국유화와 중앙 계획 경제가 자본주의보다 우월하다는 주장
이 잘못되었음을 현실에서 증명했지요. 오히려 개인의 자유를
억압하고 경제적 비효율을 낳는다는 사실이 드러났습니다.

그렇다고 마르크스의 분석이 완전히 틀렸다고 볼 수는 없습
니다. 자본주의가 여전히 불평등과 위기를 반복하고 있다는 점

에서, 그의 통찰은 부분적으로 유효합니다. 다만 자본주의는 마르크스가 생각했던 것보다 훨씬 더 유연하고 변화무쌍한 체제였다는 사실을 인정하는 하에서 말이지요.

이 책이 자본주의의 문제를 지적하는 데 그치지 않고, 인간 해방과 평등 사회에 대한 전망을 열어준다는 점도 중요합니다. 생태 위기, 사회적 불평등, 공동체 붕괴 문제 앞에서 우리는 지속 가능한 사회와 더 정의로운 경제 체제에 대한 상상력이 필요합니다. 마르크스가 말한 생산 수단의 사회적 소유나 노동자의 자율성 회복 같은 개념들은, 협동조합 경제나 사회적 경제 모델을 구상하는 데 여전히 영감을 주고 있습니다.

'노동의 종말'이라는 시대의 변화 앞에 가치의 근원은 또 어디로 이동해야 할까요? 이 질문은 우리를 지키기 위한 질문이기도 합니다.

03

종교 윤리가 자본주의를 만들었는가

막스 베버, 『프로테스탄티즘의 윤리와 자본주의 정신』

막스 베버의 『프로테스탄티즘의 윤리와 자본주의 정신』은 근대 자본주의가 경제 구조의 발전만으로 성립한 것이 아니라, 특정한 종교적 가치관과 윤리에서 중요한 동인을 얻었다는 점을 밝힌 저서입니다. 19세기 말에서 20세기 초, 사회학의 거장 베버가 제기한 질문은 분명했습니다. "왜 서유럽에서 특히 자본주의가 번성했는가?" 그 답을 경제 제도나 기술이 아닌, 종교적 정신에서 찾았다는 점에서 이 책은 충격적이었지요.

베버는 특히 칼뱅주의를 중심으로 한 금욕적 프로테스탄트 윤리가 자본주의 정신을 형성했다고 주장합니다. 칼뱅주의의 예정설은 신의 구원 여부가 이미 결정되어 있다는 교리였는데, 신자들은 자신이 구원받을 사람인지 알 수 없었기에 불안에 휩싸였습니다. 구원의 확증을 얻기 위해 신자들은 자신의 삶 속에서 증거를 찾고자 했지요. 직업을 통한 성공, 근면한 노동, 검소한 생활이 곧 신의 선택을 받았다는 징표로 여겨졌던 겁니다.

그 결과 직업과 일상생활을 신성한 소명으로 여기고 근면과 절제를 통해 성실히 일하며, 금욕적인 생활 태도는 얻은 이윤을 사치가 아닌 재투자에 사용하게 하였습니다. 무절제한 소비 대신 체계적 축적과 합리적 경제 활동을 가능하게 하였고, 근대 자본주의가 발전하는 데 정신적 토대를 제공했지요.

베버가 본 자본주의는 이처럼 종교적 가치관이 합리적 경제 질서로 정착되는 과정이었습니다. 그러나 시간이 흐르며 자본주의는 종교적 기반에서 독립해 자율적 체제로 자리 잡았고, 인간은 오히려 합리적 경제 구조에 갇혀 '철의 우리^{iron cage}' 속에서 살아가게 되었다고 진단하였습니다. 초기 자본주의를 추동했던 소명 의식은 사라지고, 이윤 추구만이 남은 메마른 체제가 되어버렸다는 거죠.

오늘날은 어떨까요? 베버가 강조한 근면·절제·직업 소명 의식과 같은 문화적·윤리적 가치가 여전히 중요할까요? 기업은 단순히 기술이나 자본만으로 성공하지 않는다는 점, 기업의 지속 가능한 조직문화 형성과 개인의 경제적 성공 여부는 여전히 신념과 태도에 의해 좌우된다는 점에서 베버의 생각은 지금도 유효합니다.

프로테스탄트들이 종교적 구원을 위해 직업을 신성한 사명처럼 여긴 태도는 세속 사회에서 전문직 직업 윤리와 직업적 성실성으로 계승되었습니다. 현대인들도 스스로 자기 일에 가치를 부여할 때 직업적 성취와 사회적 신뢰를 구축할 수 있습니다. 소명 의식은 종교를 떠나서도 개인의 삶과 사회에 의미 있는 기여를 하는 원동력이 되는 법입니다.

또한 베버가 주목한 금욕적 생활은 오늘날 소비지상주의와 단기 성과주의가 만연한 사회 속에서, 지속 가능한 성장을 위해서는 절제와 장기적 안목이 필요함을 시사하는 것이지요. 당장의 이익에 급급한 경영이 아니라, 미래를 내다보는 투자와 인내가 결국 더 큰 성과로 돌아온다는 교훈을 담고 있습니다.

오늘날 세계는 특정 종교에 국한되지 않고, 다양한 문화적 배경을 가지고 공존합니다. 여기서 베버의 분석은 한 사회의 가치관과 제도가 경제 구조를 어떻게 형성하느냐는 보편적 연구 틀로 확장됩니다. 실제로 동아시아의 유교 자본주의, 이슬람 경제, 아프리카의 공동체 경제 등 각기 다른 문화권에서 고유한 경제 발전 모델이 등장하고 있거든요. 이렇듯 경제 현상을 단순히 물질적 요인이 아니라 문화적·종교적 가치와의 긴밀한 연관 속에서 파악하려 했다는 점에서 이 책은 큰 의의를 지닙니다.

베버의 경고는 다음과 같습니다. 종교적 동기가 약화한 자본주의가 형식적 이익 추구만 남아 철창처럼 인간을 억압할 수 있다는 것. 그렇다면 한국 사회는 어떠한가요? 우리는 압축 성장을 이루며 자본주의를 받아들였지만, 그 과정에서 베버가 말한 윤리적 토대를 충분히 다지지 못한 측면이 있습니다. 땅 투기와 부동산 불로소득, 편법과 탈법을 동원한 재산 증식, 대기업의 불공정 거래와 갑질, 정경유착과 특혜 같은 천민자본주의적 행태가 여전히 우리 사회 곳곳에 남아 있지요. 이것이 우리의 유교 정신은 아닐 것입니다.

베버가 강조한 자본주의 정신의 핵심은 정직한 노동과 합리적 재투자, 그리고 공동체를 고려한 책임 있는 경영에 있었습니다. 그런데 우리 사회 일각에서는 빠른 성과와 단기 이익만을 좇으며, 사회적 신뢰와 공정한 경쟁 질서를 훼손하는 일이 반복되고 있지요. 이런 행태는 결국 사회 전체의 지속 가능성을 해치고, 다음 세대에게 왜곡된 가치관을 물려주는 결과를 낳게 될 것입니다. 지금 우리에게 필요한 것은 무엇보다 근면과 검소, 현려賢慮(실천적 지혜)를 바탕으로 한 건전한 자본주의로의 지향입니다.

이름 때문에 한국에서는 종종 마르크스와 혼동되기도 하지만, 베버가 강조한 것은 프로테스탄트 윤리에 입각한 근면과 검소, 현세적 실천을 통한 근대 자본주의 정신이었습니다.

04

일상의 물질이 만들어낸 자본주의 문명

페르낭 브로델, 『물질문명과 자본주의』

페르낭 브로델은 자본주의의 기원을 금융이나 상업의 발전에서 찾는 통념과 달리, 일상생활과 물질문명의 변화 속에서 그 실마리를 발견해야 한다고 주장했습니다. 그가 쓴 『물질문명과 자본주의』는 16세기부터 18세기까지 유럽의 경제사와 사회사를 결합해 분석한 역사서지요.

브로델은 장기적인 역사 구조를 강조하며, 장기 지속성 longue durée의 관점에서 경제사와 사회사를 조망합니다. 이를 위해 상업 자본과 금융 자본의 발전은 물론이고, 도시와 농촌의 경제 구조, 시장 네트워크, 교통과 운송, 상품과 소비문화의 변화까지 함께 분석했습니다. 식문화, 주거, 소비 습관 같은 생활사를 중요하게 다룬 점도 주목할 만합니다. 자본주의가 단순한 경제 제도라기보다 생활 양식과 사회 구조 속에서 점진적으로 형성된 체계임을 입증한 거지요. 특히 상업 활동과 금융 제도의 발전이 특정 지역에서 시작되었으나, 점차 유럽 전역으로 확산하는 과정에서 사회적·문화적 조건과 맞물려 성장했다는 점을 강조했습니다.

자본주의를 단편적인 사건이나 개인의 경제적 행동으로 이해하던 관점에서 벗어나, 물질적 생활과 사회적 제도의 장기적 변화 속에서 역사적으로 구성된 체계로 바라보게 한 것이 브로델 연구의 핵심입니다. 경제사 연구에 구조적·공간적·시간적 분석을 결합하는 새로운 관점을 제시한 것이지요.

브로델은 경제를 세 층위로 구분했습니다. 가장 밑바닥에 자리한 물질생활은 의식주, 식량, 도구와 같은 일상적 필요를 뜻합니다. 그 위에 시장 경제가 있는데, 물물교환과 지역적인 거래, 일상적인 상업 활동이 여기에 해당합니다. 맨 위에는 자본주의가 있습니다. 국가 권력, 금융, 독점적 네트워크를 통해 작동하는 상층부의 힘이지요.

예컨대, 오늘날 디지털 경제와 글로벌 자본주의도 이 구조로 읽어낼 수 있습니다. 플랫폼 경제를 이끄는 아마존, 구글 같은 거대 기업들은 단순한 시장 활동에 그치지 않고 이미 독점적 자본주의의 영역을 차지하고 있지요.

그가 단기적 사건보다 수백 년에 걸친 장기 구조의 흐름을 중시했다는 점도 주목할 만합니다. 경기순환이나 정치적 사건이 아니라, 인간 생활을 뒷받침하는 물질적 조건이 어떻게 바뀌는가를 봐야 한다는 겁니다.

브로델의 시각으로 보면, 인간은 자신의 몸을 편하게 하려고 물질 중심 사회를 추구해 왔습니다. 더 풍요롭고, 더 빠르고, 더 편리한 삶을 좇으며 시장을 확장하고 자본을 축적했지요. 그런데 아이러니하게도 이 끝없는 추구가 결국 지구 전체를 병들게 만들었습니다. 기후 이변이라는 형태로 자연이 인간에게 되돌려주는 응답, 그것이 바로 우리가 마주한 현실이 아닐는지요. 물질문명이 가져다준 편리함이 실상 인간 스스로를 위협하는 부메랑이 되어 돌아온 셈입니다.

브로델은 자본주의가 자유로운 시장 경쟁의 결과가 아니라, 언제나 권력·국가·독점 구조와 밀접히 얽혀 있다고 보았습니다. 초국적 기업과 국가 권력이 결합해 글로벌 경제를 지배하는 오늘의 현실을 이해하는 데 직접적인 시사점을 주는 대목이지요. 보이지 않는 손만으로는 자본주의를 설명할 수 없다는 점을 명확히 드러낸 것입니다.

글로벌 자본주의의 불평등, 디지털 독점, 기후위기 속의 문명 전환을 이해하고 비판하는 데 그의 시각은 여전히 살아 있는 역사적 통찰을 제공하고 있습니다. 인간이 물질적 편안함을 추구한 대가가 무엇인지, 그리고 앞으로 어떤 방향으로 나아가야 할지를 되묻게 하는 작품이라 아니 할 수 없겠습니다.

05

혁명과 제국,
자본과 극단의 시대를 관통하다
에릭 홉스봄의 시대 4부작

역사학자 에릭 홉스봄은 18세기 말 프랑스 혁명과 산업혁명에서 시작해 20세기 말 냉전 이후까지를 다룬 근현대 세계사 시리즈를 남겼습니다. 혁명과 자본, 제국과 극단의 시대를 아우르는 이 총 네 권의 연작은 근대 세계가 어떻게 만들어졌는지를 총체적으로 보여주는 거대한 서사라 할 수 있지요.

홉스봄이 강조한 것은 역사를 바라보는 관점 그 자체였습니다. 그에게 역사란 단순히 시간의 흐름과 사건의 나열이 아니었거든요. 구조적 변화와 장기적 흐름에 주목해야 한다고 본 겁니다. 사회·경제·정치적 요인을 통합적으로 접근할 때 비로소 역사의 진짜 모습이 드러난다고 여겼지요. 그래서 그의 시대 4부작은 왕조의 흥망이나 전쟁의 승패를 넘어, 자본주의와 민주주의, 제국주의와 혁명이 어떻게 맞물려 돌아갔는지를 입체적으로 보여줍니다.

먼저 『혁명의 시대The Age of Revolution(1789~1848)』입니다. 이 책은 1789년 프랑스 혁명에서 1848년 유럽 전역의 혁명까지를 다룬 역사서로, '혁명의 시대'라는 개념 아래 정치·사회·경제적 변혁의 연속성을 분석합니다. 홉스봄은 이 시기를 전통적 권위와 봉건적 질서가 무너지고, 자유·평등·민주주의 이념이 확산하는 과정으로 봅니다.

산업혁명과 더불어 등장한 자본주의는 사회 구조를 급격히 변화시키며, 노동자 계층과 시민 계층의 등장을 촉진했습니다. 그는 이러한 혁명적 과정을 단순한 정치 사건이 아닌 사회·경제적 변화와 맞물린 구조적 현상으로 이해했습니다.

두 번째, 『자본의 시대The Age of Capital(1848~1875)』는 1848년 혁명 이후부터 1875년까지, 유럽 사회가 자본주의 경제 구조 안에서 재편되는 과정을 다룬 작품입니다. 홉스봄은 산업혁명과 자유주의적 정치 체제가 결합하면서 자본과 노동, 시장과 국가의 관계가 급격히 변화했다고 봅니다.

그는 이를 자본주의적 합리성과 경제적 성장이라는 키워드로 분석하며, 자유방임적 경제 정책과 사회적 불평등, 노동운동의 등장과 정치적 변혁의 시도를 함께 조명하지요. 그 결과 유럽 각국에서 시민권과 민주주의가 점진적으로 확대되는 한편, 제국주의적 경쟁과 보호무역이 등장하면서 한층 복잡해진 사회 구조가 되었다고 평가합니다.

세 번째는 『제국의 시대 The Age of Empire(1875~1914)』입니다. 19세기 후반, 산업 자본주의가 고도화되면서 각국의 정책은 식민지 쟁탈과 해외시장 확보에 매몰되었고, 경제적 경쟁 관계에 군사적 긴장이 결합하는 가운데 국제 질서가 형성됩니다.

홉스봄은 이 시기를 자본주의와 제국주의의 결합으로 정의하며, 유럽 내부의 사회적 안정과 외부 팽창 사이의 긴장을 강조합니다. 노동계급과 민족주의의 등장, 여성운동과 사회주의 운동도 활발히 일어나며, 유럽 사회는 혁신적이면서도 갈등이 내재한 구조로 전환되지요.

마지막으로 『극단의 시대 The Age of Extremes(1914~1991)』는 제1차 세계대전에서 냉전 종식까지, 20세기라는 극단적 시대를 분석한 마지막 작품입니다. 홉스봄은 두 차례 세계대전, 파시즘과 공산주의, 대공황과 냉전이라는 정치·경제·이데올로기적 격변 속에서 현대 세계의 구조가 형성되었다고 봅니다.

홉스봄은 역사 발전을 혁명적 격변과 자본주의적 동력의 상호작용으로 설명했습니다.『혁명의 시대』는 민주주의와 시민권이 태동한 순간을,『자본의 시대』는 산업화와 자본의 팽창을,『제국의 시대』는 제국주의적 팽창을,『극단의 시대』는 파시즘·냉전·이데올로기의 충돌을 보여주지요. 이런 틀은 오늘날에도 민주주의와 자본주의가 서로 충돌하면서도 공존하는 세계 질서를 분석하는 데 유효합니다.

홉스봄이 20세기를 극단의 시대라 규정한 것도 눈여겨볼 대목입니다. 두 차례 세계대전, 대공황, 파시즘, 냉전이라는 극단적 경험은 인류에게 파괴와 재건의 교훈을 남겼습니다. 양극화, 세대 간 갈등, 영토 분쟁, 무역전쟁 등 여전히 극심한 갈등에 시달리는 우리가 또 다른 극단의 시대를 살고 있다는 자각을 얻게 되는 것이지요.

그는 정치·경제·사회·문화의 모든 영역을 통합적으로 보려 했습니다. 왕이나 장군의 이야기가 아니라 노동자·농민·지식인·제국의 피지배민 등 다양한 집단의 목소리를 포착했지요. 현대 역사학과 사회과학이 추구하는 다층적이고 다성적인 시각에 큰 영향을 주었고, 오늘날의 탈식민주의 및 세계사적 관점과도 이어집니다.

　에릭 홉스봄의 시대 4부작은 근대 세계가 어떻게 형성되고, 자본주의와 혁명, 제국주의와 전쟁이 어떻게 얽혀 오늘의 세계를 만들었는가를 거대한 스케일로 보여줍니다. 세계화, 불평등, 민주주의의 위기 등 새로운 위기를 겪는 지금, 과거를 통해 현재를 읽고 미래를 준비할 수 있는가에 대한 물음을 우리에게 던지면서 말입니다.

고전
격차

V   언어는 인간의 거울

— 문학으로 세계를 이해하다

01

전쟁과 귀향, 영웅 서사의 원형

호메로스, 『일리아드』 · 『오디세이아』

우리는 지금까지 사유의 세계를 걸어왔습니다. 존재의 근원을 묻고, 좋은 삶을 탐구하며, 권력의 본질을 따지고, 경제 시스템을 분석했지요. 철학자들의 논리와 경제학자들의 이론, 정치 사상가들의 통찰이 인간과 세계를 이해하는 강력한 도구였던 건 분명합니다.

그런데요, 인간에게는 논리와 분석만으로는 포착되지 않는 다양한 특질들이 있습니다. 감정과 욕망, 사랑과 증오, 두려움과 용기 같은 것들 말이지요. 한 사람의 분노가 어떻게 전쟁터를 뒤흔드는지, 향수라는 감정이 얼마나 간절한지, 이런 것들은 논문보다 이야기 속에서 더 생생하게 살아 숨 쉽니다.

바로 이것이 문학의 역할입니다. 문학은 인간의 거울이거든요. 우리는 이야기 속 인물들의 선택과 고민, 기쁨과 슬픔을 통해 우리 자신을 발견합니다. 또한 잘 알지 못하는 타인과도 쉽게 공감대를 형성하고 연대할 수 있습니다. 놀랍지 않은가요? 이건 문학의 힘이라고밖에 설명할 수 없는 부분입니다.

이제 우리는 문학의 세계로 들어가며, 인류가 남긴 위대한 이야기들을 통해 인간과 세계를 이해하는 새로운 여정을 시작해 보겠습니다. 아마 그 가장 좋은 출발점은 바로 호메로스의 『일리아드』와 『오디세이아』일 것입니다.

두 작품은 고대 그리스 시인 호메로스가 기원전 8세기경에 쓴 서사시입니다. 트로이 전쟁을 배경으로 한 서양 최초의 서사시로 전쟁과 영웅, 인간과 신의 관계를 다루며 그리스 고대 사회와 신화를 기록했지요.

먼저 『일리아드』는 트로이 전쟁의 마지막 해를 배경으로, 아킬레우스의 분노와 화해를 이야기의 중심에 놓았습니다. 그리스군의 명장 아킬레우스는 아가멤논과의 갈등으로 전쟁에서 손을 떼지만, 친구 파트로클로스가 트로이의 영웅 헥토르에게 전사하자 분노에 휩싸여 전장에 복귀합니다. 헥토르를 죽이고 시신을 모욕하던 그는, 헥토르의 아버지 프리아모스 왕의 간청에 마음이 움직였고 결국 시신을 돌려주며 이야기가 막을 내리지요. 전쟁의 시작과 결말만을 서술하는 것이 아니라, 인간의 오만·분노·죽음과 명예를 응축해 보여주었다는 점에서 문학의 좋은 예시가 됩니다.

전쟁이라는 배경 속에서 인간의 분노, 명예와 얽힌 운명을 깊이 탐구한 『일리아드』가 오늘날 우리에게 전하는 첫 번째 메시지는 절제의 필요성입니다. 아킬레우스의 분노가 전쟁의 흐름과 수많은 이들의 운명을 바꾸는 과정을 보면서, 우리는 감정이 통제되지 않을 때 사회와 공동체에 어떤 비극이 닥치는지 목격하게 됩니다.

명예와 공동체의 가치도 빼놓을 수 없습니다. 영웅들이 목숨을 걸고 싸운 까닭은 승리 그 자체를 위함이 아니었습니다. 명예를 지키고 공동체를 존속케 하는 것이 그들의 진짜 목표였습니다. 그리고 전쟁의 승패와 무관하게 모든 인간은 죽음을 피할 수 없다는 냉혹한 진실을 보여주며, 작품은 인간의 유한성과 삶의 존엄성을 일깨웁니다.

다음으로 『오디세이아』는 전쟁이 끝난 뒤, 오디세우스가 고향 이타카로 돌아오는 10년간의 험난한 여정을 그렸습니다. 사이클롭스 폴리페모스와의 대결, 마녀 키르케, 세이렌의 유혹, 스킬라와 카리브디스의 위협 등 수많은 시련을 겪게 되지요. 다행히 자신의 지혜와 신들의 도움으로 모든 고난을 헤쳐 나가지만, 귀향은 계속 늦어집니다. 한편 고향에서는 아내 페넬로페가 구혼자들의 압박 속에서도 정절을 지키고, 아들 텔레마코스와 함께 아버지를 기다립니다. 마침내 오디세우스가 귀향해 구혼자들을 처단하고 가족과 재회하면서 긴 서사가 완성됩니다.

오디세우스의 귀향 여정을 그린 모험담이지만, 20년 만에 고향으로 돌아가는 그를 보면 현대인의 정체성 찾기가 떠오릅니다. 빠르게 변화하는 세상 속에서 나의 근원을 찾고 참된 나를 잃지 않는다는 게 말처럼 쉽지 않습니다. 삶의 고난 속에서 우리는 자신을 얼마나 지켜가고 있는지요? 작품은 이 대목에서 한 개인의 성장과 정체성의 회복을 말하고 있는 것입니다. 외부 세계를 떠돌며 수많은 경험을 쌓았지만, 결국 자신이 돌아갈 곳을 잊지 않았던 오디세우스의 모습은 오늘날 우리에게도 중요한 질문을 던집니다. "나는 어디에서 왔고, 또 어디로 가고 있는가?"

무력보다는 꾀와 지혜로 위기를 극복하는 오디세우스의 모습은, 오늘날 창의적 문제 해결 능력의 중요성을 상기시키기도 합니다. 또 님프 칼립소가 제안한 영생의 유혹도, 마녀 키르케가 주는 안락함도 뿌리치고 고향으로 향한 그의 선택은 현대 사회의 물질 만능주의와 권력의 유혹 속에서도 인생의 방향을 잃지 말아야 한다는 절절한 교훈을 담고 있습니다.

호메로스의 『일리아드』는 공동체와 명예, 그리고 감정의 통제라는 공적 가치를 중심에 두었고, 『오디세이아』는 귀향과 정체성, 인내와 지혜라는 사적 가치를 다뤘습니다. 두 작품이 오늘날 전하는 바를 한마디로 정리하면 이렇습니다. "인간은 고난과 유혹 속에서도 자신을 지키며, 공동체와 자신을 동시에 완성해 가야 한다."

주인공이 신들의 도움과 자신의 재능 혹은 지혜로 고난을 극복하며 귀환하는 장면, 꽤 익숙한 클리셰 아닌가요? 그 원본이 여기 있습니다.

02

시로 표현한 인간의 모든 감정

『당시선』

명대(16세기)에 편찬된 『당시선唐詩選』은 중국 당나라 시기의 대표적인 시들을 가려 모은 시선집으로, 한국과 일본 등 동아시아 문화권에서 오랫동안 읽히고 애송되면서 지식인 교양 교육의 기본으로 여겨져 왔습니다.

당시는 성당기盛唐期에 이르러 문학의 절정을 보여주었는데, 이백, 두보, 왕유, 맹호연 등 걸출한 시인들이 활동했습니다. 시선집에는 자연과 산수의 아름다움을 노래한 전원시, 인간의 고독과 인생무상을 그린 서정시, 사회적 불평과 현실 비판을 담은 풍자시 등 다양한 주제가 망라되어 있지요.

180

당나라는 경제적으로 풍요롭고 문화적으로 개방된 시대였습니다. 아름다운 자연과 산수를 노래하고 시와 예술을 즐기는 한량들이 등장하면서, 사랑과 자연, 인생을 노래하는 시적 예술을 꽃피우지요. 이백의 호방하고 자유로운 낭만적 기상, 두보의 역사의식과 민중에 대한 깊은 연민, 왕유의 청정한 산수 감각, 아울러 중당기中唐期 대표 시인인 백거이의 평이하면서도 풍자적인 문체가 대표적입니다.

많은 사람에게 애송되며 한국, 일본 등 동아시아 문화권에 큰 영향을 준 『당시선』은 학문·예술·교양의 근간이 되었습니다. 조선시대 선비들이 과거 시험을 준비하며 당시를 외우고 익혔던 것처럼, 『당시선』은 지식인의 필수 교양이었지요. 오늘날에는 동아시아 정신문화를 공통의 자산으로 바라보는 시각을 제공합니다.

당시 시인들은 권력의 부조리, 전쟁의 참상, 백성의 고난을 시 속에 담아내기도 했습니다. 두보가 그 대표적 예였는데요, 「춘망春望」에서 전란 속 폐허가 된 나라를 보며 눈물 흘리는 시인의 모습은 오늘날에도 문학이 미적 향유에 그치지 않고 사회현실을 성찰하는 도구가 될 수 있음을 일깨워 줍니다.

급변하는 현대 사회 속에서도 『당시선』은 내적 평온을 회복하고 삶의 본질을 성찰할 수 있는 지혜를 제공합니다. 짧은 구절로도 자연과 인생을 관조하게 하며 '시적 명상'을 유도하지요. 이백의 「정야사靜夜思」에서 달빛을 보며 고향을 그리워하는 장면처럼, 우리는 시를 통해 일상의 소란에서 벗어나 자신을 돌아보는 시간을 가질 수 있습니다. 아래에 당시를 대표하는 시인과 시를 꼽아보았습니다.

1. 이백李白

「장진주將進酒」 | 인생의 덧없음을 깨닫고 술로 자유와 해탈을 노래함

「정야사靜夜思」 | 고향에 대한 그리움과 외로움을 서정적으로 표현

주제 | 호방한 낭만, 자유정신, 고향에 대한 향수

2. 두보杜甫

「춘망春望」 | 전란 속에 폐허가 된 나라와 가족을 그리워하는 비통함

「등고登高」 | 인생무상과 늙음의 슬픔, 현실 고난을 노래

주제 | 전쟁의 참상, 백성에 대한 연민, 현실 비판

3. 왕유 王維

「산거추명山居秋暝」| 산수 속에서의 청정한 삶과 불교적 사유

「죽리관竹里館」| 자연 속의 고요와 은자의 평화로운 삶

주제 | 산수의 정취, 은일隱逸과 선적禪的 사유

4. 맹호연 孟浩然

「춘효春曉」| 봄날의 새벽, 자연의 생동감을 간결하게 표현

주제 | 자연과 계절의 아름다움, 전원적 삶

5. 백거이 白居易

「비파행琵琶行」| 비파 소리에 담긴 기생의 애환과 인생무상을 서정적으로 형상화

「장한가長恨歌」| 당 현종과 양귀비의 비극적 사랑 이야기

주제 | 서민적 정서, 사회적 풍자, 사랑과 인생의 덧없음

자연과 산수, 사랑과 인생을 노래하는 한량들의 등장으로, 동아시아 정신의 뿌리를 형성하는 시적 예술이 탄생하였습니다.

언어는 인간의 거울

03

지옥에서 천국까지, 영혼의 여정

단테, 『신곡』

단테 알리기에리의 『신곡』은 14세기 이탈리아 서사시로, 인간 영혼의 구원 여정을 그렸습니다. 시인은 인생의 중년기에 길을 잃고 어두운 숲을 방황하다가 고대 시인 베르길리우스의 인도를 받아 지옥Inferno, 연옥Purgatorio, 천국Paradiso을 차례로 여행하게 됩니다.

지옥에서는 죄인의 끝없는 고통을 목격하며 죄의 무게와 정의를 깨닫고, 연옥에서는 참회하는 영혼들이 고통 속에서 정화되는 과정을 봅니다. 고통 속에서도 희망을 잃지 않는 영혼들의 모습을 보면서, 인간에게 회개와 변화의 가능성이 열려 있음을 느끼게 되지요. 연옥을 거친 뒤 연인 베아트리체의 안내를 받아 천국에 이르러, 신과 천상의 조화를 목격하고 인간 존재의 궁극적 목적이 신의 사랑과 진리에 있음을 깨닫습니다.

얼핏 보기엔 환상적인 여행담처럼 보이지만, 실제로 개인의 도덕적 성찰과 영적 구원의 여정을 상징하는 작품입니다. 당시 사회·정치적 현실을 묘사했을 뿐만 아니라 신학, 철학이 종합된 대서사시로 르네상스 정신의 초석이 되었으며, 인간의 자유의지와 신성의 조화를 노래한 불멸의 고전으로 평가받고 있습니다.

단테가 어둠의 숲에서 길을 잃고 여행을 시작하는 장면은 지금 우리의 삶과도 묘하게 닮았습니다. 복잡한 인간관계에서 오는 스트레스와 불안정한 사회 속에서 우리는 종종 방향을 잃곤 하지요. 작품 속 단테가 어둠 속에서 헤매다가 베르길리우스를 만나 여정을 시작하듯, 우리 역시 스승이나 지혜로운 이의 도움을 받아 삶의 방향을 재정립할 수 있습니다. 우리의 삶은 아직도 풀리지 않은 수수께끼를 향해 달리고 있는 여정입니다.

단테가 지옥 편에서 겪게 되는 각 고통은 '생전에 내린 선택의 결과'라고 할 수 있습니다. 욕망에 휩싸인 자, 폭력을 일삼은 자, 배신한 자 등 저마다의 죄에 따라 각기 다른 형벌을 받는 모습을 보면서, 단테는 도덕적 선택의 무게를 절감하게 됩니다. 우리가 하는 모든 선택이 결국 자기 삶과 사회에 책임으로 돌아온다는 걸 보여주지요. 선택과 책임의 윤리를 일깨우는 대목입니다.

이어지는 연옥 편에서는 참회와 정화의 과정을 그립니다. 지옥의 영혼들과 달리 연옥의 영혼들에게는 구원의 희망이 남아 있습니다. 그들은 자신의 죄를 뉘우치며 고통을 감내하고, 그 과정 속에서 천천히 정화되어 갑니다. 이러한 과정은 현대 사회에서 필요한 '회복적 정의restorative justice'의 개념과 맞닿아 있습니다. 이 개념은 징벌보다는 용서와 회복의 가능성에 집중해 관계를 치유하는 데 초점을 맞춥니다. 비록 잘못을 저지르더라도 진심으로 뉘우치고 변하려는 의지를 가질 때, 공동체의 관계가 회복되고 새 출발이 가능하다는 희망을 반영한 것이지요.

천국 편은 혼돈과 고난을 거친 끝에 도달하는 사랑과 조화의 세계를 보여줍니다. 천국의 아홉 하늘을 거치며 단테는 점점 더 높은 차원의 진리를 깨닫게 되지요. 그가 천국에서 마주한 빛과 사랑의 체험은, 인간이 추구해야 할 정신적 가치의 정점을 상징한다고 하겠습니다.

주목할 만한 점은 단테가 개인의 영혼 구원뿐 아니라, 사회의 정의 구현 역시 중요하게 여겼다는 점입니다. 작품 곳곳에 당대 정치인들과 교황에 대한 비판이 등장하는데, 문학을 통해 당대 권력의 부패와 탐욕을 날카롭게 고발했다는 점이 인상 깊습니다.

오늘날 우리는 환경 파괴와 사회 양극화, 정치적 분열, 인간 소외와 같은 난제 앞에 서 있습니다. 공동체적 연대와 책임의식을 다시금 상기시키는 『신곡』을 통해, 단테는 우리에게 다음과 같은 화두를 던지고자 했던 건 아닐까요? '치열한 자기 성찰을 거쳐 올바른 선택을 하고, 사랑과 공동체의 가치를 회복하며, 참된 진리의 길로 나아갈 것.'

04

이상과 현실 사이에서 방황하는 인간

세르반테스, 『돈키호테』

미겔 데 세르반테스의 『돈키호테』는 1605년 1부, 1615년 2부가 출간되었으며, 2부에서 문학적으로 완성된 모습을 보이며, 근대 소설의 출발점이라 불리고 있습니다. 현실과 이상, 이성적 삶과 비이성적 망상의 충돌을 통해 인간 존재의 본질을 탐구한 이 작품은, 400여 년이 지난 지금도 여전히 널리 회자되고 있습니다.

주인공 돈키호테는 기사도 소설을 탐독하다 정신이 온전치 못한 상태가 되어, 스스로를 떠돌이 기사라 믿고 모험을 떠납니다. 풍차를 거인으로 착각하고 돌진하고, 여관을 성으로 여기며, 평범한 시골 아가씨를 귀부인 둘시네아로 숭배하지요. 현실은 냉혹하게 그를 비웃고, 주변 사람들은 그를 미친 사람 취급합니다. 하지만 돈키호테는 끝내 자신의 이상을 버리지 않습니다. 그가 보여주는 이런 다소 엉뚱한 모습은 꿈과 현실의 간극 속에서 살아가는 현대인의 모습과도 묘하게 닮아 있습니다.

경쟁과 실용이 우선되는 오늘날의 사회에서, 이상을 좇는 사람은 종종 시대에 뒤떨어진 사람, 혹은 미친 사람으로 보이곤 합니다. 그러나 그 속에는 엄연히 인간의 존엄과 아름다움이 숨어 있다는 사실을 돈키호테는 일깨워줍니다. 실패할지라도 자신이 믿는 가치를 위해 나아가는 용기, 그것이야말로 '인간다움'의 핵심이 아닐까요? 타인의 인정과 평가에 따라 자신의 가치를 매기는 오늘날의 풍조와는 역행하는 그의 이러한 행보는 그래서 묘한 감동을 줍니다.

세르반테스는 당대 기사문학을 풍자하는 데 그치지 않았습니다. 인간의 허위의식, 권력과 체제의 허구성까지 날카롭게 비판했지요. 당시 스페인 사회는 몰락한 귀족 계급이 여전히 과거의 영광에 매달리던 시기였는데, 작품 속 돈키호테의 망상은 바로 그 시대의 집단적 환상을 상징한다고도 볼 수 있습니다.

종자從者로서 그를 따르는 현실적인 산초와 이상적인 돈키호테의 관계도 흥미롭습니다. 주인이 풍차를 거인으로 착각하고 돌진하려 할 때, "저건 거인이 아니라 풍차입니다"라며 말리는 식이지요. 산초는 현실적이고 이익을 챙기는 데 관심이 있지만, 돈키호테와의 여정 속에서 그는 점차 변화합니다. 반대로 돈키호테 역시 산초의 현실 감각에서 배우게 되지요. 둘의 관계는 이성과 감성, 현실적 욕망과 이상적 가치의 균형을 묻는 질문이라 하겠습니다.

『돈키호테』는 꿈과 현실의 긴장 속에서 어떻게 인간답게 살아갈 것인가에 대해 질문합니다. 경쟁과 효율을 중시하는 오늘날의 사회에서, 돈키호테의 '미침'은 광기가 아니라 인간 존재를 고양하는 숭고한 저항으로 읽힙니다. 그가 죽기 직전 정신을 차리고 자신의 광기를 후회하는 장면은, 역설적으로 그가 꿈꾸던 세계가 얼마나 아름다웠는지를 더욱 선명하게 보여줍니다.

꿈꾸는 자의 용기는 야생마처럼 거칩니다. 이상을 좇는다는 게 미친 짓 같아도, 꿈이 있는 한 포기는 없습니다.

05

인간 본성의 어두운 심연을 들여다보다

셰익스피어의 4대 비극

셰익스피어의 4대 비극 『햄릿』, 『오셀로』, 『리어왕』, 『맥베스』는 인간 내면의 욕망과 배신, 권력과 운명을 응축해 보여주는 작품들입니다. 네 작품 모두 비극적 파멸로 막을 내리지만, 그 과정에서 드러나는 인간 본성의 복잡성과 보편적 진실은 오늘날에도 강렬한 울림을 전하고 있지요. 예나 지금이나 사랑은 눈물의 씨앗이고 증오와 질투심의 근원이며, 그 속에는 권력의 암투와 인간관계의 문제가 내재하여 있습니다. 셰익스피어는 바로 그 지점을 꿰뚫어 본 작가였습니다.

먼저 『햄릿』을 살펴볼까요? 덴마크 왕자 햄릿은 아버지를 살해한 숙부 클로디어스에게 복수하려 하지만, 끊임없는 망설임과 내적 갈등 속에서 헤매게 됩니다. 결국 연인 오필리아, 어머니 거트루드, 친구와 자신까지 모두 파멸로 이끄는 비극이 펼쳐집니다. 복수라는 명확한 목표 앞에서도 "사느냐 죽느냐"의 실존적 질문에 사로잡힌 햄릿의 모습은, 행동과 사색 사이에서 갈등하는 현대인의 초상과 묘하게 닮아 있습니다.

『오셀로』는 베니스의 용맹한 장군 오셀로가 간교한 부하 이아고의 계략에 속아넘어가는 이야기입니다. 아내 데스데모나의 정절을 의심하게 된 오셀로는 질투심에 사로잡혀 결국 아내를 죽이고, 뒤늦게 진실을 알고 자결하게 되지요. 사랑하는 이를 믿지 못하게 만드는 의심과 편견, 그리고 교묘한 조종이 어떻게 인간관계를 파괴하는지 적나라하게 보여줍니다.

『리어왕』에서 늙은 리어왕은 세 딸에게 왕국을 나누어주면서 커다란 실수를 저지릅니다. 진심 어린 충고를 건네는 막내딸 코델리아를 내쫓고, 아첨하는 두 딸에게 속아 몰락의 길로 접어들게 되지요. 권력 다툼 속에서 딸들과 자신이 비극적 죽음을 맞이하는 과정을 통해, 권력의 허무함과 가족애의 상실이라는 주제를 절절히 그려냈습니다.

마지막으로 『맥베스』는 스코틀랜드의 용맹한 장군 맥베스가 세 마녀의 예언과 아내의 야망에 이끌려 왕을 살해하고 권력을 차지하는 이야기입니다. 하지만 죄책감과 공포 속에서 폭군으로 전락해 결국 죽음을 맞이하게 되지요. 권력욕이 어떻게 한 인간을 괴물로 만들고, 공동체를 파괴하는지를 생생하게 보여주는 작품입니다.

이 네 작품은 인간 내면의 욕망과 한계를 드러내며, 배신과 오해, 권력의 부조리 속에서 인물들이 파멸해가는 과정을 묘사하며 보편적 비극미를 형상화했습니다.

4대 비극의 주인공들은 모두 치명적인 성격적 약점, 즉 하마르티아hamartia를 지니고 있습니다. 햄릿의 우유부단함, 오셀로의 질투, 리어의 교만함, 맥베스의 야망이 그것이지요. 그럼에도 그들에게 주목해야 하는 이유는 인간 조건의 복잡성과 모순을 있는 그대로 드러낸다는 점에 있습니다. 각 인물의 고뇌와 파멸은 오늘날에도 정치적·개인적 권력 구조, 윤리와 정당성 문제에 대한 깊은 성찰을 촉발하는 힘을 지니고 있습니다.

그런 연유로 다양한 현대 소설, 연극, 영화로 재창작되고 각색되면서, 원작의 보편적 주제들이 새로운 맥락 속에서 재생산되고 있지요.

셰익스피어의 4대 비극은 인간 본성과 사회 구조, 권력과 윤리를 깊이 들여다보는 통찰이 담긴 보고寶庫입니다. 결국 이 작품들이 전하는 바는 하나로 모아지는 것 같습니다. 인간은 자신의 약점과 욕망을 성찰하고, 권력과 사랑 앞에서 진실을 잃지 말아야 한다는 것입니다.

06

끝없이 추구하는
인간의 욕망과 구원

괴테, 『파우스트』

괴테의 『파우스트』는 독일 문학을 대표하는 대작으로, 인간 욕망과 구원의 문제를 다룬 비극입니다. 비극이지만 결말은 조금 다르지요. 주인공 파우스트 박사는 방대한 학문을 섭렵했으나 결국 한계에 부딪히고, 인생의 의미를 찾지 못한 채 절망에 빠집니다. 결국 영혼을 팔아서라도 더 큰 지식과 생생한 삶의 쾌락을 얻기 위해 악마 메피스토펠레스와 계약을 맺게 되지요. 그런데 계약의 내용이 흥미롭습니다. 파우스트가 순간의 행복에 만족해 "멈추어라, 너는 참으로 아름답구나"라고 말하는 순간, 그의 영혼은 메피스토의 것이 된다는 겁니다.

이후 파우스트는 젊음을 되찾아 그레트헨과 사랑에 빠지지만, 그 과정에서 그녀의 파멸을 초래하게 됩니다. 그레트헨은 아이를 죽인 죄로 투옥되지만, 신의 은총으로 구원받습니다. 파우스트는 권력과 창조적 업적을 추구하며 간척사업으로 이상적 공동체 건설에 몰두하지요. 하지만 탐욕과 무지로 비극이 뒤따릅니다. 최후에 비로소 공동체적 비전을 이루며 완전한 순간을 느낀 파우스트는 죽음을 맞이하지만, 악마가 영혼을 가져가려는 순간 인간의 끊임없는 노력을 긍정한 신의 은혜로 천사들에 의해 구원됩니다. 작품은 이처럼 불완전한 인간이라도 불굴의 노력을 경주하며 진심으로 더 나은 것을 추구하면 구원받는다는 메시지를 전합니다.

파우스트 박사가 악마와 계약한 이유는 학문·권력·쾌락을 모두 탐구했지만, 인간의 한계와 불완전성에 만족하지 못했기 때문입니다. 현대 사회를 살아가는 우리 역시 과학·기술·경제 발전 속에서 끊임없이 '더 나은 삶'을 추구합니다. 비록 눈에 보이는 악마는 없지만 그 욕망이 인간성을 파괴하거나 윤리를 훼손할 수 있다면 그 선택의 끝은 비극일 수밖에 없습니다.

의도한 것은 아니었더라도 욕망을 추구하는 과정에서 파우스트는 다른 사람들의 삶에 상처를 주고, 그 대가를 치르게 됩니다. 만약 기업이든 정치든 목표 달성 과정에서의 도덕적 책임을 외면할 때, 그 결말은 어떻게 될까요? 이 작품은 반드시 그 업보가 자신과 사회에 되돌아오게 된다고 경고합니다. 그런데 사실 생각해보면, 나의 욕망이 타인에게 좌절과 상처를 준다는 사실을 알면서도 멈추지 못합니다. 파우스트가 그레트헨의 비극 앞에서도 멈추지 못했듯, 어리석은 인간은 자신의 욕망에 눈이 먼 채 타인의 고통을 외면하곤 합니다. 괴테는 무엇을 성취했느냐보다 어떻게 살아가느냐가 중요하다고 강조합니다. 우리의 성공이 누군가의 희생 위에 세워진 건 아닌지, 끊임없이 돌아봐야겠지요.

작품의 마지막에서 파우스트는 죽음 직전, 타인을 위한 이상적인 공동체 건설을 꿈꾸며 구원받습니다. 아무리 잘못된 선택을 하고 방황했더라도 끝까지 변화를 추구하고 선을 향하면 구원받을 수 있다는 메시지는 치유의 언어로 다가옵니다. 누구나 실패와 잘못을 피할 수 없겠지만, 그럼에도 진정한 반성과 변화를 향한 노력을 경주한다면 삶을 새롭게 만들 수 있음을 시사합니다. 개인의 욕망이 타인에게 미치는 영향을 자각하고, 그로부터 공동체를 향한 책임으로 방향을 전환할 때 비로소 진정한 구원에 이를 수 있다는 겁니다.

『파우스트』가 보여주는 인간상은 지적·영적 가치 추구와 욕망·본능 사이에서 끊임없이 흔들리는 존재입니다. 현대인의 삶도 일과 가정, 성공과 행복, 이성적 선택과 감정적 충동 사이에서 늘 방황하고 있지요. 욕망의 한계를 깨닫고 윤리적 책임을 지며, 자기 성찰과 회개의 가능성을 놓지 않은 채 지속적인 자기 초월의 길로 나아간다는 주제를 통해, 괴테는 오늘날에도 인간다운 삶의 방향을 묻고 있습니다.

우리 시대의 파우스트적 선택은 더 이상 악마와의 계약이 아닐지도 모릅니다. 오히려 윤리와 욕망의 경계에서 무엇을 선택할지에 대한 매일의 결정이라고 할 수 있겠습니다. 그리고 그 방황은 우리가 인간인 한 이어지게 될 것입니다.

"인간은 지향이 있는 한 방황한다" 파우스트의 서곡에 나오는 유명한 말입니다. 실수와 방황 속에서도 더 나아지려는 마음이야말로 인간다움의 본질입니다.

07

몰락하는 귀족 가문의 애환

조설근, 『홍루몽』

조설근의 『홍루몽 紅樓夢』은 18세기 청대에 집필된 작품으로, 『삼국지연의』, 『수호전』, 『서유기』와 함께 중국 4대 명저로 손꼽히는 국민문학입니다. 중국 문학의 정수이자 대하소설의 극치라고 인정받을 만큼 그 위상이 대단하지요. 등장인물만 약 700여 명에 달하는 이 작품의 주요 배경은 귀족 가문인 가씨 집안입니다.

주인공인 가보옥은 태어날 때부터 입에 옥을 물고 나와 신비한 존재로 여겨지며, 감성이 풍부하고 세속의 가치와는 거리가 먼 인물입니다. 병약하고 예민한 임대옥과 깊은 정을 나누지만, 가문의 이해관계와 압력에 의해 결국은 설보채와 혼인하게 되지요. 그러나 이 과정에서 임대옥은 병으로 세상을 떠나고, 보옥은 큰 충격을 받게 됩니다. 작품 속 삼각관계는 단순한 애정 갈등에 그치지 않고, 개인의 진심과 가문의 이해관계가 충돌하는 지점을 생생하게 보여주고 있습니다.

사랑의 비극만을 다룬 건 아닙니다. 가문 전체의 몰락을 함께 묘사하고 있거든요. 가씨 집안은 한때 번성했으나 권세 다툼과 내부 갈등, 외부 정치적 압박으로 인해 점차 쇠락하고, 끝내 몰락의 길을 걷게 됩니다. 화려한 귀족 사회의 겉모습과 달리 그 이면에 깔린 허무와 덧없음을 보여주는 부분이지요. 작가는 이 부분을 깊이 탐구하면서, 인물들의 미묘한 내면과 감정을 정교하게 묘사합니다.

작품에 등장하는 주요 인물들이 마치 살아 움직이는 듯 입체적으로 그려지는데, 보옥의 눈물과 대옥의 병약함, 몰락해 가는 가문은 모두 인간 운명의 상징으로 기능합니다. 본문에는 시, 가사, 대화 등이 혼합되어 문학적 서정성도 뛰어납니다.

제목의 몽夢(꿈)이야말로 작품의 핵심 주제를 압축합니다. 극중 인물의 사랑·명예·재산 모두 한때의 꿈에 불과하며 결국 허무로 귀결된다는 겁니다. 진실한 사랑은 현실의 장벽에 의해 좌절되고, 개인의 감정보다 제도와 질서가 우위에 있던 당시 사회의 부조리를 고발하고 있습니다.

흥미로운 건 가씨 집안의 몰락 원인입니다. 화려함 이면에는 이미 부패와 무능이 자리 잡고 있었고, 가진 자가 더 배고프다고 칭얼댄다는 말처럼 더 많이 가지려는 욕심과 사랑이 결국 화를 자초하게 됩니다. 청 왕조 사회의 균열과 귀족 계급의 퇴락을 상징하는 부분입니다.

조설근은 청나라 귀족 가문 출신으로, 본인의 가문이 몰락하는 과정을 직접 체험하였습니다. 따라서 『홍루몽』은 자전적 성격을 띠며, 자신의 젊은 날 사랑과 가문의 추락을 문학적으로 형상화한 측면이 있습니다. 작가는 인간 존재의 덧없음과 사랑의 비극성을 통해 허망한 부귀영화보다는 진실한 사랑의 가치를 강조하였습니다.

오늘날 『홍루몽』이 우리에게 전하는 메시지는 무엇일까요? 바로 사회적 기대와 제도가 개인의 감정과 행복을 억압할 때 발생하는 비극입니다. 현대 사회에서도 경제적 이익, 가문의 명예, 사회적 체면 때문에 진정한 사랑이나 꿈을 포기하는 이들이 여전히 많습니다. 개인의 진심을 존중하고, 인간의 가치를 제도보다 우위에 둘 필요성을 일깨우는 대목이지요.

또한 외형적 성공과 화려함 이면에 숨겨진 허무를 보며, 우리는 물질적 풍요나 지위가 삶의 전부가 아님을 깨닫게 됩니다. 지속가능하지 않은 성장과 내부 갈등이 조직이나 공동체를 어떻게 무너뜨리는지, 기업이나 조직, 국가도 내부 부패와 무능을 방치하면 가씨 집안처럼 멸망할 수 있음을 잊지 말아야 합니다.

개인적 사랑 이야기와 사회적 몰락의 역사를 동시에 담아낸 『홍루몽』은 섬세한 필치로 인생과 세상의 무상함을 잘 표현하고 있습니다. 사실적 묘사로 인물의 성격, 감정, 사소한 행동까지 세밀하게 그려낸 사실주의 문학의 전범을 보여주고 있지요. 결국 이 작품이 우리에게 던지는 질문은 분명합니다. "지금 당신이 쫓는 것은 진짜 가치인가, 아니면 한때의 꿈에 불과한가."

가진 자가 더 배고프다 칭얼대는 법입니다. 더 많이 가지려는 욕심과 내부의 부조리가 결국 화를 부르지요.

고전 격차

08

환상과 현실의 괴리가 부른 비극

플로베르, 『보바리 부인』

구스타브 플로베르의 『보바리 부인』은 19세기 프랑스 사실주의 문학의 정점이라 불립니다. 단순한 불륜 소설이 아니라, 인간 욕망의 본질과 사회의 허위를 적나라하게 파헤친 작품이지요.

작품의 주인공 엠마 보바리는 시골 의사 샤를 보바리의 아내입니다. 수녀원 학교에서 로맨스 소설을 탐독하며 자란 그녀는 귀족적 사랑과 화려한 삶을 꿈꿉니다. 하지만 결혼 생활은 평범하고 지루하기만 하지요. 남편 샤를은 성실하지만 둔감한 사람입니다. 엠마는 자신이 품었던 열정적 사랑과는 거리가 먼 일상에 질식할 듯한 답답함을 느낍니다.

그녀는 이내 현실에 환멸을 느끼고 탈출구를 찾아 나섭니다. 지주 로돌프와의 첫 불륜은 잠시 그녀에게 삶의 의미를 되찾게 해주지만, 로돌프가 냉정하게 관계를 끊으면서 엠마는 깊은 절망에 빠집니다. 이후 법률 서기 레옹과 다시 불륜 관계를 맺으며 더욱 방종한 생활로 치닫게 되지요. 사치스러운 옷, 가구, 장신구를 사들이며 빚을 쌓아갑니다. 결국 빚쟁이들에게 쫓기는 신세가 되었고, 누구에게도 도움받지 못한 채 막다른 골목에 몰린 엠마는 약국에서 비소를 훔쳐 먹고 고통스럽게 죽음을 맞이하게 됩니다.

플로베르는 엠마의 환상과 현실 사이의 간극을 냉정하리만치 세밀하게 포착했습니다. 작가는 등장인물에게 공감하거나 비난하지 않고, 마치 해부학자처럼 객관적 거리를 유지하며 인물의 내면과 행동을 관찰합니다. 엠마의 심리 변화, 일상의 디테일, 시골 마을의 속물적 분위기까지 정밀하게 묘사하면서, 독자 스스로 판단하게 만들지요. 당시로써는 혁명적인 서술 태도였습니다.

플로베르가 비판한 대상은 엠마 개인만이 아니었습니다. 당대 사회 전반에 퍼져 있던 낭만적 환상, 부르주아 계급의 속물

근성, 물질만능주의와 도덕적 허위를 겨냥했던 것입니다. 엠마는 로맨스 소설이 주입한 비현실적 사랑의 환상 속에서 길을 잃었고, 주변 사람들은 위선과 이기심으로 가득했습니다. 약사 오메는 지식인 행세를 하며 허세를 부리고, 고리대금업자 뢰뢰는 엠마의 욕망을 이용해 착취했지요. 작품 속 사회는 결국 엠마를 파멸로 내몰았고, 그 누구도 그녀를 구하려 하지 않았습니다.

흥미로운 점은 플로베르 자신이 "보바리 부인은 나다Madame Bovary, c'est moi"라고 말했다는 사실입니다. 작가는 엠마를 통해 자신 안의 낭만적 환상과 예술가적 고뇌를 투영했던 것으로 보입니다. 그는 다만 예술 그 자체의 완성을 추구했을 뿐, 도덕적 교훈을 전하려 한 것이 아니었습니다. 실제로 출간 당시 풍속을 해친다는 이유로 재판에 회부되기도 했지만, 결국 무죄 판결을 받으며 문학사에 큰 반향을 일으켰지요.

엠마가 보여준 변신, 화려함을 향한 끝없는 추구는 얼핏 보면 여성의 자유로운 선택처럼 보일 수도 있습니다. 하지만 그 이면에는 채워지지 않는 허영심이 도사리고 있었습니다. 아무리 새로운 옷을 입고, 값비싼 장신구로 자신을 치장해도 내면의 공허함은 메워지지 않았지요. 오히려 그 허영은 점점 더 큰 욕망을 낳았고, 결국 비극적인 종말로 치달았던 것입니다. 이런 모습은 시대를 불문하고 반복되는 인간의 보편적 비극이라 할 수 있습니다.

플로베르의 정밀한 묘사와 객관적 서술 방식은 이후 에밀 졸라를 비롯한 자연주의 작가들에게 깊은 영향을 미쳤습니다. 나아가 20세기 모더니즘 소설의 기법적 토대가 되기도 했지요. 오늘날 문학을 공부하는 이들에게 『보바리 부인』이 여전히 필독서로 꼽히는 이유입니다.

09

죄와 벌, 그리고 구원의 가능성

너새니얼 호손, 『주홍글씨』

너새니얼 호손의 『주홍글씨』는 미국 문학의 고전이자, 도덕과 인간성, 죄와 구원에 관한 깊은 탐구를 담은 작품입니다. 17세기 청교도 사회의 보스턴을 배경으로 한 이 소설은 엄격한 종교적 규율 속에서 인간의 욕망과 위선, 그리고 진정한 구원의 의미를 질문하지요.

여주인공 헤스터 프린은 간통죄로 인해 가슴에 주홍색 A Adultery(간통) 문자를 달고 살아가야 하는 벌을 받습니다. 그녀는 아픔 속에서도 딸 펄Pearl을 키우며, 사회적 낙인과 차별 속에서 꿋꿋이 삶을 이어가지요. 공개적 수치의 대상이 되었지만, 헤스터는 침묵으로 연인을 보호하는 한편 자신의 운명을 정면으로 받아들입니다. 시간이 흐르며 그녀는 자선 활동과 봉사를 통해 공동체 안에서 새로운 의미를 만들어갑니다. 주홍글씨는 점차 '간통Adultery'이 아닌 '능력Able'의 상징으로 재해석되기 시작하지요.

그녀의 연인이자 마을의 존경받는 목사인 아서 딤즈데일은 자신의 죄를 숨긴 채 죄책감에 시달리며 고통 속에 살아갑니다. 겉으로는 신앙의 수호자로 칭송받지만, 내면에서는 위선과 자기 파괴의 나락으로 떨어지는 그의 모습은 숨겨진 죄가 얼마나 큰 고통을 불러오는지 생생하게 보여줍니다. 헤스터의 남편 로저 칠링워스는 복수심에 사로잡혀 딤즈데일을 괴롭히며 인간의 악의적 집착을 드러내지요. 의사로 가장한 채 딤즈데일의 곁에 머물며 그를 서서히 파멸로 몰아가는 칠링워스의 모습은, 증오가 인간을 어떻게 괴물로 만드는지 적나라하게 묘사합니다.

결국 딤즈데일은 공개적으로 죄를 고백하고 죽음을 맞으며 구원에 이르고, 헤스터는 끝까지 강인하게 자신의 삶을 이어갑니다. 딤즈데일의 마지막 고백은 진실을 드러냄으로써 비로소 영혼의 평화를 얻을 수 있음을 보여주는 장면이랍니다.

호손이 그리고자 한 건 단순히 한 여인의 불륜 이야기가 아니었습니다. 겉으로는 도덕과 신앙을 내세우지만, 실제로는 인간의 욕망과 위선, 배타성을 드러내는 청교도 사회의 모순을 폭로하고자 했지요. 죄를 지었다는 사실보다 그것을 숨기고 위선적으로 사는 것이 더 큰 고통과 파멸을 불러온다는 점을 작품은 보여줍니다. 반대로 죄를 직면하고 받아들임으로써 인간은 구원과 성장에 이를 단초를 마련할 수 있게 됩니다.

헤스터는 사회의 차별과 고통을 감내하면서도 딸을 키우고 봉사하며 새로운 공동체적 의미를 만들어갑니다. 19세기 미국 사회에서 여성의 역할과 주체성을 새롭게 조명하려는 호손의 의도가 반영된 부분이지요. 그녀는 남성 중심 사회가 강요한 수치심을 거꾸로 뒤집고, 오히려 연민과 강인함의 상징으로 거듭나는 과정을 보여줍니다.

오늘날 『주홍글씨』는 개인의 낙인과 사회적 차별 문제를 상징적으로 보여주는 작품으로 읽힙니다. 죄와 벌, 용서와 구원의 문제는 여전히 현대인의 삶 속에서 중요한 주제이지요. 한 번의 실수나 과오로 평생 낙인찍히는 현대 사회의 모습은, 헤스터가 주홍글씨를 달고 살아야 했던 상황과 크게 다르지 않습니다. 이런 현상은 유명인이건 일반이건 가리지 않습니다. 특히 소셜미디어가 발달하면서 개인의 잘못이 순식간에 확산되고, 집단적 비난과 캔슬 문화cancel culture(공인이나 기업 등이 문제시되는 행동을 했을 때 공개적으로 지지를 철회하고 사회적 배제를 가하는 행동)로 이어지는 현실 속에서 이 작품은 더욱 절실한 질문을 던집니다. "우리는 타인의 과오를 얼마나 쉽게 단죄하는가?"

헤스터의 모습은 여성의 자립, 사회적 규범에 맞선 인간의 존엄을 보여주며 현대 페미니즘 담론과도 연결됩니다. 가부장적 사회가 부과한 굴레를 벗고 스스로의 힘으로 삶을 재정의하는 그녀의 여정은, 오늘날 여성의 목소리와 권리를 되찾으려는 움직임과 맞닿아 있지요.

위선적인 도덕주의를 비판하는 데도 여전히 유효합니다. 자신의 잘못은 감추면서 타인의 과오만을 공개적으로 단죄하는 사회의 이중성, 그 속에서 진정한 용서와 치유는 어떻게 가능한가와 같은 묵직한 물음을 남깁니다. 결국 우리에게 필요한 건 엄격한 심판이 아니라 서로의 상처를 이해하고 끌어안는 연민의 힘이 아닐는지요.

10

계급을 넘어선 진정한 신사란 무엇인가

찰스 디킨스, 『위대한 유산』

찰스 디킨스의 『위대한 유산』은 고아 소년 핍의 성장과 사회적 욕망, 인간적 성숙을 다룬 빅토리아 시대의 대표작입니다. 시골의 가난한 대장간에서 매형 조 가저리와 함께 자란 핍은 어느 날 늪지에서 탈옥수를 만나 음식과 줄칼을 건네주게 됩니다. 하지만 이 작은 행동이 훗날 그의 운명을 송두리째 바꾸게 될 줄은 몰랐습니다.

얼마 후 핍은 정체불명의 후원자로부터 막대한 재산을 물려받으며, 런던으로 올라가 신사로서의 삶을 꿈꾸게 됩니다. 그 꿈의 중심에는 오랜 동경의 대상이자, 자신을 차갑게 대하는 에스텔라를 향한 사랑이 있었습니다. 신분 상승이야말로 그녀의 사랑을 얻는 길이라 믿었던 거지요.

그러나 런던 생활을 경험하면서 핍은 상류 사회의 허영과 위선을 목격하게 됩니다. 화려한 겉모습 뒤에 가려진 공허함, 돈으로 살 수 없는 진정한 인간적 가치를 잃어가는 자신을 발견하며 고뇌하지요. 특히 매형 조의 순수하고 한결같은 마음을 저버린 과거를 떠올리며 더 깊이 반성합니다. 그러던 중 충격적인 진실과 마주합니다. 자신의 재산이 탈옥수 매그위치로부터 비롯되었다는 사실을 알게 된 겁니다.

이후 핍은 타인을 위한 희생과 헌신 속에서 진실한 삶의 의미를 깨닫게 됩니다. 이처럼 이 작품은 계급과 신분, 사랑과 배신, 죄와 속죄라는 주제를 통해, 진정 위대한 유산이란 물질이 아닌 인간성의 성장임을 잘 보여주고 있지요.

핍의 여정을 따라가다 보면 오늘날 우리 사회에도 많은 시사점을 남기는 대목들과 만나게 됩니다. 가난한 시골 출신인 그가 갑작스러운 신분 상승을 경험하며 런던 사회로 진출한 이후 마주친 뼈아픈 진실은, 부와 지위가 반드시 행복을 보장하지 않는다는 사실이었지요.

현대를 살아가는 우리 역시 외적인 성공과 경제적 부를 추구하는 과정에서 자칫 인간적인 온기, 진정성, 관계의 소중함을 잊기 쉽습니다. 소설 속 핍의 방황을 지켜보는 일은 바로 그러한 세태 속에서, 내면적 성장과 인간다움을 놓치지 말라는 경고를 듣는 것과 같습니다.

19세기 영국 사회의 신분제와 계급차별은 오늘날에도 다른 형태로 이어지고 있습니다. 출신, 배경, 경제적 조건에 따라 각자의 출발선이 다르게 그려지곤 하지요. 하지만 작품 속 핍을 보면, 정체성이란 고정된 상수가 아니라 환경과 선택에 따라 변화할 수 있는 변수였습니다. 작가는 이러한 신분 상승의 욕망이 가져오는 허영과 오만, 그로 인한 인간관계의 왜곡을 비판의 대상으로 삼았습니다.

실제로 핍이 런던에서 허울 좋은 신사 생활을 누리면서도 마음 한구석 공허함을 느끼는 장면들은, 현대 사회의 불평등과 성공 지상주의를 되돌아보게 합니다. 겉으로 화려해 보이는 삶이 과연 진정한 행복인지 우리에게 되묻고 있는 것이지요.

특히 주목할 만한 대목은 핍이 자신의 후원자가 매그위치라는 사실을 알게 되는 장면입니다. 처음에는 충격과 거부감을 느끼지만, 점차 선의의 본질을 깨닫게 되지요. 은혜란 반드시 체면이 서는 방식이나 화려한 모습으로만 오는 것이 아니며,

때로는 사회적으로 소외된 이들의 손길을 통해서도 전달될 수 있다는 겁니다.

되돌아보면 핍이 늪지에서 굶주린 탈옥수에게 음식과 줄칼을 건넨 행동은 두려움에 의한 것이긴 했지만 정말 작은 친절이었습니다. 그러나 그 조그마한 행동이 매그위치의 마음에 깊은 울림을 남겼고, 결국 핍의 인생 전체를 바꾸는 계기가 되었지요. 우리가 일상에서 베푸는 사소한 도움일지라도 누군에게는 인생을 바꿀 만한 사건이 됩니다. 핍과 조, 핍과 매그위치의 관계에서 드러나듯이, 진정한 관계란 사랑과 이해, 그리고 용서를 통해 회복됩니다.

빠른 경쟁과 소모적인 인간관계 속에서 살아가는 오늘날, 서로를 이해하고 용서하는 힘이야말로 개인과 공동체를 건강하게 만드는 핵심이 아닐까요? 우리가 추구해야 할 진짜 위대한 유산은 돈이나 지위가 아니라, 진정한 인간관계와 성숙한 인격, 그리고 타인을 향한 따뜻한 마음입니다.

자기도 모르는 사이에 베푼 조그마한 친절이 한 사람의 인생을 바꿉니다.

고전 격차

11

사랑과 도덕 사이에서 파멸한 여인

톨스토이, 『안나 카레니나』

레프 톨스토이의 장편소설 『안나 카레니나』는 러시아 상류 사회의 사랑과 결혼, 도덕과 인간의 내적 갈등을 섬세하게 포착한 작품입니다. 19세기 러시아 귀족 사회를 배경으로, 개인적 욕망과 사회적 규범 사이에서 고뇌하는 인간의 모습을 생생하게 그려낸 이 소설은 리얼리즘 문학의 정점으로 평가받지요.

이야기는 두 축으로 전개됩니다. 한쪽에는 매력적이지만 보수적인 귀족 여성 안나 카레니나의 비극적 삶이, 다른 한쪽에는 지주 귀족 레빈의 자기 성찰과 구도적 삶이 펼쳐집니다.

안나는 정부 고위 관료 카레닌과 결혼했지만 진정한 사랑을 느끼지 못했습니다. 형식적 결혼 생활 속에서 공허함을 느끼던 그녀는, 사교계에서 만난 청년 장교 브론스키와 열정적인 사랑에 빠지게 되지요.

가정을 버리고 새로운 사랑을 선택한 안나였지만, 사회의 냉혹한 비난과 고립 속에서 점점 불안과 절망에 휩싸입니다. 브론스키마저 차갑게 변해가는 듯한 환상에 시달리던 그녀는, 결국 사랑의 불안정성과 사회적 압력, 내적 공허를 이기지 못하고 기차에 몸을 던져 생을 마감합니다.

반면 레빈은 토지개혁과 농민 문제, 신앙적 회의로 갈등하는 인물입니다. 상류 사회의 허영과 공허함에 회의를 느낀 그는 농촌으로 돌아가 농민들과 함께 노동하며 삶의 의미를 찾고자 했습니다. 키티와의 결혼 이후 가족의 사랑 속에서 내면의 평화를 발견한 레빈은, 농민들의 순박한 신앙과 일상 속에서 진정한 삶의 가치를 깨닫게 되지요.

여기서 주목할 점이 있습니다. 키티 역시 처음에는 안나처럼 브론스키의 화려한 외모와 매력에 이끌렸지만, 그에게 거절당한 뒤 깊은 상처를 받고, 레빈의 청혼도 거절합니다. 그러나 그 과정에서 자신을 성찰하고 성숙해진 키티는, 레빈의 진심 어린 사랑을 받아들이게 됩니다.

두 사람의 사랑은 열정보다는 서로를 이해하고 존중하는 신뢰 위에 세워졌고, 그 덕분에 일상의 평범함 속에서도 깊은 행복을 누릴 수 있었습니다. 안나가 열정적이지만 불안정한 사랑으로 파멸의 길을 걸었다면, 키티는 성숙하고 헌신적인 사랑으로 삶을 풍요롭게 가꾸어 간 것이지요.

톨스토이는 두 여성의 대비를 통해 사랑의 본질을 탐구합니다. 안나의 사랑이 자신의 욕망과 사회적 시선 사이에서 갈등하며 결국 파국으로 치달았다면, 키티의 사랑은 상대를 향한 이해와 배려 속에서 일상을 아름답게 꽃피웠다는 것이지요.

진정한 사랑의 가치는 인생을 풍부하고 아름답게 만든다는 메시지가 여기에 담겨 있습니다. 사랑이란 단순히 격렬한 감정의 산물이 아니라, 상대를 온전히 받아들이고 함께 성장하는 과정이라는 깨달음 말입니다.

작품을 단순히 불륜 소설로 읽는다면 톨스토이가 전하고자 한 메시지의 본질을 놓치게 됩니다. 그가 진짜 탐구하고자 한 것은 사랑과 도덕, 개인과 사회, 전통과 근대 사이에서 고뇌하는 인간의 존재였으니까요.

원치 않은 결혼 제도에서 탈출하여 브론스키와의 사랑을 선택한 안나였지만, 그 사랑조차 결국 사회적 시선과 내면의 불안으로 인해 파멸로 치달았지요. 톨스토이는 안나의 선택을 비판하거나 동정하지 않습니다. 오히려 그는 당대 사회의 이중적 도덕과 위선을 날카롭게 비판합니다. 남성의 외도는 용서받지만, 여성의 사랑은 파멸로 이어진다는 불공평한 잣대를 적나라하게 드러내면서요.

안나와 키티, 두 여성의 대비되는 사랑 가치를 찾아가는 과정은 오늘날 결혼과 사랑에 관해 중요한 메시지를 던집니다. 열정만으로는 지속 가능한 관계를 만들 수 없으며, 진정한 사랑은 상대를 이해하고 존중하며 함께 성장하는 데서 비롯된다는 사실 말입니다. 그런 사랑만이 인생을 풍부하고 아름답게 만들 수 있습니다.

"행복한 가정은 모두 비슷하지만, 불행한 가정은 저마다의 이유로 불행하다." 작품을 여는 이 유명한 첫 문장은, 지금도 여전히 우리 삶의 본질을 꿰뚫고 있습니다.

12

신이 없다면 모든 것이 허용되는가

도스토옙스키, 『카라마조프가의 형제들』

인간 존재의 근원적 문제를 탐구한 대작인 『카라마조프가의 형제들』을 살펴보겠습니다. 이 책의 이야기는 부도덕하고 탐욕스러운 아버지 표도르 파블로비치 카라마조프와 그의 아들들 사이의 갈등을 중심으로 펼쳐지지요.

장남 드미트리는 충동적이고 정열적인 성격으로, 아버지와 재산 문제는 물론 한 여자를 두고 대립합니다. 차남 이반은 이성적이고 회의적인 지식인인데, 신과 도덕, 인간 자유에 대해 깊은 사색을 펼치는 인물이지요. 삼남 알료샤는 신앙과 선의 화신이라 할 만합니다. 수도사 조시마 장로의 가르침을 이어받아 사랑과 화해를 추구하거든요. 이복동생 스메르쟈코프는 냉소적이고 교활한 인물로, 아버지 살해 사건의 핵심에 서게 됩니다. 결국 표도르가 살해되고 드미트리가 범인으로 몰려 재판을 받지만, 실제 범행을 저지른 건 스메르쟈코프였다는 사실이 드러납니다.

작품은 단순히 사건 전개를 보여주려는 게 아닙니다. 신의 존재 여부와 선과 악의 본질, 자유 의지와 책임, 인간의 고통과 구원이라는 철학적·종교적 주제를 치열하게 탐구합니다. 특히 이반의 '대 심문관' 장면에서는 기독교적 자유와 권위의 대립을 상징적으로 드러내는 한편, 알료샤의 삶을 통해서는 인간애와 희망을 제시합니다.

생각해 보세요. 모든 게 자유로울 때 인간은 오히려 불편함을 느끼지 않나요? 무언가 적절한 구속이 있어야 오히려 편안함을 느끼기도 합니다. 이반 카라마조프는 "신이 없다면 모든 것이 허용된다"라는 말로써, 도덕의 근원을 신에서 찾지 못할 때 인간이 직면하는 혼란을 드러냅니다. 오늘날 우리는 세속화, 과학의 발달, 가치관의 다원화 속에서 절대적 도덕 기준의 부재를 겪고 있습니다. 도덕의 상대화가 극단으로 치달을 때, 우리는 과연 무엇에 기대어 판단할 수 있을까요?

인간은 자유를 원하지만, 그 자유는 동시에 책임을 요구합니다. '대 심문관' 장면에서 보여주듯, 사람들은 오히려 자유가 주는 무거운 짐을 버리고 싶어 하며, 대신 권위나 체제에 의지하려 합니다. 도스토옙스키는 자유가 곧 인간의 존엄이지만, 그 무게를 끝내 스스로 감당해야 한다고 지적합니다.

각각 충동과 욕망, 이성적 사유와 회의, 신앙과 사랑을 상징하는 드미트리와 이반, 알료샤 세 인물은 한 인간이 가진 다양한 얼굴을 보여주는 것 같습니다. 카라마조프 형제들의 갈등은 곧 한 인간 내면의 갈등이며, 인간은 여전히 본능·이성·신앙 사이에서 흔들립니다. 감정에 휩쓸리고, 이성에 회의하며, 믿음을 갈구하기를 반복하는 것이 우리의 모습이 아닌가요?

그런 의미에서 아버지 살해라는 사건은 바로 인간의 죄의식과 구원 가능성을 탐구하는 장치라고 할 수 있습니다. 오늘날 숱한 범죄와 폭력, 전쟁 속에서 우리는 '인간이 과연 구원될 수 있는가'라는 근원적인 질문을 던지게 됩니다. 어떤가요? 여기서 알료샤의 따뜻한 믿음과 사랑은 여전히 유효한 답을 줍니다. 서로를 이해하고 용서하며, 사랑으로 껴안는 것. 바로 구원은 타인과의 연대 속에서 가능하다는 메시지 말이지요.

신 없는 세계에서 인간은 스스로 도덕의 근거를 세워야 합니

다. 자유는 인간의 본질이지만, 그것을 감당하지 못하면 타인
과 사회에 의존하게 되는 법입니다. 본능·이성·신앙의 균형 속
에서만 인간은 온전해질 수 있으며, 구원은 추상적 관념이 아
니라 이웃을 향한 사랑과 연대에서 시작됩니다.

아버지와 아들, 형제들의 갈등 속에서 인간 존재의 근원을 묻습니다. 어
렵고도 쉬운 문제지요.

고전 격차

13

자유를 찾아 떠나는 소년의 모험

마크 트웨인, 『허클베리 핀의 모험』

마크 트웨인의 『허클베리 핀의 모험』은 미국 남북전쟁 이전 미시시피강을 배경으로 소년 허클베리 핀의 성장과 자유를 그린 작품입니다. 주인공 허크는 술주정뱅이 아버지 밑에서 자라다 그를 피해 가출하고, 도망 노예 짐과 함께 뗏목을 타고 강을 따라 내려갑니다. 두 사람은 강을 따라 여행하면서 다양한 인물을 만나고 사건을 겪게 되지요.

강도와 사기꾼, 위선적인 종교인, 탐욕스러운 가족 등 당시 사회의 모순과 위선을 만나는 과정에서 허크는 점점 자신의 도덕적 판단 기준을 세워 갑니다. 특히 노예제도를 정당화하는 사회적 규범과 짐을 진정한 인간적 친구로 대하고자 하는 자신의 내면 사이에서 깊은 갈등을 겪습니다. 결국, 허크는 지옥에 가더라도 짐을 지키겠다고 결심하며 기존 가치관을 뛰어넘는 인간적 선택을 감행하지요.

이제 뗏목 위의 모험은 단순한 탈출이 아니라 자유와 평등, 인간 존엄을 향한 위대한 여정이 됩니다. 한 인간의 성장 과정이란, 결국 스스로 선택하고 책임지는 삶임을 깨달아 가는 과정이라 할 수 있겠습니다.

어린 소년의 눈으로 세상을 바라보는 작품의 강점은, 꾸밈없는 목소리로 당대 미국의 위선을 고스란히 드러낸다는 데 있습니다. 허크의 순수한 시선을 통해 드러나는 인종차별과 권력 남용의 민낯 속에서, 우리는 인간애와 자유의 가치가 더욱 선명하게 빛나는 순간을 목격하게 되지요. 무엇보다 이 작품의 묘미는 허크라는 인물이 도덕적 각성에 이르는 과정을 생생하게 보여준다는 데 있습니다. 사회가 가르친 규범과 자신의 양심이 충돌할 때, 소년은 혼란스러워하면서도 결국 인간으로서 옳은 길을 선택하거든요.

현대 사회에서도 많은 사람이 규범과 제도, 관습 속에서 살아가지만, 그 안에서 자신이 진정 원하는 삶의 방식과 가치를 찾는 작업은 여전히 중요한 과제로 남아 있습니다. 자유란 아무런 제약이 없는 상태가 아니라, 스스로 판단하고 선택하며 그 결과를 책임지는 삶을 의미한다는 걸 작품은 보여줍니다. 강물을 따라 흘러가는 여정 속에서 허크가 내린 결단 하나하나가 바로 그런 자유의 실천이었던 셈이지요.

허크와 함께 여행하는 도망 노예 짐의 이야기는 당시 미국 남부 사회의 인종차별과 노예제도의 잔혹함을 생생하게 드러냅니다. 허크는 사회의 법과 도덕이 옳다고 배웠지만, 실제로 그것이 인간성에 반하는 잘못된 질서임을 깨닫게 됩니다. 백인 소년과 흑인 노예라는 당대의 신분 질서가 만들어낸 벽 앞에서, 허크가 내리는 결단은 법 이전의 것이었습니다. 법이 아닌 양심을 따르기로 한 그 순간이야말로, 진정한 도덕적 용기가 무엇인지를 보여주는 장면이 아닐까요?

오늘날에도 여전히 존재하는 인종차별, 사회적 편견, 약자에 대한 차별 문제는 어떠한가요? 우리도 일상 속에서 부당한 관습이나 편견과 마주할 때가 많습니다. 그럴 때 허크처럼 자신의 내면을 들여다보고, 옳다고 믿는 바를 실천할 용기를 가질 수 있을까요?

허크는 짐을 도와주는 것이 당시 법률상 범죄였지만, 자신의 양심에 따라 행동합니다. 사회적 압력과 개인의 신념이 충돌할 때, 우리는 어떤 선택을 할 것인가? 다수의 의견이 반드시 정의는 아니며, 때로는 홀로 서서 옳음을 지켜야 할 때가 있다는 진실을 『허클베리 핀의 모험』은 말하고 있습니다.

한 가지 더 짚고 넘어가야 할 점이 있습니다. 마크 트웨인이 작품을 쓴 19세기 후반은 남북전쟁이 끝났지만, 흑인에 대한 제도적·사회적 차별은 여전히 공고했던 시기였습니다. 작가는 과거를 배경으로 삼아 당대 사회를 날카롭게 비판한 셈이지요. 문학이 사회 변화의 거울이자 촉매가 될 수 있음을 보여주는 사례라 하겠습니다. 실제로 『허클베리 핀의 모험』은 출간 당시부터 지금까지도 금서 논란에 휩싸이곤 했는데, 그만큼 작품이 다루는 주제가 예민하고 중요하다는 반증이기도 합니다.

허크가 강물을 따라 흘러가며 찾아낸 답은, 결국 우리 각자가 삶 속에서 스스로 찾아내야 할 질문이 아닐까요? 한 인간이 성장한다는 건, 스스로 선택하고 그 선택에 책임지는 법을 배워가는 과정이니까요.

고전 격차

14

일상 속 인간 내면의 섬세한 포착

안톤 체호프, 『체호프 희곡선』

안톤 체호프의 대표적 희곡들이 실려 있는 『체호프 희곡선』
에는 다양한 등장인물들의 일상과 내면, 사회적 현실이 섬세하
게 그려져 있습니다.

먼저, 「갈매기」는 젊은 작가 트레플레프, 배우가 되려는 니나
의 꿈과 좌절을 중심에 놓았습니다. 구세대 예술관과 신예 예
술관이 충돌하는 가운데, 인간의 허무와 예술의 의미가 깊이
탐구되지요.

「바냐 아저씨」에서는 한 시골 영지로 무대를 옮깁니다. 주인
바냐와 의사 아스트로프, 그리고 가족들은 헌신하며 일하는 삶

에서 오는 현실적 불만과 헛된 열망 속에서 인생을 허망하게 흘려보내지요. 인생의 무의미와 인간의 한계성을 드러내는 작품이라 하겠습니다.

「세 자매」는 지방 소도시에 사는 세 자매가 모스크바로 가고 싶다는 갈망을 품지만, 현실 속에서 좌절하는 과정을 그렸습니다. 꿈과 현실의 괴리, 삶의 무력감이 생생하게 표현되지요. 세 자매가 반복적으로 외치는 "모스크바로!"라는 절규는 단순한 장소 이동이 아닌, 더 나은 삶을 향한 인간의 근원적 갈망을 상징합니다. 그러나 끝내 그곳에 도달하지 못하는 자매들의 모습은, 우리가 추구하는 이상과 현실 사이의 간극을 보여주는 거울이 됩니다.

「벚꽃 동산」에서는 몰락해가는 지주 가문이 시대 변화 속에서 영지를 잃는 과정을 보여줍니다. 러시아 사회의 전환기와 구세대의 몰락, 새로운 계급의 부상을 상징적으로 담아낸 작품이지요. 벚꽃 동산을 지키려는 라네프스카야 부인의 집착은 과거에 대한 향수이자, 변화를 받아들이지 못하는 인간의 나약함을 드러냅니다. 결국 동산이 벌목되는 장면에서 우리는 시대가 요구하는 변화 앞에 선 개인의 무력함을 목격하게 됩니다.

체호프 희곡의 가장 큰 특징은 격정적 사건보다 사소한 일상 속 대화를 통해 삶의 불안, 희망, 허무를 드러내는 데 있습니다. 인물들은 소소한 갈망과 좌절 속에서 비극과 희극이 공존하는 인간 존재의 진실을 드러내지요. 화려한 영웅이 아닌 평범한 사람들을 통해, 진정한 삶의 본질을 탐구한 놀라운 솜씨라고 하겠습니다. 실제로 체호프의 무대 위 인물들은 일상 속 우리들의 모습과 다르지 않습니다. 출근길 지하철에서 만나는 이웃, 카페에서 마주치는 낯선 얼굴들이 모두 무대 위 주인공이 되는 것이지요.

체호프의 대표 희곡들은 모두 인간의 일상적 삶과 내면을 섬세하게 다루며, 20세기 현대극의 방향을 제시했습니다. 무엇보다 새로운 연극 형식을 창조했다는 점에 주목해야 합니다. 극적 사건보다는 정서적 분위기, 대화의 뉘앙스, 침묵과 여백에 의미를 두며 현대극의 길을 열었던 겁니다. 그의 극적 미학은 스타니슬랍스키의 연기론과 함께 현대 연극의 사실주의적 기초를 마련했고, 오늘날 연극·영화·드라마에서 보이는 사소한 일상의 리얼리즘도 그의 영향을 받은 것입니다. 일례로 현대 한국 드라마에서 자주 보이는 일상적 대화, 말 없는 시선의 교환, 카페나 거실에서 벌어지는 평범한 장면들을 통해 깊은 감정을 전달하는 방식은 모두 체호프가 개척한 연극적 문법이라 할 수 있습니다.

체호프의 희곡이 오늘날 우리에게도 큰 의미로 다가오는 까닭은 평범한 삶이야말로 가장 진지한 드라마라는 사실을 일깨워 주기 때문이 아닐까요? 체호프의 인물들이 좌절과 무력감 속에서 어려움을 겪지만, 그들을 삶을 통해서 우리는 현대인의 불안·고독·우울 속에서도 삶을 이어가는 보편적 태도를 발견하게 됩니다. 그 태도란 아마도 '그래도 살아야 한다'라는 희망의 메시지일 겁니다.

삶은 대본 없는 연극이자, 인생이란 무대 위에서 펼쳐지는 드라마입니다.

고전 격차

15

잃어버린 시간을 찾아서

프루스트, 『스완네 집 쪽으로』

마르셀 프루스트의 『스완네 집 쪽으로』는 그 유명한 대하소설 『잃어버린 시간을 찾아서』의 첫 권입니다. 주인공 '나'의 어린 시절 기억과 감각의 미묘한 흐름을 따라가다 보면, 스완 가문의 사랑과 좌절이 자연스럽게 펼쳐지지요. 이야기는 크게 세 부분으로 나뉘어져 있습니다.

첫 번째는 '콩브레Combray' 편입니다. 화자는 프랑스 소도시 콩브레에서 보낸 유년기를 회상합니다. 특히 잠들기 전 어머니의 입맞춤을 애타게 기다리던 불안과 갈망의 순간들이 생생하게 되살아나지요. 그러던 어느 날, 마들렌을 홍차에 적셔 먹는 찰나에 잊고 있던 과거가 한순간에 밀려듭니다. 비자발적으로 의지와 무관하게 찾아온 기억의 체험 속에서, 프루스트는 시간과 기억의 본질을 깊이 탐구하게 됩니다.

두 번째는 '스완의 사랑 Un amour de Swann' 편입니다. 화자가 태어나기 전, 가족의 지인인 스완과 오데트의 사랑 이야기를 담고 있는데요, 스완은 세련되고 교양 있는 인물이지만, 세속적 인물인 오데트와 사랑에 빠지게 되는 계기가 독특합니다. 평소 그녀에게 별 매력을 느끼지 못하다가, 어느 날 그림 속 인물을 떠올리게 한다는 이유로 그녀에게 집착과 질투를 하게 됩니다. 사랑의 달콤한 매혹 뒤에 숨은 파괴적 본질이 서서히 드러나고, 동시에 사회적 신분과 인간관계의 허위성까지 낱낱이 벗겨집니다. 결국 마음에 들지도 않는 여자 때문에 인생을 낭비했다는 후회를 하면서도 스완은 그녀를 버리지 못합니다.

세 번째 '고장의 이름: 이름 Noms de pays: le nom' 편에서는 화자가 샹젤리제에서 스완과 오데트의 딸 질베르트와의 만남을 통해 첫사랑을 경험하며, 예술과 삶에 대한 새로운 시선을 깨닫는 과정이 그려지지요.

전체를 관통하는 주제를 살펴보면, 시간과 기억의 작동 방식, 인간 사랑의 허상과 집착, 그리고 예술적 자각이라는 세 가지

축이 유기적으로 얽혀 있습니다. 프루스트가 진짜 보여주려 한 것은 연대기적 사건이 아니었습니다. 기억이 어떻게 현재에 되살아나고, 그 과정에서 의미를 새롭게 만들어내는지가 그의 관심사였거든요.

스완과 오데트의 관계를 들여다보면, 사랑이라는 감정이 얼마나 집착과 환상, 질투에 기반해 있는지가 적나라하게 드러납니다. 한편 화자가 예술적 체험을 통해 자신만의 길을 깨닫는 과정은, 프루스트 자신이 예술 창조의 근원을 탐구하는 여정이기도 했습니다.

이렇듯 복잡하고 미묘한 사랑은 예술의 근원인 동시에, 시간과 기억의 작동 방식에 따라 기쁨을 선물하기도 하고, 슬픔에 잠기게도 합니다. 사랑이 주는 숙명적인 고뇌와 좌절은 '마들렌 과자'처럼 시공을 초월한 예술적인 영감의 트리거Trigger가 되기도 하니까요. 어찌 보면 작가란 이 모든 과정을 거치며 그 속에서 예술을 발견해 내는 사람이 아닐까요? 그건 어쩌면 작가가 자신의 삶에서 의도한 것이 아니라, 비자발적으로 그렇게 되어가는 건지도 모르겠습니다.

결국 우리 삶이란 단순히 살아내는 대상이 아니라, 무질서하게 흩어진 시간의 파편들 속에서 '진실'이라는 형태의 암호를

233

해독해 나가는 과정입니다. 스완이 오데트라는 환상에 고통받고 화자가 마들렌의 맛에 경도되는 그 모든 '비자발적 사건'들은, 그 자체로는 파멸이나 우연처럼 보일지 모릅니다. 그러나 작가는 그 고통의 연쇄 속에서 삶의 유한함을 극복할 수 있는 유일한 열쇠가 바로 예술임을 깨닫습니다.

작가이든 아니든 예술가든 아니든, 우리도 살면서 의도하지 않았기에 더욱 순수하게 다가오는 그 감각의 기억들과 마주하곤 합니다. 그럴 때면 갑자기 시인이 되기도 하지요. 굳이 사춘기 시절 첫사랑의 기억까지 거슬러 올라가지 않더라도 말입니다. 그때 비로소 잃어버렸던 시간은 박동하기 시작하고, 개인의 사적인 슬픔은 시공을 초월한 보편적인 아름다움으로 승화하기도 하는 것입니다.

16

근대 일본인의 고독과 내면의 갈등

나쓰메 소세키, 『마음』

나쓰메 소세키의 『마음』은 일본 근대문학을 대표하는 작품으로, 개인 내면의 고독과 죄의식, 그리고 근대 사회의 인간관계 단절을 정면으로 다룬 소설입니다. 메이지 말기에서 다이쇼 초기로 넘어가는 시대적 전환기를 배경으로, 근대화가 개인에게 안긴 실존적 고독을 섬세하게 포착해낸 작품이라 할 수 있지요.

이 작품도 크게 세 부분으로 나뉩니다. 먼저 화자인 '나'와 선생님의 만남과 교류를 그린 '선생님과 나' 편입니다. 이 편에서는 청년의 눈으로 본 선생님의 고독한 삶이 펼쳐집니다. 이어

‘부모님과 나’ 편에서는 화자의 가정 이야기와 선생님과의 관계 심화가 다뤄지고, 마지막 ‘선생님과 유서’ 편에서는 선생님이 직접 고백하는 K와의 삼각관계, 죄의식, 은둔, 그리고 자살에 이르는 과정이 담겨 있습니다. 점차 인물의 내면 깊숙이 파고드는 구조라 할 수 있지요.

‘나’로 불리는 화자는 인생과 인간관계의 의미를 탐색하는 청년입니다. 가마쿠라 해변에서 우연히 만난 선생님에게 매료되어, 그를 통해 삶의 진실을 배우려 합니다. 선생님은 과거의 죄의식 때문에 세상과 단절하고 살아가는 인물로, 화자에게 삶과 죽음을 동시에 가르치는 스승이자 수수께끼 같은 존재지요. K는 선생님의 친구이자 라이벌로, 금욕적 삶을 살다 사랑의 좌절로 자살한 인물입니다. 선생님의 죄의식은 바로 이 K의 죽음에서 비롯된 것이었습니다.

선생님과 K는 같은 하숙집에서 지내며 깊은 우정을 나누던 사이였습니다. 그런데 둘 다 집주인의 딸에게 마음을 빼앗기게 되지요. 선생님은 K가 자신의 마음을 고백하기 전에 먼저 집주인에게 청혼해 버립니다. 이 선택이 결국 K를 죽음으로 내몰았고, 선생님은 평생 그 죄책감을 짊어지고 살아가게 됩니다. 이렇듯 사랑과 우정, 그리고 배신이라는 감정의 복합성이 한 사람의 인생을 뒤흔들게 됩니다.

일본이 서구 근대를 급속히 받아들이며 전통적 공동체가 붕괴하자, 개인은 철저히 고립되는 운명을 맞았습니다. 선생님이 친구 K의 죽음에 대한 죄책감 때문에 끝내 자살을 택하는 과정은, 근대적 개인이 겪는 실존적 고독을 극명하게 보여줍니다. '나'와 선생님, 그리고 메이지 시대와 다이쇼 시대로 넘어가는 과도기적 배경 속에 세대와 가치관의 충돌이 선명하게 드러나지요.

소세키가 이 작품에서 보여주려 한 것은 일본이 서구 근대 문명을 급격히 받아들이면서 전통적 가치가 무너지고, 개인이 사회적·정신적 고립 속에 빠지는 현실이었습니다. 선생님은 바로 그런 근대적 인간의 초상인 셈입니다. 과거의 도덕적 실패를 벗어날 수 없다는 절망감, 타인과 진정으로 연결될 수 없다는 고독감, 그럼에도 불구하고 살아가야 하는 존재의 무게를 온몸으로 짊어진 인물이지요.

『마음』은 외부 사건보다 인물의 내면세계와 심리적 갈등을 집중적으로 묘사하는 심리주의 소설의 전형을 보여줍니다. 일본 근대문학이 세계 문학적 깊이를 갖추는 계기를 마련한 것으로 평가받는 이유이기도 합니다. 작품 속에서 메이지 천황이 죽음을 맞이하고 노기 장군이 순사殉死하는 사건은 일본 사회 전체의 종말감과 불안감을 반영하는 상징적인 장면이었습니다. 선생님의 죽음은 개인적 속죄이면서도, 시대 전체의 상징적 퇴장을 나타내는 것이지요.

"인간은 자신의 과거를 어떻게 받아들이고, 타인과 진정으로 연결될 수 있는가." 선생님은 결국 이 질문에 대한 답을 찾지 못한 채 죽음을 택했지만, 화자인 '나'는 선생님의 유서를 통해 인간 내면의 진실을 들여다보는 기회를 얻습니다. 그 과정에서 독자 역시 자신의 내면을 성찰하게 되지요.

결국 『마음』은 근대 일본의 고독한 개인의 초상화이자, 인간 내면의 죄의식과 고독을 탐구한 심리 소설입니다. 나쓰메 소세키는 이 작품을 통해 근대란 결국 인간을 고립시키는 과정이라는 비극적 진실을 드러내려 했습니다. 그러나 동시에 그 고독 속에서도 인간은 진실을 마주하고, 타인과 소통하려는 노력을 멈추지 않는다는 희망의 메시지 또한 담겨 있습니다.

17

어느 날 갑자기 벌레가 된 인간

프란츠 카프카, 『변신』

프란츠 카프카의 『변신』은 20세기 초 산업사회의 근대적 인간 소외를 상징적으로 드러낸 작품입니다. 1915년 발표된 이 소설은 100여 년이 지난 지금까지도 현대인의 불안과 고통을 예리하게 파고드는 힘을 지니고 있지요.

어느 날 아침 그레고르 잠자는 흉측한 벌레로 변해 있는 자신을 발견합니다. 외판원으로 일하며 가족의 생계를 홀로 책임지던 그에게 찾아온 갑작스러운 변화였습니다. 가족들은 처음엔 충격과 혼란에 빠지지만, 시간이 지나며 점차 그를 짐스러운 존재로 여기게 되지요. 결국 그레고르는 고립된 채 쓸쓸히 죽음을 맞이하고, 가족은 그의 부재를 오히려 해방으로 받아들이며 새로운 삶을 꿈꿉니다.

주인공 그레고르가 하루아침에 벌레로 변한다는 설정은, 현대 사회에서 인간이 언제든 자신이 누리던 사회적 역할과 가치를 상실할 수 있음을 상징합니다. 직장에서 해고당하거나, 관계가 단절되거나, 사회적 낙인이 찍히는 등 개인을 하루아침에 쓸모없는 존재로 전락시키는 일들이 오늘날의 경쟁 사회에서는 흔하게 벌어집니다.

실제로 우리는 누구나 어느 순간 예상치 못한 방식으로 '변신'을 경험할 수 있습니다. 그때 겪는 고뇌와 좌절, 그 심리적 고통은 그레고르가 벌레가 되어 느낀 절망감과 다르지 않습니다. 질병, 사고, 실직 등으로 기존의 삶이 무너지는 순간, 사회는 그 사람을 어떻게 대하게 될까요? 작품이 던지는 질문은 여기에 있습니다.

그레고르는 가족의 생계를 책임질 때는 소중한 존재였지만, 노동 능력을 잃자 곧 짐이 되어 버립니다. 마치 오늘날 성과 중심 사회가 개인의 존재를 능력과 생산성으로만 평가하는 모습을 그대로 비추는 거울 같지요. 인간의 존엄성이라는 것도 '조건부'라는 현실을 뼈아프게 고발하고 있습니다.

현대 사회에서도 은퇴 후 무력감을 느끼는 노년층, 장애나 질병으로 일하지 못하게 된 이들이 자신의 가치를 의심하게 되는 상황이 비일비재합니다. 가족은 가장 가까운 울타리이지만, 동시에 이해관계와 부담 속에서 잔인한 배제의 공간이 될 수 있음을 작품은 적나라하게 보여주지요. 아버지는 그레고르에게 사과를 던져 상처를 입히고, 어머니는 그를 보며 기절해 버리며, 여동생은 처음엔 돌봐주다가 결국 그를 제거하자고 주장합니다.

요즘 우리 사회는 어떤가요? 가족 간에도 갑자기 경제적 어려움이나 노인, 장애인 돌봄에 대한 부담을 안게 되었을 때를 생각해 보세요. 사랑하는 사람이 부담이 될 때, 우리는 어디까지 그를 받아들일 수 있을까요? 『변신』이 던지는 이 물음에 우리는 쉽게 답하기 어렵습니다.

한편 그레고르는 육체가 변했지만 의식은 여전히 인간이었기에, 자신의 정체성에 극심한 혼란을 겪습니다. 거울 속 벌레의 모습과 내면의 인간성 사이의 괴리가 그를 고통스럽게 만들지요.

자신이 누구인지는 결국 타인의 인정과 시선 속에서 형성되는 것일까요? 작품은 외부의 시선에 의해 규정되는 자아의 취약성을 날카롭게 파헤칩니다. 회사에서 임원으로 존중받으며 일하던 사람이라도 해고 통지서 한 장으로 정체성의 혼란에 빠지는 현실, '김 부장'이라는 직함을 잃으면 자신이 누구인지조차 모르게 되는 상황이 바로 그레고르의 비극이라고 하겠습니다.

나아가 그레고르가 벌레가 된 뒤에도 가족과 회사를 걱정하는 모습은, 억압적 시스템 속에서도 내면화된 책임감이 얼마나 깊이 자리 잡고 있는지 보여줍니다. 스스로를 돌보지 못한 채 끊임없이 타인의 기대에 부응하려다 번아웃을 경험하거나, 자기 착취에 시달리는 모습이 그레고르의 비극적 삶과 겹쳐 보이지 않나요? 몸이 아파도, 마음이 무너져도, 가족을 위해 버텨야 한다고 믿는 이들의 숨겨진 고통이 지금 우리에게 어떤 메시지를 전하고 있을까요?

『변신』을 읽으며 이 땅의 모든 가장에게 존경과 박수를 보내게 됩니다. 그들이 짊어진 책임감과 고통, 그리고 그럼에도 불구하고 가족을 위해 하루하루를 견디는 모습이 그레고르의 삶과 겹쳐 보이기 때문입니다.

고전 격차

18

예술가로 성장하는 한 청년의 내면

제임스 조이스, 『젊은 예술가의 초상』

제임스 조이스의 『젊은 예술가의 초상』은 20세기 영문학의 중요한 전환점을 이룬 소설로 평가받습니다. 작가 자신의 삶을 투영한 자전적 소설로, 주인공 스티븐 디덜러스가 어린 시절부터 청년기까지 성장하며 겪는 내적 갈등과 자기 정체성을 확립하는 과정을 그렸지요.

어린 시절 스티븐은 가톨릭 가정과 기숙학교 교육 속에서 순응과 두려움을 배웁니다. 하지만 동시에 그 체제 안에서 억압을 느끼게 되지요. 청소년기로 접어들면서는 육체적 욕망과 죄의식, 종교적 공포에 시달리며 깊은 혼란을 겪습니다. 성당에서 들은 지옥에 관한 설교는 그를 극심한 두려움에 빠뜨렸고, 한동안 금욕적 신앙생활에 몰두하기도 했습니다. 그러나 이내 그런 삶이 진정한 자신의 모습이 아님을 깨닫게 됩니다.

청년기에 이르러서는 신앙과 민족주의, 가족의 기대라는 무게에서 벗어나 예술가로서의 길을 선택하게 되지요. 사제가 되길 바라는 주변의 권유를 거절하고, 대학에서 문학과 미학을 탐구하며 자신만의 예술론을 정립해 나갑니다.

결말에 이르러 스티븐은 예술가로서의 소명을 깨닫고, 아일랜드라는 제약된 사회를 떠나 독립적인 삶을 살기로 결심합니다. "나는 내 영혼의 대장간에서 아직 창조되지 않은 내 민족의 양심을 벼려내겠다"는 그의 다짐은 예술가의 사명을 선언한 문장으로 유명합니다.

작품은 의식의 흐름 stream of consciousness 기법을 활용하여 주인공의 내면을 생생하게 보여줍니다. 객관적 서술 대신 주인공의 내면 의식, 감각, 생각의 흐름을 그대로 드러내는 기법으로, 어린 시절 장면에서는 유아적 언어와 단편적 감각이 나열되지만, 점차 성장하면서 문장은 복잡하고 철학적으로 변해가지요. 독자는 마치 스티븐의 머릿속에 들어가 그와 함께 생각하고 느끼는 듯한 경험을 하게 됩니다.

당시 아일랜드는 영국의 지배 아래 있었고, 민족주의 운동이 활발했습니다. 스티븐은 아일랜드 부흥 운동에 동참하라는 친구들의 요구에도 거리를 두었는데요, 민족이나 종교 같은 집단적 정체성보다 개인의 예술적 자유를 우선시했기 때문입니다. 조이스는 자신과 겹쳐지는 인물 스티븐을 통해, 예술가가 사회적 제약을 넘어 개인의 정체성과 자유를 찾아가는 과정을 그리고자 했습니다. 가톨릭교회의 권위의식, 영국 식민 지배 아래의 민족적 갈등, 가족과 사회가 개인에게 요구하는 억압적 관습 등을 비판하면서, 진정한 자유의 필요성을 강조한 것입니다.

조이스가 제시한 예술가상은 문학가뿐 아니라, 자신의 길을 스스로 개척하려는 모든 창조적 인간에게 영감을 준다고 하겠습니다. 의식의 흐름 기법은 이후 버지니아 울프, 윌리엄 포크너 등에게도 큰 영향을 주었습니다.

불확실성과 억압 속에서도 자기만의 길을 찾아 나서는 스티븐이 아일랜드를 떠나며 남긴 일기는 두려움과 설렘이 공존하는 출발의 순간을 담고 있습니다. 미지의 세계로 나아가는 청년의 그 떨림은, 새로운 시작을 앞둔 모든 이들에게 익숙한 감정일 겁니다.

19

죽음의 산에서 찾은 삶의 의미

토마스 만, 『마의 산』

『마의 산』은 20세기 독일 문학을 대표하는 대작으로, 유럽의 역사와 사상, 인간 존재의 의미를 깊이 탐구한 소설입니다. 제 1차 세계대전을 앞둔 유럽 문명의 위기 속에서 인간의 성숙과 자각의 여정을 그리며, 독자로 하여금 깊은 철학적 성찰을 이끌어 냅니다.

주인공 한스 카스토르프는 병원에 요양 중인 사촌을 방문하기 위해 스위스 알프스 산속의 요양원에 갑니다. 원래는 3주만 머무르려 했으나, 결핵이 의심되어 결국 7년간 그곳에서 머물게 되지요. 그에게 주어진 요양원이라는 공간은 유럽 사회의 축소판이자 지적 토론의 장과도 같았습니다. 자유주의자 세템브리니, 신비주의자 페퍼코른, 사회주의자 나프타 등 다양한 인물이 작품 속에서 서로 대립하며 사상적 논쟁을 벌이게 됩니다. 이들의 논쟁은 당시 유럽을 지배하던 이념 간의 충돌을 생생하게 보여줍니다.

한스는 그 속에서 사랑, 죽음, 시간, 질병, 예술과 정치에 대한 성찰을 거듭하며 성숙해 갑니다. 러시아 출신 환자 클라브디아 쇼샤에게 느끼는 사랑, 죽음을 앞둔 환자들과의 대화, 끝없는 철학적 논쟁 속에서 그는 삶의 의미를 묻게 되지요. 질병과 죽음 앞에서 인간은 어떤 존재인가, 삶은 무엇으로 채워져야 하는가, 예술과 사랑은 우리를 어디로 이끄는가. 이러한 질문들이 끊임없이 떠올랐습니다. 그러던 중 제1차 세계대전이 발발하면서 요양원의 평온은 무너지고, 한스 역시 전쟁터로 나가게 됩니다. 소설은 그가 전장의 혼란 속으로 사라지는 장면에서 막을 내립니다.

토마스 만은 이처럼 요양원을 축소된 사회로 설정하여, 전쟁 전 유럽을 지배하던 다양한 사상과 가치관의 충돌을 드러냈습니다. 질병과 요양원은 곧 몰락해가는 유럽 문명의 은유인 것이지요. 건강한 평지의 세계와 달리, 산 위의 요양원은 시간이

247

정지된 듯한 공간입니다. 여기서 한스가 보낸 7년은 인간이 느끼는 시간의 상대성과 주관성을 철학적으로 성찰하게끔 하는 장치였습니다.

병과 죽음을 통해 인간 존재의 의미, 삶의 가치, 그리고 예술과 사랑이 지닌 구원적 힘을 탐구하려 했다는 점도 주목할 만합니다. 한스는 죽음과 가까운 곳에서 오히려 삶의 의미를 더 깊이 사유하게 되거든요. 죽음이라는 극한 앞에서 인간은 비로소 삶의 본질을 마주하게 됩니다. 클라브디아에 대한 사랑, 음악이 주는 감동, 환자들과 나누는 대화 속에서 한스는 예술과 사랑이야말로 인간을 구원하는 힘임을 깨닫습니다. 이러한 가치들이 있기에 유한한 존재인 인간도 의미 있는 삶을 살아갈 수 있다는 것을 보여주고 있지요.

이 책은 또한 1차 대전 전후의 혼란한 시대를 배경으로, 도덕·정치·철학적 갈등 속에서 인류가 나아가야 할 길을 고민하게 했습니다. 세템브리니의 계몽주의적 낙관론과 나프타의 급진적 파괴주의 사이에서, 한스는 어느 한쪽에 매몰되지 않고 스스로 판단하는 법을 배워갑니다. 타인의 생각을 무비판적으로 받아들이지 않고, 자신에게 끊임없이 질문하며 답을 찾아가는 과정. 바로 이것이 진정한 성숙의 길이라 할 수 있습니다.

작품은 이념적 대립과 분열이 극심할 때일 수록 대화가 필요하다는 메시지를 전하는데요, 서로 다른 신념을 가진 이들이 공존하며 대화하는 모습은 남녀 간 세대 간을 비롯해 다양한 갈등으로 몸살을 앓고 있는 현대 사회에 적잖은 의미를 던집니다. 우리가 겪는 문제가 단지 우리 세대만의 문제는 아니니까요.

작품은 시간을 어떻게 경험하고 해석할 것인지에 대해서도 깊은 사유를 제공합니다. '언제 세월이 이렇게 흘렀을까?' '벌써 연말이라니…' 우리도 가끔 이런 말을 하곤 합니다. 마치 요양원과 같이 반복되는 단조로운 삶(죽음적 시간)은 시간을 짧게 느끼게 하지요. 젊은이건 늙은이건 우리는 훅 가버린 세월 앞에 반드시 직면하게 됩니다.

죽음적 시간 앞에 설 것인가, 삶의 시간 앞에 설 것인가. 이는 단순히 생활이 복잡해진다는 의미만은 아닐 겁니다. 나의 정신과 내면 활동이 얼마나 삶의 시간과 가까이 있는지에 따라 다를 테니까요.

요양원이라는 축소된 사회를 통해, 인간 존재의 의미와 삶의 가치, 예술과 사랑이 지닌 힘을 돌아보게 됩니다.

20

황폐한 현대 문명의 초상

T. S. 엘리엇, 『황무지』

T. S. 엘리엇의 『황무지』는 제1차 세계대전 이후 서구 문명이 무너지고 인간의 정신이 황폐해져 가는 모습을 드러내며, 모더니즘 시의 전형을 이룹니다. 그는 이 작품을 다섯 부분으로 나누고, 전통적인 서사를 따르기보다 파편화된 이미지와 뒤섞인 여러 언어, 신화와 문학에서 끌어온 인용을 교차시키며 현대 세계의 혼란을 형상화합니다.

1부 '죽은 자의 매장'에서는 전쟁 후 유럽 땅이 황량하게 불모화되고 생명력이 말라가는 절망을 드러냅니다. 2부 '체스 놀이'에서는 인간관계가 공허해지며 사랑이 붕괴하고, 물질주의

사회가 스스로를 갉아먹는 현실을 고발합니다. 3부 '불의 설교'
는 불교와 성서 이미지를 교차시키며 욕망의 타락과 도시 문명
의 부패를 생생히 형상화하였고, 4부 '익사'는 페레바스 선원의
익사를 통해 죽음과 허무를 상징적으로 드러냅니다. 5부 '천둥
이 한 말'에서는 우파니샤드의 '다타(베풀어라), 다야드밤(동정
하라), 담야타(절제하라)'라는 가르침을 제시하며, 파편화된 세
계 속 희미한 구원의 가능성을 암시합니다.

엘리엇이 시도한 것은 절망 속에서 의미를 찾으려는 모더니
즘적 실험이었습니다. 전통적 질서가 무너진 시대에 인간이 추
구해야 할 새로운 영적 가치와 삶의 방향을 제시하려 한 것이
지요.

지금도 우리는 전쟁, 기후위기, 환경 파괴, 그리고 디지털 과
잉 정보 속에서 인간성의 상실과 관계의 단절을 경험하고 있습
니다. 엘리엇이 그린 황무지는 이제 특정 시대의 풍경이 아니
라, 정신적 고립과 가치 상실이 만연한 현대 사회를 비추는 거
울처럼 느껴집니다.

엘리엇은 다양한 고전 문학, 신화, 종교적 상징을 인용하며,
과거의 지혜와 현재의 공허를 대비시킵니다. 현대인들이 전통
적 가치와 문화적 뿌리로부터 멀어져 방향을 잃고 있다는 경

고라 할 수 있어요. 우리는 과거의 유산을 낡은 것으로만 치부하는 경향이 있지만, 엘리엇은 전통과 현재를 연결하는 문화적 기억을 회복할 필요가 있다고 강조합니다. 물질만능주의 시대에 정신적 뿌리를 잃어버린 채, 표류하는 현대인의 모습을 그는 이미 한 세기 전에 예견한 셈입니다.

하지만 작품은 무의미와 절망 속에서도 영적 부활의 가능성을 암시합니다. "샨티 샨티, 샨티(평화, 평화, 평화)"로 끝맺는 마지막 구절은, 혼란스러운 시대에도 인간은 여전히 구원과 재생을 향해 나아갈 수 있다는 희망을 담고 있지요.

정신적 황폐와 인간 소외, 전통의 단절과 문화 기억 상실, 영적 회복과 구원의 가능성, 파편화된 현대 경험의 자화상이라는 주제를 통해, 『황무지』는 지금도 강한 울림을 줍니다. 이 시가 노래한 것은 20세기 초의 절망만이 아닙니다. 시대가 달라져도 반복적으로 펼쳐지는 인간 내면의 황무지와 그 속에서 길을 찾으려는 영원한 노력을 담고 있지요. 황폐한 세계 속에서도 우리는 멈추지 말고 영적 재생을 향해 나아가야 한다는 것. 엘리엇이 우리에게 전하는 메시지가 아닐까요?

21

혁명 속에서 인간의 존엄을 지키다

앙드레 말로, 『인간 조건』

앙드레 말로의 『인간 조건』은 1927년 중국 상하이를 배경으로 펼쳐집니다. 중국 혁명과 프롤레타리아 투쟁의 한복판에서 개인과 인간 존재의 본질을 탐구한 작품이지요. 혁명이라는 거대한 물결 속에서 한 사람 한 사람이 어떻게 자신의 길을 찾아가는지, 그 치열한 순간들을 포착하고 있습니다.

작품은 혁명가이자 사상가인 카토프, 첸, 기요 등 다양한 인물들의 삶과 죽음을 따라가며 전개됩니다. 사회적 불평등과 제국주의, 군벌의 억압에 맞서 싸우는 이들의 모습 속에서 혁명은 언제나 인간적 고통과 희생을 동반한다는 사실이 드러납니다. 각자가 품은 신념과 이상은 같은 방향을 가리키는 듯 보이지만, 그 내면을 들여다보면 저마다의 고뇌와 갈등이 교차하고 있습니다.

정치적 사건을 기록한 소설처럼 보일 수 있겠지만, 말로가 진짜 보여주려 한 건 혁명 속에서 개인이 겪는 실존적 고뇌와 인간 조건의 근원적 비극이었습니다. 작품 속 혁명가들은 자신의 신념과 이상을 지키려 애쓰지만, 잔혹한 현실 앞에서 개인의 삶과 사랑, 행복은 무참히 희생되고 맙니다.

이념과 신념은 오늘날에도 사회를 움직이는 중요한 힘입니다 하지만, 그것이 극단으로 치달을 때 인간성을 훼손할 위험이 있습니다. 작품 속 혁명가들은 대의를 위해 희생을 감수하지만, 그 과정에서 개인의 생명과 감정이 쉽게 도구화되고 맙니다. 현대 사회 역시 정치, 종교, 사회운동에서 비슷한 상황이 반복되고 있지요. 소설은 우리에게 묻습니다. 이념이 인간을 위한 것인지, 인간이 이념을 위한 것인지를요.

작품 속 인물들은 같은 목표를 향해 싸우지만, 각자 내면에는 깊은 고독을 안고 있습니다. 연대와 우정으로 살아가는 존재지만, 궁극적으로 인간은 홀로 자신의 선택과 죽음을 마주해야 한다는 사실을 말로는 보여줍니다. 외로움의 본질을 직시하면서도 함께 나아가려는 노력, 그 긴장 속에서 인간다움이 피어나는 것입니다. 수많은 친구와 연결되어 있어도 진정한 소통은 부족하고, 함께 있어도 혼자인 듯한 느낌을 받는 현대인의 모습이 작품 속 혁명가들의 고독과 묘하게 겹쳐집니다.

말로가 보기에 인간의 위대함은 승리하는 데 있는 것이 아니라, 실패와 죽음을 알면서도 행동하는 데 있었습니다. 현대 사회에서도 행동하는 개인의 용기는 여전히 중요한 가치입니다. 결과보다 행동하는 과정 자체가 인간 존재의 의미가 될 수 있기 때문이지요. 완벽한 승리를 거두지 못하더라도 옳다고 믿는 바를 실천하는 순간 우리는 인간으로서 존엄을 지키게 됩니다.

인간 존재의 본질을 탐구하는 『인간 조건』은 이념과 인간성, 죽음과 삶, 고독과 연대, 행동과 윤리라는 주제를 통해 우리에게 마지막까지 인간다운 선택을 하라는 메시지를 전하고 있습니다. 불확실성 속에서도 자신만의 의미를 찾고, 타인과 연대하며, 끝까지 존엄을 지키는 것. 그것이 말로가 우리에게 전하고자 한 이야기가 아닐는지요.

22

낡은 전통과 싸운 지식인의 외침

『루쉰 전집』

루쉰은 본명이 저우수런周樹人으로, 중국 근대문학의 아버지라 불립니다. 그가 1918년 발표한 「광인일기」는 중국 최초의 현대 백화문 소설로, 신문화운동의 포문을 열었습니다. 그가 남긴 소설, 산문, 잡문, 평론, 번역문 등 다양한 저작은 한 시대를 관통한 지식인의 고뇌와 저항을 고스란히 담고 있습니다.

그의 주요 작품을 살펴볼까요. 먼저 「광인일기狂人日記」는 중국 최초의 현대 소설로 손꼽힙니다. "사람을 먹는 사회"라는 충격적 은유를 통해 봉건적 인습과 전제 질서를 비판했지요. 광인의 눈에 비친 세상이야말로 가장 정상적인 시선이었다는 역설은 근대 지식인의 각성과 저항 정신을 상징합니다.

「아Q정전阿Q正傳」은 또 어떤가요. 날품팔이 농민 아Q의 기묘한 정신승리법을 통해 중국 민중의 무기력과 자기기만을 신랄하게 풍자했습니다. 깡패에게 맞고도 "나는 아들뻘 되는 녀석과는 싸우지 않는다"라거나, 젊은 비구니를 괴롭혀 패배를 승리로 바꾸고는 스스로를 위로하는 아Q의 모습에서, 우리는 자기기만의 민낯을 목격하게 됩니다. 루쉰은 이 인물을 통해 중국 사회의 민족적 자화상을 그려냈습니다.

이 두 작품이 수록된 소설집『납함吶喊』과 또 다른 소설집『방황彷徨』은 전통적 삶의 구속 속에서 신문화와 구문화 사이를 방황하는 지식인, 그리고 민중의 초상을 그려낸 작품입니다. 변해야 한다는 절박함과 변할 수 없다는 무력감 사이에서 갈등하는 인물들을 통해 중국 사회의 병리적 현실이 적나라하게 드러납니다.『납함』이라는 제목 자체가 '외침'을 뜻하는데, 깊은 어둠 속에서 깨어나라고 부르짖는 지식인의 절규를 담고 있습니다.

산문집『아침 꽃을 저녁에 줍다朝花夕拾』는 어린 시절의 추억을 회상하며, 순수했던 과거와 타락한 현실을 대비합니다. 서정적 필치로 개인의 성장과 사회비판을 자연스럽게 연결하는 솜씨가 돋보이는 작품이지요. 유년의 기억 속에 남아 있는 따뜻함과 차가운 현실이 대조를 이루며, 독자에게 깊은 울림을 전합니다.

잡문과 평론은 루쉰의 또 다른 얼굴을 보여줍니다. 날카로운 사회비판과 풍자로 권력과 지식인, 문학 풍토를 해부했지요. 단순한 문장가가 아니라 사상가이자 혁명가로서의 면모를 여실히 드러낸 글들입니다. 그는 붓을 칼처럼 휘둘러 부조리한 현실을 찔렀고, 타협하지 않는 지식인의 태도를 평생 견지했습니다.

루쉰의 작품은 중국인에게 '왜 우리는 낙오했는가?'라는 뼈아픈 질문을 던졌습니다. 글을 통해 민족적 자각을 일으켰고, 봉건 질서의 해체와 근대 시민 의식의 탄생을 촉구했지요. 지식인의 고뇌와 민중의 무지, 그리고 비극적 현실을 모두 그려내면서 지식인의 사회적 책임을 끊임없이 물었습니다.

만약 루쉰이 오늘날 환생한다면 어떨까요? 세계 2위의 경제 대국으로 성장한 조국의 발전상에는 놀라겠지만, 여전히 미완성으로 남은 인권 문제 앞에서는 다시 붓을 들지 않을까 싶습니다. 경제적 풍요가 반드시 정신적 자유와 인간 존엄을 보장하지는 않는다는 사실. 루쉰이라면 21세기에도 "사람을 먹는 사회"가 다른 형태로 존재하고 있음을 날카롭게 지적했을 겁니

다. 그가 평생 외쳤던 인간 해방과 정신적 자유의 가치는 여전
히 완성되지 않은 과제로 남아 있으니까요.

루쉰을 통해 우리는 아프더라도 날카로운 붓끝으로 현실의 모순을 파헤
치며, 세상을 더 나은 곳으로 만들기 위해 애쓰는 지식인의 본분을 발견
할 수 있습니다.

23

설국에서 피어나는 덧없는 아름다움

가와바타 야스나리, 『설국』

가와바타 야스나리의 『설국』은 일본 현대문학을 대표하는 걸작입니다. 1935년부터 연재를 시작해 1948년 최종 완성된 이 작품은, 1968년 그가 일본인 최초로 노벨문학상을 받게 되는 결정적인 근거가 되었지요. "국경의 긴 터널을 빠져나오자, 설국이었다"라는 첫 문장은 독자들에게 강렬한 인상을 남기며 일본 문학사의 명문장으로 꼽히게 됩니다. 이 한 문장만으로도 우리는 단절과 이동, 그리고 또 다른 세계로의 진입이라는 공간적·심리적 전환을 느끼게 되거든요.

소설은 도쿄 출신의 부유한 지식인 시마무라가 눈 덮인 니가

260

타현의 온천 마을을 찾으면서 시작됩니다. 그곳에서 시마무라는 게이샤인 고마코와 인연을 맺고, 병약한 요코와도 마주하게 되지요. 세 사람의 관계는 단순한 삼각관계를 넘어, 전통과 근대, 도시와 지방, 현실과 이상이 교차하는 복잡한 정서의 결을 드러냅니다. 특히 가와바타는 인물들의 내면을 심리적으로 세밀하게 묘사하면서, 일본식 소설의 전형을 보여주고 있습니다.

시마무라는 도시적 세련미를 갖춘 남성이지만, 실상은 현실에 적극적으로 관여하지 못하고 감각적 쾌락에만 몰두하는 인물입니다. 그의 삶은 서양 무용 연구라는 공허한 취미에 기대고 있으며, 온천 마을로의 여행 역시 일상으로부터의 도피에 가깝지요. 실제로 그가 연구한다는 서양 무용은 한 번도 직접 본 적 없는, 책과 사진으로만 접한 대상이었다는 점이 이를 상징적으로 드러냅니다. 현실과 유리된 채 관념과 환상 속에서 떠도는 그의 모습은, 근대화 과정에서 정체성을 잃어버린 일본 지식인의 초상이라 할 수 있습니다.

한편 고마코는 순박하면서도 희생적인 사랑을 보여주지만, 게이샤라는 사회적 조건과 한계 때문에 비극적 상황에 놓입니다. 그녀의 순수한 감정은 시마무라의 무책임한 태도 앞에서 결코 온전히 받아들여지지 못하지요. 고마코는 사랑을 갈구하지만 사회적 신분 때문에 그것을 온전히 소유할 수 없고, 거기서 오는 안타까움이 작품 전반에 깊게 배어 있습니다. 한편 요코는 병든 남자를 돌보며 희생적 삶을 살다가 결국 불행한 죽음을 맞는 상징적 존재로 그려집니다. 두 여성은 각기 다른 방식으로 희생하지만, 그 끝은 모두 비극입니다.

작품의 구조는 전통과 근대, 도시와 지방, 현실과 이상, 사랑과 허무가 교차하는 서정적 짜임을 지니고 있습니다. 눈 덮인 설국의 풍경은 작중 인물들의 고독과 덧없음을 반영하는 상징적 장치로 기능하지요. 가와바타는 『설국』을 통해 표면적인 연애담을 넘어, 일본의 미학과 삶의 무상함을 드러내고자 했습니다.

소설 속 세 사람의 관계는 서로를 향하면서도 결코 맞닿지 못하는 평행선을 그리게 되는데요, 이러한 관계 묘사 방식 자체가 일본인의 사랑 방식을 보여주는 대목이라 할 수 있습니다. 감정을 직접적으로 표현하기보다 미묘한 심리 변화와 분위기로 전달하는 것, 완성되지 못한 채 여운으로 남는 사랑의 형태 말입니다.

바로 일본 전통미학인 모노노아와레物の哀れ 정신이 작품 전반에 깊이 흐르고 있는데, 사물의 슬픔, 덧없음에 대한 예민한 감각이 곧 모노노아와레의 핵심이랍니다. 사랑은 이루어지지

못하고, 삶은 눈처럼 녹아 사라집니다. 아름다움과 슬픔이 공존하는 순간들을 포착하면서, 가와바타는 인간 존재의 근본적인 고독과 무상을 조용히 응시합니다.

직접적인 사건 전개보다 인물의 내면 심리를 세밀하게 따라가는 서술 방식, 명확한 결말보다 여운과 정서를 중시하는 구성, 자연 풍경과 인간 감정을 하나로 녹여내는 표현 기법 등이 모두 일본 문학 특유의 미감을 드러냅니다. 말하지 않아도 느껴지는 감정, 완성되지 않아도 아름다운 순간들, 그 속에 일본인의 사랑 방식이 고스란히 담겨 있습니다.

24

오지 않는 구원을 기다리는 인간

사무엘 베케트, 『고도를 기다리며』

사무엘 베케트의 『고도를 기다리며』는 1953년에 초연된 20세기 부조리극Absurd Theatre의 대표작입니다. 아무 일도 일어나지 않는 텅 빈 무대 위에서 두 부랑자, 에스트라공과 블라디미르가 '고도'라는 정체 모를 존재를 끝없이 기다리는 이야기를 그렸습니다. 얼핏 보면 단순하고 지루해 보이는 구조지만, 이 작품은 현대인의 삶과 실존을 날카롭게 비추는 상징적 텍스트로 읽히고 있습니다.

두 인물은 무대 위에서 아무 의미 없는 대화를 반복합니다. 고도를 기다리지만, 그는 끝내 오지 않습니다. 무대 위 시간은

264

느리게 흐르고, 관객은 함께 기다리게 되지요. 이 부조리한 설정 속에서 인간 삶의 본질이 드러납니다. 현대인은 끊임없이 의미와 구원을 찾지만, 그 답은 오지 않을 수도 있다는 냉혹한 진실이 작품을 통해 드러나지요.

고도Godot는 과연 누구일까요? 흔히 신God을 연상시키는 이름 때문에 신적 구원으로 해석되기도 하고, 혁명이나 희망, 혹은 삶의 궁극적 목적을 상징한다고도 합니다. 중요한 건 뭐가 정답이냐가 아니라, 그가 끝내 나타나지 않는다는 사실입니다. 인간이 기다리는 절대적 구원이나 확실한 진리는 애초에 존재하지 않을 수 있다는 뜻이지요. 현대 사회에서도 우리는 완전한 행복, 절대적 정의, 기술이 가져올 유토피아 같은 '고도'를 기다립니다. 하지만 그것은 실현되지 않을 가능성이 크다는 걸 베케트는 일찌감치 간파했던 겁니다.

여기서 역설적인 질문이 떠오릅니다. 인간이 기다리는 절대적 구원은 정말 저 멀리 있는 신인 걸까요? 혹시 그 구원은 나타나지 않는 신이 아니라 바로 자기 자신은 아닐까요? 신은 확실한 진리의 부재를 드러내지만, 자신은 언제나 자신을 지탱하는 주체입니다. 에스트라공과 블라디미르가 고도를 기다리는 동안, 실제로 그들을 버티게 하는 건 외부의 구원자가 아니라 기다리기로 선택한 바로 그들 자신이었던 셈이지요. 부조리한 세계에서 의미를 만들어내는 주체는 결국 인간 자신이라는 실존주의적 통찰이 여기에 담겨 있습니다.

희곡 속 시간은 의미 없이 흘러가며, 하루와 하루가 구분되지 않습니다. 1막과 2막은 거의 동일한 구조로 반복되고, 인물들의 대화 역시 순환합니다. 현대인의 삶에서 일상적 반복, 무의미한 기다림, 공허한 시간 소비를 떠올리게 하는 대목입니다. "언젠가는 달라질 것"이라는 막연한 기대 속에서 실제로는 변화 없는 하루를 살아가는 우리 모습과 아주 절묘하게 닮아 있습니다.

그렇다면 작품이 단지 허무와 절망만을 말하고 있을까요? 여기서 주목해야 할 대목이 있습니다. 비록 삶이 부조리하고 기다림이 헛되더라도, 에스트라공과 블라디미르는 서로를 떠나지 않습니다. 그들은 대화를 나누고, 때로는 다투기도 하지만 함께 기다립니다. 고독한 시대를 버티게 하는 건 의미 있는 사건이 아니라, 인간과 인간 사이의 작은 연대임을 보여주는 것이지요. 베케트는 절망 속에서도 관계의 가능성을 놓지 않았습니다.

삶은 본질적으로 부조리할 수 있습니다. 절대적 구원이나 완전한 해답 같은 건 오지 않을 수도 있습니다. 그러나 그 속에서도 우리는 살아가야 하지요. 기나긴 기다림의 과정에서 인간은 자신을 발견하게 되고, 공허와 반복 속에서도 타인과의 관계가 삶을 지탱한다는 걸 깨닫게 됩니다.

지금도 우리는 각자의 '고도'를 기다리며 살아갑니다. 경제적 안정, 사회적 정의, 기술적 해결책 등 무언가가 우리를 구원해줄 거라는 막연한 기대를 품고 있지요. 하지만『고도를 기다리며』가 일깨워주는 진실은 다음과 같습니다. 고도는 오지 않을지 몰라도, 기다리는 우리의 삶 자체는 여전히 계속된다는 것. 그 기다림의 과정에서 우리가 만나는 타인, 나누는 대화, 함께하는 시간이야말로 삶의 진짜 의미라는 것. 그리고 무엇보다, 부조리한 세계 속에서 끝까지 기다리기로 선택하고 의미를 만들어가는 주체는 다름 아닌 우리 자신이라는 사실입니다.

절대적 구원이나 완전한 해답은 늘 부재를 드러낼 뿐이지만, 자기 자신과 이웃은 언제나 있고 스스로를 지탱합니다.

25

미로 같은 이야기 속 무한한 세계

보르헤스, 『픽션들』

호르헤 루이스 보르헤스의 『픽션들』은 짧은 단편들로 이루어진 모음집으로, 거대한 도서관, 끝없는 미로, 거울, 가상의 책, 상상의 저자 등을 통해 현실과 허구, 무한과 시간, 정체성과 인식의 문제를 탐구합니다. 짧은 분량 속에 철학, 신학, 수학, 문학이 얽히며, 현대문학과 사유에 커다란 전환을 가져온 작품이지요.

보르헤스라는 이름을 처음 듣는 독자도 계실 텐데요. 20세기 아르헨티나 작가인 그는 전통적인 소설 대신, 지적 미로 같은 짧은 이야기들로 문학의 경계를 허물었습니다. 사실과 허구

268

가 뒤섞이고, 저자와 독자의 역할이 뒤바뀌는 그의 문학 세계를 한마디로 표현하자면 '문학적 실험의 극치'라 할 수 있겠습니다. 얼핏 난해해 보이지만, 한 편 한 편이 주는 충격은 철학서 못지않게 깊고 강렬하지요.

보르헤스 문학의 가장 큰 특징은 허구의 인물이 실제 저서를 집필하거나, 상상의 책이 현실의 책보다 더 사실적으로 서술된다는 점입니다. 마치 오늘날 가상현실, 메타버스, 인공지능이 만든 텍스트처럼요. 『픽션들』은 1940년대에 이미 현실과 가상의 뒤섞임을 예견한 셈입니다. 우리가 진짜와 가짜를 구별하기 힘들어하는 지금, 보르헤스의 문학적 실험은 놀라울 만큼 예언적이라 하겠습니다.

대표작인 「바벨의 도서관」에서는 무한한 책들이 존재하는 도서관이 등장합니다. 어떤 책은 의미 있는 문장을 담고 있지만, 어떤 책은 의미 없는 글자들의 나열일 뿐이지요. 인간은 그 속에서 진리를 찾아 헤매지만, 결국 도서관 자체가 우주이자 미로임을 깨닫게 됩니다. 또 다른 작품인 「분기하는 오솔길의 정원」에서는 다중적 시간 개념이 제시됩니다. 시간은 하나의 직선이 아니라, 무수한 가능성으로 분기하는 정원처럼 펼쳐진다는 거지요. 인간이 시간과 우주를 이해하는 방식에 대한 근본적 도전이었던 셈입니다.

이러한 개념들은 오늘날 양자물리학, 다중우주론, 데이터의 무한성 개념과도 닿아 있습니다. 굳이 거기까지 가지 않더라도 현대인들이 이미 선형적 시간이 아니라 다층적, 선택적 시간 속에서 살아가고 있는 현실을 보면 더욱 쉽게 공감할 수 있지요. 이른바 '부캐'가 유행하면서, 우리는 다양한 사회적 역할을 수행하고 있고 그 역할들마다 다양한 선택지 앞에 서 있습니다. 또 그 선택마다 다른 현실이 펼쳐질 수 있지요. 보르헤스가 문학으로 상상한 세계가 현실화되고 있는 셈입니다.

보르헤스는 종종 인물이 자신이 쓴 책 속에 포섭되거나, 거울 속에서 자신이 타자와 동일시되는 상황을 제시합니다. 자아의 경계가 흐릿해지는 순간들입니다. 디지털 시대의 자아, SNS 속 가상 자아, 인공지능이 흉내 내는 자아는 또 어떤가요. 인스타그램에 올린 내 사진 속 나는 진짜 나일까요, 아니면 연출된 또 다른 나일까요? 챗봇이 내 말투를 학습해 내 대신 대답한다면, 그것도 나의 일부일까요? 『픽션들』은 '나는 누구인가'라는 물음이 현대에 들어 얼마나 복잡하게 변하는가를 보여주는 예언적 문학이라 할 수 있습니다.

보르헤스에게 책은 끝없이 이어지는 해석의 미로입니다. 어떤 책도 하나의 의미로 고정되지 않고, 독자마다 다른 세계를 열어가지요. 인터넷과 하이퍼텍스트, 무한한 링크 구조와도 흡사합니다. 하나의 웹페이지에서 시작해 링크를 따라가다 보면 어디로든 갈 수 있고, 알고리즘이 제시해 주는 콘텐츠를 따라가다 보면 결국 어디서 시작했는지조차 잊게 되는 경험, 누구나 해봤을 겁니다. 보르헤스의 작품은 현대 정보 사회에서 지식과 해석의 끝없는 확장을 미리 문학적으로 체현한 작품이라 하겠습니다.

26

전쟁의 상처를 안고 살아가는 사람들

귄터 그라스, 『양철북』

귄터 그라스의 장편소설 『양철북』은 주인공 오스카 마체라트의 1인칭 회고 형식으로 전개됩니다. 오스카는 세 살 무렵 성인의 세계와 위선, 폭력을 직감하고 성장을 거부하기로 합니다. 의도적으로 성장을 멈춘 그는 작은 체구와 날카로운 목소리를 무기로 삼으며, 항상 곁에 두는 양철북을 두드려 자신의 항의와 저항을 표현하지요.

이야기는 오스카의 가족사와 더불어 20세기 독일사의 비극적 국면을 포괄합니다. 오스카의 어머니와 계부, 생부로 추정되는 인물과의 갈등, 어머니의 죽음, 그리고 의붓아버지의 몰락 등이 개인사의 비극으로 드러나지요. 동시에 나치즘의 광기, 전쟁의 참상, 전후 사회의 혼란 등이 오스카의 시선 속에 포착됩니다. 오스카는 때로는 광대처럼, 때로는 예언자처럼 사회의 모순을 드러내지만 자신도 결코 도덕적이지 못합니다. 성장을 거부한 그의 모습은 한편으로는 시대의 폭력에 대한 저항이지만, 다른 한편으로는 책임 회피와 기형적 존재로의 전락을 상징하는 셈이지요.

주목할 점은 그라스가 독일의 전쟁 책임을 정면으로 마주했다는 사실입니다. 전후 독일 사회는 나치의 과거를 애써 외면하려 했습니다. 많은 이들이 '우리도 피해자였다'는 논리로 책임을 회피했지요. 그라스는 바로 이 지점에서 양철북을 두드리기 시작했습니다. 오스카라는 기형적 인물을 통해 독일 사회의 집단적 침묵과 위선을 풍자한 것입니다. 그는 독일인 모두가 나치에 저항한 것이 아니라, 오히려 방관하거나 협조했음을 가감 없이 그려냈습니다. 이런 용기 있는 직시야말로 독일이 과거와 화해하고 진정한 반성에 이를 수 있었던 밑거름이 되었다고 할 수 있습니다.

오스카의 성장 거부는 어른들의 위선과 가식, 폭력에 대한 저항입니다. 키가 크지 않은 그는 오히려 세상의 본질을 꿰뚫어 봅니다. 현실의 정상이 도리어 도덕적으로 병들었음을 비판하는 장치라 할 수 있지요. 오늘날에도 권력, 체제, 이데올로기 안에서 '정상'이라는 이름으로 포장된 폭력과 거짓이 존재합니다. 오스카는 그 속에서 진실을 외면하지 않는 예외적 인간의 양심을 상징하는 셈입니다. 그라스는 오스카를 통해 인간의 내적 양심이 어떻게 사회의 거짓과 맞설 수 있는지 풍자적으로 보여주었습니다.

『양철북』은 리얼리즘과 환상, 해학과 잔혹함이 뒤섞인 독특한 양식으로 권력과 체제의 부조리를 폭로합니다. 마치 오스카가 양철북을 두드리듯, 그라스 역시 예술이라는 도구로 권력을 두드리고 흔들며 질문을 던지고 있는 것이에요. 현대 사회에서도 예술은 미적 활동에 머물지 않고, 사회비판과 성찰의 도구가 되어야 합니다. 『양철북』은 문학이 어떻게 침묵을 깨뜨리고 진실을 회복하는지 보여주는 대표적 사례라 하겠습니다.

그런데 같은 시기 전쟁 가해국이었던 일본의 상황은 어떠했을까요? 일본 역시 제2차 세계대전의 전범국이었지만, 독일과는 사뭇 다른 길을 걸었습니다. 일본 문학계에서 전쟁 책임을 정면으로 다룬 작품은 드물었고, 오히려 일본인의 피해 의식을 강조하는 경향이 강했지요. 미시마 유키오, 오에 겐자부로 같은 작가들이 전후 일본 사회를 비판하긴 했지만, 그라스처럼 집단적 책임을 정면으로 고발하는 수준에는 이르지 못했습니다. 독일이 그라스를 통해 과거를 직시했다면, 일본은 여전히 그 과제 앞에서 망설이고 있는 셈입니다. 제2의 귄터 그라스가 일본 문학계에서 나올 수 있을까요? 그것은 일본 사회가 진정으로 과거와 마주할 준비가 되어 있는지의 문제이기도 합니다.

결국『양철북』이 다루는 건 독일의 과거사만이 아닙니다. 작품은 모든 시대, 모든 사회가 직면하는 기억과 책임, 진실과 침묵의 문제를 다루고 있습니다. 그래서 오늘날에도『양철북』은 여전히 우리에게 묻고 있습니다. 과거를 어떻게 기억할 것이며, 어떤 방식으로 책임질 것인가. 진실 앞에서 당신은 북을 두드릴 것인가, 아니면 침묵할 것인가.

27

마콘도 마을에 새겨진 한 가문의 백 년

마르케스, 『백 년 동안의 고독』

1967년에 발표된 가브리엘 가르시아 마르케스의 『백 년 동안의 고독』은 라틴아메리카 문학의 진수를 보여주는 걸작입니다. 콜롬비아 출신의 마르케스는 부엔디아 가문 7대에 걸친 흥망성쇠를 통해 인간 존재의 운명, 역사와 시간의 반복, 그리고 고독의 본질을 깊이 탐구했지요. 마술적 리얼리즘이라는 독특한 문학 기법으로 세계 문학의 지평을 넓힌 소설이라 평가받고 있습니다.

소설 속 부엔디아 가문은 세대를 거듭하며 비슷한 이름, 비슷한 성격, 비슷한 운명을 끊임없이 반복합니다. 호세 아르카디

오와 아우렐리아노라는 이름이 되풀이되고, 각 세대는 앞선 세대의 실수와 비극을 그대로 답습하게 되지요. 기억하지 못하는 인간이 과거의 잘못을 되풀이하는 모습을 상징하는 겁니다.

단지 소설 속 독특한 설정일 뿐일까요? 오늘날 세계 곳곳에서 벌어지는 전쟁, 권력의 남용, 사회 불평등을 떠올려 보세요. 우리는 여전히 과거의 오류를 반복하며 살아갑니다. 마르케스가 마술적 리얼리즘이라는 도구로 포착한 것은 바로 이런 반복의 비극이었습니다. 역사를 망각한 인류는 같은 실수를 되풀이할 수밖에 없다는 경고를, 작품은 강렬하게 전달하고 있지요.

작품의 제목이 암시하듯 핵심 주제는 바로 고독입니다. 가문의 구성원들은 저마다 사랑과 권력, 지식과 욕망을 추구하지만, 결국 누구도 자신만의 고독에서 벗어나지 못합니다. 아우렐리아노 부엔디아 대령은 32번의 반란을 일으키고도 고독 속에 갇혔고, 아마란타는 사랑을 거부하며 스스로를 고립시켰습니다.

오늘날 디지털 소통이 넘쳐나는 시대에도 사람들은 여전히 관계의 단절과 내적 고립을 경험하고 있습니다. 각종 소셜미디어로 연결되어 있다고 믿지만 진정한 소통은 점점 어려워지는 현실, 마르케스는 이미 반세기 전에 현대인의 고독한 내면을 예언하듯 보여준 셈이지요. 그리고 이 고독은 앞으로 더 심화되면 되었지 약화될 것 같진 않아 보입니다.

마르케스가 구사한 마술적 리얼리즘은 일상적 사건과 환상적 요소를 자연스럽게 뒤섞어 현실을 그려냅니다. 멜키아데스의 예언서, 하늘로 승천하는 레메디오스, 끝없이 이어지는 비 같은 비현실적 사건들이 마치 당연한 현실처럼 묘사되지요. 그런데 이러한 방식이야말로 사실상 현실의 부조리함을 더 사실적으로 드러내는 문학적 장치라 할 수 있습니다.

오늘의 사회를 생각해 보세요. 각종 사건 사고 뉴스와 현실이 종종 환상이나 악몽처럼 느껴지지 않나요? 전쟁의 참상, 권력의 부패, 사회적 부조리가 마치 현실이 아닌 것처럼 느껴져 '가짜 뉴스'로 오해했을 정도지만, 엄연한 현실이었던 것처럼 말입니다. 마술적 리얼리즘은 현대 세계의 초현실적 현실을 이해하는 방법으로 여전히 유효합니다.

마콘도 마을의 흥망은 라틴아메리카의 역사를 압축적으로 보여줍니다. 식민 지배, 독재 정권, 외세의 착취, 끝없는 내전까지, 한 마을의 백 년이 곧 한 대륙의 수난사가 됩니다. 하지만 그 이야기는 특정 지역의 경계를 넘어서, 세계 어디서든 반복되는 권력의 폐해와 인간사의 덧없음을 상징하게 되지요.

『백 년 동안의 고독』은 한 가문의 연대기가 아니라 인류 전체의 서사시라 할 수 있습니다. 망각과 반복, 고독과 구원의 가능성이라는 인류 보편의 문제를 다루며, 발표된 지 반세기가 넘은 지금도 독자들에게 여전히 삶의 거울이 되고 있지요. 부엔디아 가문의 마지막 후손이 예언서를 해독하며 가문의 역사가 끝나듯, 우리 역시 자신의 삶을 되돌아보고 기억해야 할 때입니다. 그래야만 되풀이되는 고독과 비극의 순환에서 벗어날 수 있을 테니까요.

28

변화하는 중국 사회 속 인간의 정체성

왕멍, 「변신 인형」

왕멍의 『변신 인형』은 중국 현대문학에서 권력과 체제, 개인성의 문제를 풍자적으로 드러낸 작품으로 평가받습니다. 인간이 점차 기계적 존재, 즉 인형처럼 변해가는 과정을 다룬 이 장편소설에서 인물들은 체제와 사회의 압력 속에서 점차 자기 생각과 개성을 잃어갑니다. 주어진 규칙과 지시에 따라 움직이는 인형으로 변신해 가는 것이지요. 겉모습은 여전히 사람처럼 보이지만, 내면은 텅 비어 있습니다. 자율성과 창의성은 온데간데없이 사라지고, 길든 정치의 도구로 전락하고 맙니다.

작품이 다루는 것은 한 개인의 특수한 이야기가 아닙니다.

1940년대 베이징 지식인 가족의 붕괴를 통해 전통·근대·혁명의 심리적 상처를 비유적으로 드러내고 있는 것이지요. 여기서 '인형'은 카프카의 『변신』에서처럼 물리적 변신이 아니라, 사회적 압력과 체제 순응 속에서 인간이 타율적 존재로 바뀌는 정신적·사회적 변신을 상징합니다. 체제 속에서 벌어지는 인간성 상실을 비판하며, 사람이 기계적 존재로 전락하는 과정을 날카롭게 포착한 것입니다.

인형으로 변한 인물은 감정을 잃고, 타인과의 관계에서도 단절되며, 자기 삶의 주체성을 상실합니다. 바로 인간 소외와 비인간화를 상징하는 것이라고 하겠습니다. 이처럼 왕명은 1980년대 이후 중국 문학의 자유화 흐름 속에서 실험적이고 풍자적인 글쓰기를 통해, 정치 이데올로기가 인간을 어떻게 인형으로 만드는지 예리하게 포착했습니다. 전체주의적 체제가 개인을 어떻게 길들이고 통제하는지, 그 메커니즘을 적나라하게 보여주고 있는 것이지요.

그런데 여기서 전체주의적 체제라는 게 단순히 이념적인 분류에만 그치지는 않는다는 점을 우리는 주목해야 합니다. 현재 다가오는 위기이자 변화로 인공지능과 알고리즘 혁명이 있습니다. 이 기술이 이미 인간의 사고에 영향을 미치고 있음을 부인할 수 없습니다. 그리고 누군가는 이 시스템을 설계하고 지배하게 되겠지요. 기술의 변화 앞에 인간은 여전히 취약한 존재입니다. 어쩌면 우리는 또 다른 변신 인형으로 현대 사회를 살아가는 건 아닐는지요.

작가는 인간이 타율적 존재로 전락하는 현실을 보여주면서도, 동시에 인간 본연의 자율성과 주체성 회복을 호소합니다. 인형이 아니라 살아 있는 '인간'으로서 스스로 사고하고 감정을 느끼며 창조하는 삶이 가치 있다는 것입니다. 그런 의미에서 이 작품은 현실을 직시하고 풍자하며 사회적 경각심을 일깨우는 비판적 리얼리즘의 의도를 담고 있습니다. 독자들로 하여금 이 현실 체제 속 자신의 위치와 역할을 성찰하게 만들고, 나아가 변화를 모색하도록 유도한다는 점에서 말입니다.

시스템과 사상에 길든 도구로 전락한 인간이 아닌, 살아 있는 인간으로서의 삶만이 가치 있습니다.

VI 이론은 언제든 수정될 수 있다
― 인식의 전환과 과학혁명

경험과 실험으로 진리를 찾는 법

프랜시스 베이컨, 『신기관』

인류는 기술 문명을 바탕으로 성장했습니다. 그리고 그 근저에는 과학의 발전이 있었습니다. 오랜 과거부터 인간은 무언가 작동하는 것을 발견해 활용하는 것에 그치지 않고, 그 원리를 탐구해 왔습니다. 바로 자연과 세계를 이해하기 위해서입니다. 우주는 어떻게 작동하는가, 물질은 무엇으로 이루어져 있는가, 생명은 어떻게 탄생하는가…. 하지만, 이런 질문에 답하려면 철학적 사변이나 문학적 상상만으로는 부족합니다. 관찰하고, 실험하고, 증명해야 하니까요.

과학은 바로 이 일을 합니다. 자연을 읽는 방법을 가르쳐 주

이론은 언제든 수정될 수 있다

는 것이 과학이거든요. 그런데 흥미로운 건, 과학의 가장 큰 특징이 겸손함에 있다는 점입니다. 과학은 절대 진리를 주장하지 않습니다. 오히려 "지금까지 알려진 가장 그럴듯한 설명"을 제시할 뿐이지요. 새로운 증거가 나오면 언제든 이론을 수정하고, 틀렸다면 과감하게 폐기합니다. 이것이 과학혁명의 본질입니다.

이제 우리는 인식의 전환과 과학적 사유의 세계로 들어갑니다. 어떻게 올바르게 알 수 있는가, 무엇이 진정한 지식인가라는 질문을 던지며 근대 과학의 기초를 세운 사람들의 이야기를 시작하는 것이지요. 그 출발점에 서 있는 고전이 바로 프랜시스 베이컨의 『신기관Novum Organum』입니다.

프랜시스 베이컨의 『신기관』은 근대 과학 방법론의 기초를 세운 저작으로, 기존 아리스토텔레스 논리학인 『오르가논Organon』을 대체한다는 의미에서 붙여진 제목입니다. 17세기 초, 중세 스콜라 철학의 권위에 맞서 새로운 지식의 길을 제시한 베이컨의 이 책은 과학혁명의 사상적 토대를 마련했다고 평가받지요.

베이컨이 보기에 자연을 올바르게 이해하려면 전통적인 연역적 추론이 아니라, 경험과 관찰에 기반한 귀납적 방법이 필요했습니다. 실제로 그는 인간의 올바른 인식을 방해하는 네 가지 우상idola을 제시하며, 편견과 전통적 권위, 언어적 혼란, 잘못된 철학 체계에서 벗어나야 한다고 주장했습니다.

먼저 종족의 우상Idola Tribus은 인간 본성 자체에서 비롯된 왜곡을 가리킵니다. 사람은 누구나 자기중심적으로 세상을 바라보려는 경향이 있고, 보고 싶은 것만 보려 하지요. 둘째, 동굴의 우상Idola Specus은 개인의 경험과 교육, 성장 배경에서 생긴 편견을 뜻합니다. 각자가 자신만의 동굴 속에 갇혀 세상을 제한적으로 이해한다는 비유랍니다. 셋째, 시장의 우상Idola Fori은 언어와 소통 과정에서 발생하는 혼란과 오류를 말합니다. 사람들은 시장에서 말을 주고받듯 대화하지만, 부정확한 용어와 애매한 표현 때문에 진실이 왜곡되기 쉽지요. 마지막으로 극장의 우상Idola Theatri은 잘못된 철학 체계와 전통적 권위에 대한 맹신을 뜻합니다. 마치 극장에서 허구의 연극을 보듯, 사람들은 권위있다고 여겨지는 이론을 무비판적으로 받아들인다는 겁니다.

베이컨은 이 네 우상에서 벗어나야만 진정한 지식에 다가갈 수 있다고 봤습니다. 편견을 넘은 올바른 지식의 힘은 자신에 대한 성찰과 비판적 사고를 바탕으로 형성된다는 것, 그것이 베이컨이 강조한 핵심이었지요. 단순히 권위에 기대거나 전통을 답습하는 게 아니라, 스스로 묻고 따지며 검증하는 태도가 필요하다는 겁니다.

또한 자연을 연구할 때는 세밀한 관찰과 반복적 실험을 통해 사실을 축적하고, 이를 바탕으로 일반 법칙을 도출하는 귀납법으로 지식을 확장해야 한다고 봤습니다. 실제로 베이컨이 강조한 방법론은 오늘날 과학 연구의 기본 절차와 크게 다르지 않습니다. 나아가 지식은 사변적 탐구에 머물러선 안 되며, 인간 생활의 개선과 자연의 정복을 위한 도구여야 한다고 강조했습니다. "아는 것이 힘이다Knowledge is power"라는 그의 유명한 선언이 바로 이런 맥락에서 나온 말이지요.

『신기관』이 오늘날 우리에게 전하는 메시지는 생각보다 훨씬 현실적입니다. 베이컨이 제시한 귀납적 방법론은 현대 과학 연구의 근간이 되었고, 디지털 사회에서 정보 과잉 속에 살아가는 우리에게 베이컨의 우상론은 비판적 사고의 기준을 제시하고 있습니다. 알고리즘이 추천하는 정보, 소셜미디어에서 확산되는 의견, 권위 있어 보이는 전문가의 주장을 무비판적으로 받아들이기 전에, 과연 그 근거가 타당한지 스스로 성찰하고 따져 봐야 한다는 교훈을 주고 있지요.

"아는 것이 힘"이라는 베이컨의 선언은 어떤가요? 현대 사회에서 과학기술은 의학, 에너지, 통신, 환경 등 모든 영역에서 인류의 삶을 바꾸는 실질적인 권력이 되었습니다. 하지만 동시에 이 힘을 책임감 있게 사용해야 한다는 과제도 떠오르고 있습니다. 지식이 힘인 건 맞지만, 그 힘을 어떻게 사용할 것인가는 결국 우리의 윤리적 판단과 사회적 합의에 달려 있을 겁니다.

오늘날 과학철학, 사회과학 연구, 비판적 인문학 모두 베이컨의 방법론적 혁신 위에서 새로운 길을 개척할 수 있었습니다. 과학적 탐구는 여전히 경험과 증거에 뿌리내려야 하며, 인간의 인식은 언제나 우상의 왜곡에 빠질 수 있음을 경계해야 한다는 그의 가르침도 다시금 곱씹어 봐야겠습니다.

이론은 언제든 수정될 수 있다

나는 생각한다, 고로 존재한다

데카르트, 『방법서설』

르네 데카르트의 『방법서설』은 본격적인 근대 철학의 출발점으로 평가받는 고전입니다. 데카르트는 모든 선입견을 의심하는 방법론적 회의를 통해, 명백하고 분명한 인식만을 진리의 기준으로 삼는 올바른 탐구 방향을 제시하였습니다.

당대 학문과 교육에 회의를 품었던 데카르트는, 확실하고 의심할 수 없는 지식을 얻으려면 기존 권위나 전통이 아니라 자신의 이성적 판단을 따라야 한다고 주장했습니다. 그렇다면 지식의 진정한 원천을 어디에서 찾을 것인가. 데카르트가 내놓은 답은 명확했습니다. 바로 각자의 이성이었지요. 교회나 스승의 가르침을 맹목적으로 받아들이는 대신, 스스로 생각하고 판단하는 능력을 발휘해야 한다는 겁니다.

이를 위해 네 가지 방법적 원칙을 제시했습니다. 첫째, 분명하고 명석하게 인식되지 않는 것은 참으로 받아들이지 않을 것. 둘째, 문제를 가능한 한 잘게 나누어 분석할 것. 셋째, 가장 단순한 것에서 출발하여 점차 복잡한 것으로 나아갈 것. 넷째, 전 과정을 철저히 검토하여 빠뜨림이 없도록 할 것. 그는 이러한 원칙에 따라 수학적 사고를 본보기로 한 보편적 학문을 세우고자 했던 겁니다. 회의와 의심을 거쳐 분석하고, 검증 가능한 이성의 길을 찾으려는 시도였던 셈이지요.

여기서 유명한 명제가 등장합니다. "나는 생각한다, 고로 존재한다Cogito, ergo sum." 의심조차도 사유하는 주체의 존재를 증명한다는 이 선언으로, 데카르트는 합리주의 철학의 확실한 토대를 마련했습니다. 모든 것을 의심할 수 있지만, 의심하는 '나' 자신의 존재만큼은 의심할 수 없다는 깨달음이었지요. 의심하고 사유하는 그 순간, 인간은 자신의 존재를 확인하게 됩니다.

이러한 사고 방식은 교육·심리학·윤리학에서 개인의 존엄과 주체성을 강조하는 근거가 되었습니다. 사람이 기계나 사물과 다른 까닭은 바로 '생각하는 존재'이기 때문이라고 선언함으로써, 인간 중심의 근대적 세계관을 연 출발점이 되었지요. 자연스럽게 학문과 교육 역시 이러한 이성적 판단 능력을 기르는 데 초점을 맞추게 되었습니다.

그는 이성을 인류의 보편적 자산으로 보았으며, 올바른 방법을 따른다면 누구나 진리에 도달할 수 있다고 확신했습니다. 근대 합리주의 철학과 과학적 사고의 기초를 놓은 획기적 선언이라 할 만합니다. 또한 진리 탐구의 권위를 신학이나 권위자에게 두지 않고 개인의 이성에 두었던 데카르트의 입장은, 현대 민주사회에서 자율적 시민 의식과 더불어 학문적 자유의 뿌리가 되었습니다. 누군가의 말이라고 해서 무조건 받아들이는 것이 아니라, 스스로 생각하고 판단할 권리와 책임을 강조한 것이지요.

물론 "나는 생각한다, 고로 존재한다"라는 명제가 인간을 사유하는 주체로 자리매김하게 하면서, 근대 과학혁명과 계몽주의 정신을 이끌었지만, 동시에 데카르트의 방법론이 낳은 그늘도 있었습니다. 이성 만능주의와 기계론적 인간관을 낳기도 했거든요. 자연을 정복의 대상으로만 보거나, 인간을 단순히 이성적 존재로만 환원하는 태도를 보임으로써 그 한계를 드러낸 것입니다. 따라서 현대 사회에서는 데카르트적 합리성을 생태적·윤리적 성찰과 균형 있게 조화시키는 노력이 필요합니다. 이성의 힘만으로는 해결할 수 없는 감정, 관계, 생명의 영역을 함께 고려해야 할 것입니다.

결국 『방법서설』이 오늘날 우리에게 남긴 과제는 비판적 사고와 합리적 자율성, 과학적 방법과 인간 주체성을 어떻게 균형 있게 발휘할 것인가 하는 물음입니다. 회의하고 의심하되, 그 과정에서 검증 가능한 진실을 찾아내는 일. 이성의 힘을 인간적이고 윤리적으로 사용하는 길을 모색하는 것, 그것이 데카르트가 우리에게 남긴 숙제가 아닐까요?

지식의 원천은 자신의 이성적 판단입니다. 회의와 의심으로 검증 가능한 진실을 찾는 일, 그 고민은 지금도 계속됩니다.

이론은 언제든 수정될 수 있다

생명은 어떻게 진화해왔는가

찰스 다윈, 『종의 기원』

찰스 다윈의 『종의 기원』은 생물의 다양성과 진화 원리를 과학적으로 설명한 획기적인 저서입니다. 1859년 출판 당시 초판 1,250부가 하루 만에 매진될 정도로 학계와 대중 모두에게 폭발적인 반응을 일으켰지요. 다윈은 갈라파고스 제도를 비롯해 여러 지역에서 관찰을 이어갔고 비둘기 사육과 같은 실험적 자료를 바탕으로 모든 생물이 고정불변한 것이 아니라, 환경과 생존 조건에 따라 점진적으로 변화한다고 주장했습니다.

특히 주목할 만한 점은 자연선택의 개념을 제시했다는 겁니다. 개체의 변이 중 환경에 더 적합한 특성을 가진 개체가 살아

남아 후대로 전해지고, 그렇지 못한 개체는 도태된다는 원리지요. 생존경쟁, 개체 간 변이, 유전의 원리를 결합하여 진화가 일어나는 메커니즘을 구체화한 것입니다. 비글호를 타고 5년간 항해하며 수집한 방대한 자료와 20년에 걸친 연구 끝에 완성된 이론이었습니다.

잘 알려져 있듯, 『종의 기원』은 신학적 창조론에 맞서는 과학적 설명으로 당대 사회에 큰 충격을 주었습니다. 인간을 포함한 모든 생명체가 공통 조상을 지니고 진화의 연속 선상에 있음을 시사했거든요. 생물의 다양성과 복잡성이 창조의 결과가 아니라, 오랜 시간에 걸친 변이와 선택의 누적으로 이루어졌다고 봄으로써, 현대 생물학의 기초를 마련했을 뿐 아니라 철학, 사회학, 종교 등 다양한 분야에 심대한 영향을 끼쳤지요.

다윈의 이론은 우리에게 과학적 사고의 중요성을 일깨웁니다. 생명에 대한 신학적·고정 관념적 이해를 깨뜨리고, 과학적·경험적 탐구를 통한 생명 이해의 길을 열었다는 점에서 그러합니다. 19세기 중반까지만 해도 대부분의 사람들은 성경의 창조 이야기를 문자 그대로 받아들였거든요. 다윈이 관찰과 실험을 통해 이를 정면으로 반박한 덕분에 오늘날 생물학, 유전학, 생태학이 그 기초를 닦을 수 있었을 뿐 아니라, DNA 구조 발견

이후 분자생물학의 발전으로 인류는 의학 기술을 획기적으로 향상시킬 수 있었습니다.

적응력이야말로 생존의 핵심이라는 교훈도 빼놓을 수 없습니다. 적자생존의 원리는 생태계 보전, 멸종 위기종 보호, 기후 변화 대응 전략에 중요한 시사점을 줍니다. 개체의 생존 여부는 강함보다 환경에 대한 유연한 적응 능력에 달려 있다는 것이지요. 공룡이 멸종하고 작은 포유류가 살아남은 까닭도, 절대적인 힘이 아니라 급변하는 환경에 적응하는 능력 때문이었거든요. 현대 기업들이 작고 빠르게 변화하고, 개인에게 평생 학습을 권하는 배경에도 바로 이런 통찰이 자리하고 있습니다.

진화론은 사회학, 심리학, 경제학, 인공지능 연구 등 다양한 분야에 영향을 주어, 변화와 혁신의 필요성을 설명하는 비유적 토대가 되었습니다. 실제로 경영학에서는 '진화적 전략'이라는 개념이 활용되고, 인공지능 분야에서는 '유전 알고리즘'이 문제 해결에 쓰이고 있지요. 다만, 오용된 사회진화론 즉 강자만이 살아남는다는 극단적 사상은 윤리적으로 비판받아야 마땅함을 지난 역사는 상기시킵니다. 19세기 후반 사회진화론이 제국주의와 인종주의를 정당화하는 데 악용되었던 아픈 역사를 잊지 말아야 할 것입니다.

　인류 역시 커다란 지구 생태계 속 한 종일 뿐이라는 인식은 인간 중심주의에서 벗어나 자연과의 공존, 지속 가능한 삶을 고민하게 만듭니다. 인간이 특별히 창조된 존재가 아니라 생명의 나무에 자리잡은 하나의 가지에 불과하다면, 다른 생명체를 함부로 대할 권리는 없는 것이지요. 또한 변화하는 환경 속에서 살아남는 힘은 '강함'이 아니라 '적응력'에 있다는 것, 그리고 우리 인간도 예외가 아니라는 점이 우리가 잊지 말아야 할 대목입니다.

이론은 언제든 수정될 수 있다

04

무의식이 지배하는 인간의 내면

지그문트 프로이트, 『꿈의 해석』

지그문트 프로이트의 『꿈의 해석』은 1900년에 출간된 정신분석학의 기념비적 저작입니다. 꿈을 인간 무의식의 표현으로 이해하며, 그 구조와 의미를 체계적으로 분석한 작품이지요. 프로이트는 꿈이란 억압된 욕망과 내적 갈등이 상징화되어 나타난 결과라고 보았습니다.

프로이트에 따르면 꿈은 표면적 내용manifest content과 잠재적 내용latent content으로 나뉩니다. 표면적 내용은 우리가 기억하는 꿈의 형태로, 무의식의 욕망이 상징·왜곡·압축·치환 같은 '꿈 작업dream work' 과정을 거쳐 표현된 것입니다. 잠재적 내용은 억압된 욕망과 감정, 내적 갈등의 본질을 담고 있지요. 프로이트는 바로 이 숨은 내용을 해석함으로써 인간의 무의식 세계를 들여다볼 수 있다고 주장했습니다.

그는 꿈을 소망의 충족으로 보며, 특히 억압된 성적·공격적 욕망이 꿈속에서 상징적으로 표현된다고 설명했습니다. 물론 이러한 해석이 지나치게 성적 상징에 치우쳤다는 비판도 받았습니다. 하지만 현대 심리학과 뇌과학이 무의식을 다양한 방식으로 연구하는 지금도, "인간은 스스로 의식하지 못하는 심리적 동기에 의해 움직인다"라는 통찰은 여전히 중요한 의미를 지닙니다. 우리가 왜 특정 사람에게 끌리는지, 왜 불안하거나 화가 나는지, 그 이유는 의식적으로 드러나지 않을 때가 많거든요. 프로이트는 그 답이 무의식 속에 있다고 본 겁니다.

그의 해석 방법은 꿈을 통해 자기 내면의 억압된 욕망이나 감정을 이해하는 것입니다. 오늘날에도 상담과 심리치료에서 꿈 분석은 자기 이해와 치유의 도구로 활용되고 있지요. 반복되는 악몽이나 불안에 주목해 보면, 자신이 무엇을 두려워하는지, 어떤 트라우마가 남아 있는지 들여다볼 수 있습니다. 인간이 자신의 내면을 탐구하고 삶의 방향을 성찰하는 계기가 되는 것입니다.

꿈을 암호화된 언어로 보고 상징을 해석하려 한 심리적 방법론은 현대 문화 연구, 예술 비평, 문학 해석에도 큰 영향을 주었습니다. 영화, 광고, 대중문화 속 무의식적 상징을 읽어내는 방식은 프로이트의 방법론에서 비롯되었다고 할 수 있습니다. 일례로 영화 속 반복되는 이미지나 색채, 광고의 은유적 메시지는 모두 무의식에 호소하는 상징 언어랍니다.

『꿈의 해석』은 인간을 이성적 존재로만 보는 계몽주의적 관점에서 벗어나게 했습니다. 인간을 욕망·억압·무의식이라는 다층적 요소를 가진 존재로 이해하게 한 것이지요. 심리학뿐만 아니라 사회학, 철학, 인문학 전반에 걸쳐 보이지 않는 힘이 인간을 움직인다는 분석으로 새로운 사고의 지평을 열어젖혔습니다. 마르크스가 경제적 토대가 인간을 움직인다고 봤다면, 프로이트는 무의식적 욕망이 인간을 움직인다고 본 겁니다.

오늘날 불안, 스트레스, 관계 갈등, 트라우마 같은 심리적 문제들은 무의식과 깊이 연관되어 있습니다. 이러한 현대인의 마음을 이해하고 치유하는 과정에 『꿈의 해석』은 그 기본적인 분석 틀을 제공하고 있습니다. 나아가 디지털 데이터 분석을 활용해 표면 아래 숨은 동기를 찾아내려는 시도 역시 프로이트적 문제의식과 닮아있다고 하겠습니다. 빅데이터 분석이 소비자의 숨은 욕구를 읽어내려는 것처럼 말입니다.

　프로이트의 『꿈의 해석』은 무의식의 존재와 영향에 대한 근본적 통찰, 자기 성찰과 치유의 도구, 문화와 예술을 해석하는 방법론, 그리고 인간을 다층적 존재로 이해하게 한 철학적 전환을 통해 우리 사유의 지평을 넓혀 주었습니다. 오늘날에도 그의 사상은 인간 내면의 깊이를 이해하고 삶을 새롭게 해석하는 창으로 남아 있습니다. 우리는 누구나 자신 안에 나도 모르는 나를 품고 살아가고 있습니다. 그 숨겨진 자아와 마주하는 용기야말로 진정한 자기 이해의 시작일 것입니다.

이론은 언제든 수정될 수 있다

05

과학은 어떻게 객관성을 획득했는가

찰스 길리스피, 『객관성의 칼날』

찰스 길리스피의 『객관성의 칼날』은 근대 과학이 어떻게 객관성을 추구하며 발전해왔는지를 역사적으로 탐구한 저작입니다. 과학사를 단순히 기술 발전의 서사로 보지 않고, 사상사와 사회사 속에서 그 의미를 해석해 내는 작업을 시도한 작품이라고 하겠습니다.

길리스피는 과학을 사실의 집적이 아니라, 특정한 사회적·철학적 배경 속에서 형성된 지적 활동으로 바라봅니다. 이를테면 근대 과학이 자연을 객관적으로 설명하려는 과정에서 형이상학적·종교적 전통과 결별하고, 관찰과 실험, 수학적 표현을 토대로 새로운 방법론을 확립했음을 강조하지요.

갈릴레오가 망원경으로 목성의 위성을 관찰하며 천동설의 권위에 균열을 냈던 사건을 떠올려 보세요. 뉴턴이 만유인력의 법칙을 수학 공식으로 표현하며 우주의 질서를 설명했던 것도 마찬가지입니다. 이런 과학적 혁명의 순간은 단지 지식 하나가 새로이 늘어난 것에 그치지 않습니다. 세계를 이해하는 방식 자체가 근본적으로 바뀌는 지적 전환의 순간이었지요. 신학과 철학에 의존하던 자연 탐구가, 이제는 관찰 가능하고 측정 가능하며 수학으로 표현 가능한 영역으로 그 중심축을 옮겨간 겁니다.

그러나 길리스피가 말하는 객관성은 중립적 도구가 아닙니다. 때로는 기존 질서나 권위를 정당화하거나 새로운 권위를 세우는 양날의 검이 될 수 있다고 지적합니다. 실제로 19세기 우생학이 과학적 객관성을 내세우며 인종 차별을 정당화했던 암울한 역사를 생각해보면, 객관성이라는 이름 아래 감춰지는 더 중요한 것들이 있음을 깨닫게 됩니다. 20세기 핵무기 개발 역시 마찬가지였고요. 물리학의 정교한 이론과 실험이 결합해 만들어진 결과물은 순식간에 수십만 명의 목숨을 앗아갔습니다. 과학은 진보의 도구이자 동시에 인류의 흉기가 될 수 있다는 뼈아픈 교훈이었습니다.

길리스피는 과학의 객관성이 불변의 진리가 아니라, 특정 시대의 지적·사회적 맥락에서 형성된 규범임을 보여주었습니다. 예를 들어, 17세기 과학혁명 시기에 형성된 '객관성'의 개념이 당시 유럽 사회의 합리주의와 계몽사상, 새로운 부르주아 계급의 등장과 무관하지 않았다는 겁니다.

또 과학이 객관성을 강조하며 권위를 획득한 과정은 동시에 사회적 권력과 긴밀히 연결되었습니다. 누가 '과학적'이라고 인정받는가, 어떤 연구가 자금을 지원받는가, 어떤 지식이 정책으로 채택되는가 하는 문제는 순수한 학문의 영역을 넘어섭니다. 과학이 진리를 증명하는 것이 아니라, 인간의 믿고자 하는 것을 증명하는 도구로 쓰일 때 더 그러합니다. 이처럼 과학의 객관성이 단순히 사실의 문제가 아님을, 정치·경제·윤리와 얽힌 사회적 문제임을 이해하는 데 이 책은 도움을 줍니다.

길리스피가 말한 칼날은 양날을 지닌 도구입니다. 객관성은 과학 발전의 동력이었지만, 동시에 인간적 가치나 주관적 경험을 배제하는 위험도 내포하고 있지요. 예를 들어, 신입사원 채용 알고리즘이 객관적 데이터를 바탕으로 작동하는 이면에, 알게 모르게 기존의 편견을 재생산하는 경우를 생각해 보세요.

의료 AI가 통계적 평균에 맞춰져 소수 인종이나 희귀 질환 환자를 배제하는 경우도 있습니다. 객관성이라는 이름으로 포장된 기술이 실은 특정 집단의 경험과 가치를 반영한 결과물일 수 있다는 겁니다.

이러한 문제의식을 바탕으로 오늘날에는 과학적 객관성을 절대화하기보다, 그것이 갖는 한계를 자각하고 연구의 투명성과 책임성, 윤리성을 높여야 한다는 요구가 점점 커지고 있습니다. 연구 과정의 투명한 공개, 데이터 편향성 검토, 연구 윤리 심사, 시민 참여형 과학과 같은 움직임이 바로 그런 노력의 일환입니다.

과학은 관찰과 실험, 수학적 토대 위에 서 있습니다. 하지만 객관성에는 윤리와 책임이 따라야 합니다. 그렇지 않다면 흉기가 될 수도 있으니까요.

이론은 언제든 수정될 수 있다

06

과학은 혁명을 통해 발전한다

토머스 쿤, 『과학혁명의 구조』

토머스 쿤의 『과학혁명의 구조』는 과학 발전을 직선적·누적적 과정이 아니라, 패러다임 전환을 통한 불연속적 혁명 과정으로 설명합니다. 과학자들이 공유하는 이론적 틀, 방법, 문제 해결 방식의 집합을 쿤은 '패러다임'이라 부르며, 과학은 정상과학과 혁명적 전환이 교차하며 발전한다고 보았습니다.

정상과학 단계에서는 기존 패러다임 안에서 퍼즐 풀이처럼 연구가 진행되지만, 축적된 이상 현상이 기존 체계로 설명되지 않을 때 위기가 발생합니다. 이때 새로운 패러다임이 등장해 옛 체계를 대체하는 순간, 개선이 아니라 세계를 바라보는

306

근본적 관점의 전환이 일어나게 되지요. 천동설에서 지동설로, 뉴턴 역학에서 아인슈타인 상대성 이론으로의 전환을 떠올려 보세요. 단순한 이론 수정이 아닌 진정한 혁명이 일어난 것입니다.

쿤에 따르면 과학은 진리에 점진적으로 다가가는 방식으로 발전하는 것이 아니라, 서로 다른 패러다임 간의 전환을 통해 비연속적으로 발전합니다. 이렇듯 지식과 진보의 개념을 새롭게 조명하며, 과학사와 과학철학에 깊은 영향을 끼친 이 저작은 과학철학의 경계를 넘어 사회 전반의 사고방식까지 바꾸어 놓았습니다.

흥미로운 점은 이러한 혁명이 논리적 추론만으로 이루어지지 않는다는 사실입니다. 때로는 역발상이나 엉뚱한 생각에서 인류 발전의 모멘텀이 일어납니다. 코페르니쿠스가 지구가 우주의 중심이 아니라고 주장했을 때, 아인슈타인이 시간과 공간이 절대적이지 않다고 말했을 때, 당대 과학자들에게 그 발상은 상식을 벗어난 것이었습니다. 하지만 바로 그 '엉뚱함'이 새로운 세계를 열어젖혔던 것입니다.

오늘날 우리는 분자생물학, 뇌과학, 우주 과학 같은 분야에서 기존 패러다임의 한계를 체감하며 새로운 혁명의 문턱에 서 있습니다. 패러다임이라는 개념은 과학자 공동체가 문제를 인식하고 해결하는 방식을 규정하지만, 동시에 다른 가능성을 차단하기도 합니다. 현대 사회에서도 이데올로기, 학문적 경계, 산업 표준 같은 패러다임이 혁신을 가로막는 경우가 적지 않지요. 쿤의 통찰은 이러한 때 비판적 사고와 창조적 전환의 필요성을 일깨우고 있습니다.

또한 과학 발전은 객관적 사실의 집적이 아니었습니다. 과학자 집단의 합의, 제도, 사회적 맥락과 긴밀히 얽혀 있다는 것이 쿤의 관찰이었습니다. 오늘날 과학 정책, 연구 자금, 기업 이해관계가 과학의 방향을 결정하는 현실을 이해하는 데 매우 중요한 시각을 제공하지요.

이러한 패러다임 전환 개념은 오늘날 과학뿐 아니라 경제학, 사회학, 정치학, 인문학 등 다양한 분야에 적용되었습니다. 기존 학문 체계를 뛰어넘는 지식 혁명에 대한 요구는 과거 그 어느 때보다 더 커졌다고 볼 수 있겠습니다. 예를 들어, 기후위기는 기존 경제·에너지 패러다임의 전환 없이는 해결 불가능하다는 시사점을 던집니다.

학문 연구에 있어서도 물론 학문 간 벽을 허무는 융합적 패러다임 전환이 절실하지만, 그에 못지 않게 사회와 정치 영역

에서도 과거의 정상과학적 사고를 벗어나는 상상력이 절실히
요구되는 시점입니다.

과학의 발전은 연속적 과정이 아니라 불연속적인 혁명이며, 패러다임의
전환을 수반합니다. 때로는 엉뚱한 생각이 인류 발전의 모멘텀을 만들
지요.

이론은 언제든 수정될 수 있다

07

양자역학이 보여준 세계의 불확정성

하이젠베르크, 『부분과 전체』

베르너 하이젠베르크의 『부분과 전체』는 20세기 양자역학의 창시자가 자신의 학문적 여정을 기록하고, 동시대 과학자들과의 대화를 회고한 철학적·자전적 저작입니다.

하이젠베르크는 양자역학의 발전 과정에서 마주한 불확정성 원리, 입자와 파동의 이중성, 측정 문제 등 근본적 난제를 동료 과학자들과 나눈 토론 속에서 풀어냅니다. 보어, 아인슈타인, 파울리, 슈뢰딩거 등과의 논쟁과 대화를 통해, 자연을 보는 관점이 기존의 결정론적 세계관에서 확률적·관계적 세계관으로 이동했음을 생생히 전하지요.

310

책은 과학사의 기록에 그치지 않고, 과학과 철학, 윤리, 종교의 관계를 깊이 성찰합니다. 특히 원자폭탄 개발 이후 과학자의 사회적 책임 문제를 정면으로 다루면서, 과학 지식이 인류에게 어떤 결과를 가져올 수 있는지 절박하게 고민합니다. 그는 부분적 사실의 축적만으로는 결코 세계를 온전히 이해할 수 없다고 단언하면서, 부분과 전체를 아우르는 종합적 사유, 그것이야말로 진정한 앎에 이르는 길이라는 통찰을 전합니다.

이 고전이 오늘날 우리에게 전하는 주요한 메시지는 다음과 같습니다. 첫째, 과학이 단순한 사실의 집적이 아니라 인간의 가치관 및 인식, 세계관과 깊이 맞물려 있다는 것입니다. 인공지능, 유전자 편집, 핵기술과 같은 과학기술의 진보 역시 윤리적·사회적 판단과 결코 분리될 수 없습니다. 과학적 지식은 인간 삶의 한 부분에 불과하지만, 그것은 삶이라는 전체 구조 속에서 비로소 의미를 획득하지요. 부분으로서의 과학이 전체로서의 삶과 어떻게 조화를 이룰 것인가, 하이젠베르크가 던진 이 물음은 오늘날 더욱 절실하게 다가오고 있습니다.

둘째, 과학의 윤리성 문제는 아무리 강조해도 지나치지 않다는 것입니다. 하이젠베르크가 살았던 20세기는 과학이 인류 문명에 엄청난 혜택을 주었지만, 동시에 핵무기라는 절멸의 도구를 만들어낸 시대였습니다. 과학자는 더 이상 실험실 안에서만 책임을 지는 존재가 아니게 되었지요. 이제 자신의 연구가 사회와 인류에게 어떤 영향을 미칠지 깊이 성찰해야 하는 시대에 살고 있다고 하겠습니다.

셋째, 부분이 아닌 전체를 포괄하는 관점의 전환입니다. 하이젠베르크는 양자역학의 불확정성 원리를 통해, 세계를 부분으로 잘게 쪼개어 이해하려는 태도가 한계를 가질 수밖에 없음을 역설했습니다. 오늘날 지구촌 사회가 직면한 여러가지 위기 앞에 개별적 현상만 분석해서는 답을 얻기 어렵고, 인간·사회·자연을 포괄하는 전체적 관점이 절실합니다. 우리가 직면한 위기는 대부분 부분만 보고 전체를 놓쳤기 때문에 발생한 것이 아닐까요?

이 책은 파울리, 보어, 아인슈타인 등과 나눈 대화를 중심으로 구성되어 있습니다. 그로 인해 자연스럽게 서로 다른 관점을 인정하고, 교류를 통해 진리에 접근하는 과정을 생생하게 보여줍니다. 오늘날에도 분과 학문의 경계를 넘어선 융합적·학제적 연구의 중요성은 날로 커지고 있습니다. 그리고 사회적 담론을 형성하는 데는 한 사람의 천재가 필요한 것이 아니라 여럿의 대화와 논쟁 속에서 비로소 진리가 모습을 드러낸다는

312

사실, 이것이야말로 민주적 지식 생산의 본질이 아닐는지요.

양자역학의 세계는 불확실성이 본질입니다. 하이젠베르크는 이를 과학자의 연구 태도로 확장하며, 인간이 모든 것을 확실히 알 수 없지만 불확실성 속에서도 책임 있는 선택을 해야 한다고 말합니다. 완벽한 예측이 불가능한 상황에서도 최선의 판단을 내려야 하는 과학자의 고뇌가 고스란히 드러나지요. 불확실한 미래 속에서 윤리적 책임을 고민해야 하는 인류의 상황과도 깊이 닮아 있습니다.

이론은 언제든 수정될 수 있다

08

유전자의 관점에서 본 생명의 본질

리처드 도킨스, 『이기적 유전자』

생명의 진화를 유전자 중심으로 설명한 리처드 도킨스의 『이기적 유전자』는 오늘날 가장 유명한 대중 과학서 중 하나일 것입니다. 이 책은 진화의 기본 단위이자 생명 현상의 핵심 동력이 어떤 개체나 집단이 아니라 유전자라는 패러다임의 전환을 주창하고 있습니다. 진화의 주체인 유전자가 자신을 복제하고 보존하기 위해 생물의 행동과 형질을 형성한다는 겁니다.

사뭇 놀라운 이 주장에 따르면 생물은 유전자의 생존 기계로 기능합니다. 먹이 확보, 번식, 경쟁 같은 모든 행동이 유전자의 지속을 위한 전략이라는 것이지요. 다만 유전자가 이기적이라는 표현이 부도덕성을 의미하는 건 아닙니다. 다만 생존과 복제를 최우선으로 삼는 진화적 메커니즘을 비유적으로 설명한 표현일 뿐이지요.

흥미로운 건 개체가 보이는 협동과 이타적 행동도 이 틀 안에서 해석된다는 점입니다. 혈연 선택 이론, 포괄 적합도, 호혜적 이타성 같은 개념을 통해 도킨스는 겉보기에 이타적인 행동조차 결국 유전자의 이익에 부합함을 보여줍니다. 자신과 유전자를 공유하는 친족을 돕거나, 나중에 보답받을 가능성이 있는 상대를 돕는 행위가 진화적으로 유리하다는 설명이지요.

이러한 접근을 통해 『이기적 유전자』는 생명과 진화를 바라보는 관점을 전환했습니다. 인간을 포함한 생명의 본질을 새로운 시각에서 이해하도록 만들었고, 현대 진화 생물학을 대중화했음은 물론, 생명관과 인간관에 큰 영향을 끼친 고전으로 평가받습니다.

유전자를 진화의 핵심 단위로 설정함으로써, 도킨스는 생물의 행위와 특성을 더 깊이 해석할 수 있는 틀을 제공했습니다. 오늘날 유전자 편집 기술인 크리스퍼CRISPR, 맞춤형 의학, 인류 유전체 프로젝트 같은 분야는 이러한 유전자 중심 진화론의 현대적 응용이라 할 수 있지요.

사회생물학과 진화심리학의 발전에도 중요한 기반이 되었습니다. 이타적 행동조차 유전자의 자기 보존 전략일 수 있다는 설명을 통해, 인간 사회의 협력과 이타적 문화가 단순히 도덕적 규범의 산물만이 아니라 진화적 토대 위에 세워져 있음을 보여주었습니다. 우리가 타인을 돕고 협력하는 행동이 본능과 문화, 두 차원에서 동시에 작동한다는 통찰을 준 셈이지요.

나아가 유전자 개념을 한 걸음 더 확장하여 문화적 전파 단위인 밈meme을 제시했습니다. 유전자가 생물학적 진화의 매개라면, 밈은 문화적 진화의 매개로 기능한다는 통찰이지요. 이 개념은 오늘날 아이디어와 믿음, 유행이 사람들 사이에서 어떻게 퍼지고 변이하며 선택되는지를 설명하는 틀로 자리 잡았습니다. 덕분에 디지털 네트워크 시대의 밈 문화, 정보 확산, SNS 현상을 이해할 수 있게 되었지요.

반면 '우리가 유전자의 꼭두각시일 뿐인가?'라는 논란도 불러왔습니다. 그의 주장을 따라가다 보면 이런 물음에 직면하게 되는 건 자연스러운 일일 것입니다. 하지만 도킨스는 책의 마지막에서 중요한 메시지를 전합니다. 바로 우리는 유전자의 프로그램을 올바르게 이해함으로써 그 운명을 거스르고 새로운 길을 선택할 수 있다는 것입니다. 유전자 결정론을 받아들이

되, 그것에 갇히지 않고 인간의 자유 의지와 문화적 선택으로 더 나은 방향을 모색할 수 있다는 희망을 제시한 겁니다.

생명과학, 진화심리학, 문화 연구, 디지털 사회학에 이르기까지 폭넓은 영향을 미친 이 책이 오늘날 우리에게 던지는 화두는 무엇일까요? 과학적 지식 위에서 인간의 자유 의지와 문화적 선택이 어떤 책임을 지녀야 하는지 되돌아보라는 것이 아닐까요? 과학적 통찰이 이론의 발견에 그치지 않고 윤리적 책임으로 이어지는 지점이 바로 여기에 있습니다.

인간은 그 어떤 것에도 종속되지 않습니다. 그것이 유전자든 다른 어떤 도구이든.

이론은 언제든 수정될 수 있다

수학과 음악, 미술이 만나는 지점

더글러스 호프스태터, 『괴델, 에셔, 바흐』

더글러스 호프스태터의 『괴델, 에셔, 바흐』는 수학자 괴델, 화가 에셔, 작곡가 바흐라는 서로 다른 분야의 세 거장을 하나로 엮어낸 독특한 저작입니다. 자기 참조와 무한, 의식과 지성의 본질을 탐구한 이 책은 1979년 출간 이후 학계에 큰 반향을 일으켰지요.

저자는 괴델의 불완전성 정리를 출발점으로 삼아, 형식 체계의 근본적 한계를 조명합니다. 어떤 논리 체계도 자기 자신을 완전히 설명할 수 없다는 괴델의 통찰은, 에셔의 시각적 역설과 바흐의 푸가에서도 똑같이 발견됩니다. 손이 손을 그리는

318

에서의 그림처럼, 자기참조적 구조가 반복과 변주를 통해 새로운 의미를 만들어내는 과정을 보여주는 것이지요.

호프스태터는 이를 바탕으로 인간의 사고, 언어, 인공지능의 가능성을 깊이 파고듭니다. 의식은 단순한 기계적 계산을 넘어서는 복잡한 '이상한 고리strange loop'에서 발생한다고 보는 것입니다. 책은 대화 형식과 퍼즐, 음악적·수학적 비유를 활용해 난해한 개념을 풀어냅니다. 각 장 사이에 등장하는 아킬레우스와 거북이의 대화는 본문의 추상적 개념을 재치 있게 풀어주는 역할을 하기도 하지요.

과학·예술·철학을 넘나드는 융합적 사유를 전개하는 『괴델, 에셔, 바흐』는 단순한 교양서라고 하기엔 그 무게감이 다릅니다. 인간 정신과 지성의 작동 원리를 설명하려는 지적 모험이자, 인공지능과 인지과학 논의에 불을 붙인 획기적 저서로 평가받고 있거든요. 수학자, 화가, 작곡가라는 이색적 조합이 펼치는 지적 모험이 디지털 시대의 창작과 예술에까지 깊은 영감을 주었다는 사실에 박수를 보내지 않을 수 없습니다.

호프스태터가 제시한 '이상한 고리'는 의식의 본질을 이해하는 핵심 개념입니다. 위계 구조가 순환하면서 자기 자신으로 되돌아오는 이 현상은, 의식이 단순한 계산 규칙의 반복만으로는 설명되지 않는다는 점을 보여줍니다. 알고리즘적 계산을 넘어서는 자기 인식적 시스템의 가능성과 한계를 성찰하게 하는 사상적 토대, 그것이 바로 『괴델, 에셔, 바흐』가 제공하는 가치라 하겠습니다.

세 거장의 작품 속에 공통으로 흐르는 자기 참조와 무한의 구조를 풀어낸 이 책은 또한, 오늘날 융합학문과 창의적 사고의 중요성을 일깨웁니다. 인문학·예술·과학을 분리하지 않고, 서로의 패턴과 원리를 교차시키는 사고법은 현대 지식사회의 필수적 방법론으로 여전히 유효합니다.

실제로 스탠퍼드대학 같은 곳에서는 이미 수십 년 전부터 융합 교육을 강조해 왔습니다. 한 분야의 깊이와 여러 분야를 넘나드는 폭을 동시에 갖춘 인재를 길러내는 것이지요. 전문성도 중요하지만, 서로 다른 영역을 연결하고 새로운 통찰을 만들어내는 능력이 더욱 중요해진 시대입니다.

괴델의 불완전성 정리가 던지는 질문도 여전히 유효합니다. 모든 형식 체계가 자기 자신의 완전한 진리를 담을 수 없다는 이 정리는, 인간 정신 또한 자기 자신을 완전히 해석할 수 없는 열린 구조임을 보여줍니다. 현대 뇌과학과 의식 연구에서도 이러한 관점은 '의식은 단순한 계산이 아니다'는 논의로 이어지고 있지요.

 '의식의 어려운 문제hard problem of consciousness'라 불리는 이 질문은, 21세기 과학의 가장 중요한 난제 중 하나로 남아 있습니다. 왜 우리는 단순히 정보를 처리하는 데 그치지 않고, 주관적 경험을 갖는 걸까요? 이 생각을 이어가다 보면 컴퓨터가 아무리 복잡한 계산을 해도 '붉은색을 느끼는 경험'은 가질 수 없다는 잠정적 결론에 이르게 됩니다. 이러한 심오한 질문들 앞에서 괴델의 불완전성 정리는 여전히 중요한 철학적 통찰을 제공하고 있습니다.

10

무질서가 증가하는 우주의 법칙

제레미 리프킨, 『엔트로피: 새로운 세계관』

공학도라면 열역학 제2법칙에 익숙하겠지만, 처음 듣는 사람이라도 그 의미를 일상생활에서 쉽게 체감할 수 있습니다. 예를 들어, 깨끗하던 방이 시간이 지나며 점점 어지럽혀지는 경험은 다들 해보셨을 겁니다. 열역학 제2법칙은 이처럼 자연 과정이 비가역적이고 무질서한 방향으로 진행된다는 내용을 담고 있습니다.

물에 잉크를 떨어뜨리면 빠르게 번져나가고, 엉킨 실타래는 스스로 분리되지 않지요. 이렇듯 무언가를 질서정연한 방향으로 역행시키려면 방 청소와 같이 지속적인 노력(에너지 투입)이

322

필요합니다. 제레미 리프킨의 『엔트로피』는 바로 이 엔트로피 개념을 통해 인류 문명과 경제 체제의 지속 불가능성을 비판하고, 생태적·순환적 사회로의 전환을 촉구한 저작입니다. 지친 심신에 영혼마저 메말라 갈 때쯤, 이 책 한 권이 주었던 충격을 지금도 잊을 수 없습니다. 인문학도에게마저 영혼의 자양분을 가득 챙겨준 감동의 책이었지요. 생태적·순환적 사고로의 전환이 지구를 살리고 인간도 존재할 수 있게 한다는 깨달음도 얻을 수 있었습니다.

리프킨은 데카르트적 이원론과 뉴턴의 기계론적 세계관이 근대 과학과 산업사회를 이끌었지만, 동시에 자연 파괴와 인간 소외, 환경 위기를 초래했다고 지적합니다. 나아가 자연은 고립된 부분들의 집합이 아니라 상호 연결된 유기적 전체임을 강조하지요. 인간 역시 자연과 분리된 존재가 아니라 그 속에서 상호의존적으로 살아가는 존재라는 겁니다.

이러한 새로운 패러다임은 경제, 정치, 교육, 문화 전반에 변화를 요구합니다. 그는 무한한 경제성장이라는 근대 자본주의 패러다임이 결국 엔트로피 증가, 즉 에너지 고갈과 환경 파괴를 초래한다고 보았습니다.

오늘날 지구 온난화, 에너지 자원 고갈 등의 문제는 끝없는 성장의 환상이 초래한 현실적 결과를 명백히 보여줍니다. 20세기 내내 우리는 '발전'과 '성장'을 의심 없이 추구해 왔지요. 그러나 이 성장이 지구 생태계에서 끌어올 수 있는 에너지의 한계를 넘어선 것임이 이제 명백해졌습니다.

리프킨이 이 책을 출간한 1981년 당시 '순환경제'나 재생에너지 같은 현대 정책 용어를 사용하지는 않았습니다. 하지만 모든 고도화된 문명이 에너지 소모를 통해 필연적으로 엔트로피를 증가시키며 붕괴로 치닫는다는 극단적인 경고를 날림으로써, 기존의 인위적이고 직선적인 개발 논리에 경종을 울렸습니다.

리프킨은 기술만으로는 위기를 극복할 수 없다고 봅니다. 무한 경쟁과 소비 중심의 가치관, 문화, 사회 구조를 근본적으로 재편해야만 엔트로피 법칙의 압력을 완화할 수 있다고 강조하지요. 오늘날 탈성장 운동이나 생태 전환 담론이 이를 계승하는 측면이 있지만, 그의 원래 주장은 훨씬 비관적이라고 하겠습니다.

이렇듯 가치관·문화·사회적 구조를 새롭게 짜야만 엔트로피 위기를 완화할 수 있다는 점에서 제레미 리프킨의 『엔트로피』는 오늘날 우리에게 필독서로 손꼽히고 있습니다. 무한 성장에서 지속 가능성으로, 자연 지배에서 공존으로, 기술 낙관에서 윤리적 책임으로의 전환을 요구하는 사상적 선언문처럼 읽힌다는 점에서 말입니다.

인문학도에게도 영혼의 자양분을 가득 채워줄 수 있는 책. 생태적인 사고가 지구와 인간을 살립니다.

이론은 언제든 수정될 수 있다

11

예측 불가능한 복잡계의 질서

제임스 글리크, 『카오스』

제임스 글리크의 『카오스: 새로운 과학의 탄생』은 혼돈 이론의 발전 과정을 대중에게 알기 쉽게 풀어낸 과학 교양서입니다. 20세기 후반 수학자와 과학자들의 연구를 다룬 이 책은 기존의 선형적이고 예측 가능한 세계관에서 벗어나, 초기 조건의 미세한 차이가 결과를 극적으로 바꾸는 '나비 효과'와 같은 혼돈 현상을 탐구한 과정을 생생히 그려내고 있지요.

로렌츠의 기상 모델에서 시작된 작은 불확실성의 증폭, 프랙털 기하학을 통해 드러난 자연의 자기 유사성, 생명체의 성장과 진화 속에 숨어 있는 비선형적 질서까지. 글리크는 이 모든 발견을 흥미진진한 이야기로 엮어냅니다. 혼돈 이론이 무질서를 뜻하는 게 아니라, 복잡성과 규칙성이 교차하는 새로운 질서의 발견임을 강조하면서 말이지요. 물리학, 생물학, 경제학, 의학 등 다양한 분야에서 혼돈 이론이 적용되며 과학적 패러다임을 바꾸고 있다는 점도 빼놓지 않습니다.

카오스 이론이 보여주는 건 작은 차이가 시간이 지남에 따라 엄청난 결과를 낳을 수 있다는 사실입니다. 바로 나비 효과지요. 기후 변화, 금융 시장, 인터넷 여론처럼 미세한 요인이 전 지구적 결과로 확산하는 오늘날의 현상을 이해하는 데 이보다 주효한 틀이 또 있을까요? SNS 게시물 하나가 순식간에 전 세계로 퍼져나가 여론을 바꾸는 모습, 작은 경제 지표 변화가 글로벌 시장을 뒤흔드는 장면을 생각해보면 카오스 이론의 현실성이 실감납니다.

글리크가 강조한 프랙털fractal 개념도 흥미롭습니다. 복잡한 자연 패턴 속에서도 자기 유사성과 단순한 수학적 원리가 작동한다는 발견 말이지요. 해안선의 굴곡, 나뭇가지의 분기, 구름의 형태를 자세히 들여다보면 작은 부분이 전체 구조를 닮아 있습니다. 프랙털 개념은 현대 데이터 과학, 그래픽스, 네트워크 분석, 도시 구조 연구에까지 폭넓게 응용되고 있습니다.

뉴턴적 기계론은 모든 것이 예측 가능하다는 전제를 바탕으로 삼았습니다. 초기 조건만 정확히 안다면 미래를 완벽하게 계산할 수 있다고 믿었던 거지요. 하지만 카오스 이론은 결정론적 체계조차 본질적으로 예측 불가능할 수 있음을 드러냈습니다. 정해진 규칙에 따라 움직이더라도 결과는 혼돈스러울 수 있다는 사실이 밝혀진 겁니다. 자연스럽게 오늘날 인공지능, 복잡계 경제학, 생태학 연구에서 불확실성을 관리하는 새로운 패러다임으로 이어지고 있지요.

현대 사회는 단선적 인과관계로 설명할 수 없는 복잡한 문제들에 직면해 있습니다. 팬데믹, 글로벌 금융위기 같은 거대한 도전 앞에서 우리는 종종 무력감을 느끼곤 하지요. 카오스 이론은 이런 문제들을 단순한 원인과 결과로 축소해서는 안 되며, 비선형적 상호작용과 시스템적 관점에서 접근해야 함을 일깨워줍니다. 한 지역의 산림 파괴가 먼 대륙의 기후 패턴에 영향을 미치고, 한 은행의 부실이 전 세계 금융 시스템을 위협하는 이유를 이해하려면 카오스 이론의 시각이 필수적이라는 겁니다.

여기서 우리는 흥미로운 질문 하나를 던져볼 수 있습니다. 작은 차이가 시간이 지남에 따라 나비 효과를 낳을 수 있다면, 고전을 읽는 일도 마찬가지 아닐까요? 매일 한 줄이라도 조금씩, 서두르지 말고 시작하는 것. 그 작은 실천이 쌓여 인생의 나비 효과를 만들어낼 수 있지 않을까. 『카오스』가 말하는 초기 조건의 미세한 변화처럼, 오늘 펼친 고전 한 페이지가 내일의 생각을 바꾸고, 그 생각이 결국 삶의 방향을 바꾸게 될지 누가 알겠습니까.

복잡한 세계를 이해하고 살아가는 지혜는, 모든 걸 통제하려는 욕심을 버리고 변화와 불확실성을 받아들이는 데서 시작됩니다. 제임스 글리크의 『카오스』는 우리에게 말합니다. 무질서 속에도 패턴이 있고, 예측 불가능성 속에도 새로운 질서가 숨어 있다고. 불확실성이 곧 위기가 아니라, 새로운 질서와 창조적 가능성의 공간이 될 수 있다는 통찰. 고전 읽기라는 작은 실천 역시, 그런 창조적 가능성의 시작점이 될 수 있습니다.

작은 차이가 나비 효과를 낳습니다. 고전도 마찬가지지요. 매일 한 줄씩 조금씩, 인생의 나비 효과를 경험하세요.

이론은 언제든 수정될 수 있다

12

화학과 인문학이 만나는 지점

로얼드 호프만, 『같기도 하고 아니 같기도 하고』

노벨 화학상 수상자 로얼드 호프만이 쓴 『같기도 하고 아니 같기도 하고』는 화학자의 눈으로 바라본 세상을 담은 에세이입니다. 일상과 과학, 예술, 인간에 대한 관찰을 통해 화학에 대한 우리의 인식을 새롭게 조명합니다.

호프만은 과학자가 바라보는 세상을 따뜻하고 사색적인 언어로 기록하며, 우리가 분명하다고 믿는 것들이 사실은 모호한 경계 위에 놓여 있음을 보여줍니다. 세상은 흑백처럼 나뉘는 것이 아니라, '같기도 하고 아니 같기도 한' 회색 지대가 훨씬 많다는 겁니다. 과학조차도 뚜렷한 답보다 경험과 해석의 여지

330

를 남기는 분야라고 말합니다.

또한 분자 구조와 화학 반응 같은 복잡한 과학 개념을 삶의 감정, 인간관계와 연결하며 쉽게 풀어냅니다. 과학은 차갑고 딱딱하다는 편견을 깨고, 따뜻한 사유와 인간적 고민을 담아낼 수 있는 언어임을 보여주지요. 과학과 예술, 사실과 상상, 이성과 감정이 서로 대립하는 듯 보이지만 실제로는 서로 스며드는 것들에 관한 이야기랍니다.

이 책을 읽는 동안 과학자의 시선이 이렇게 따뜻하고 부드러울 수 있다는 사실에 여러 번 놀랐습니다. 호프만은 분자와 원자, 반응과 구조 같은 화학의 언어를 사용하면서도, 정작 그 이야기가 가닿는 곳은 인간의 마음과 삶의 풍경이었습니다. 과학적 설명보다 삶의 섬세한 숨결을 먼저 떠올리게 되는 책이지요.

바로 세상은 결코 흑백으로 나뉘지 않는다는 것. 우리는 늘 무엇인가를 구분하고 판단하길 원하지만, 그는 이러한 관점에 의문을 제기합니다. 진실은 그 사이 어딘가에 존재한다고 말입니다. "같기도 하고 아니 같기도 하고"라는 표현은 얼핏 모호하게 들리지만, 오히려 그 모호함 속에 더 깊은 진실이 숨겨져 있는 것 같지 않나요?

그가 말하는 모호함은 실패나 우유부단함이 아닙니다. 오히려 삶을 보는 성숙한 태도에 가깝습니다. 실제로 분자를 들여다보는 과학자의 눈으로 봐도 모든 것의 경계가 흐릿하다는 사실을 다정하게 설명합니다. 하나의 분자 구조에도 다양한 해석이 있듯, 우리의 감정이나 관계 역시 단정할 수 없는 회색의 영역에 놓여 있다는 것이지요. 이렇듯 호프만의 문장은 과학의 언어로 말하면서도, 이상하리만큼 인간적이고 따뜻합니다.

나아가 과학은 차갑고 예술은 따뜻하다는 이분법적 사고를 조용히 뒤집으며, 둘을 가르는 경계는 생각보다 부드럽고 얇다고 말하지요. 그 모호함을 인정할 때 비로소 우리는 더 넓은 세상을 이해하게 된다는 그의 메시지에 깊이 공감했습니다.

이 책이 특별하게 다가온 까닭은 아마도, 저자가 확신보다 질문을 선택한다는 점 때문일 것입니다. 호프만은 모든 것을 단정하기보다, 그 사이의 여지를 남겨두는 법을 알고 있었던 것 같습니다. 과학적 사고를 뛰어넘어 삶 전반에 적용되는 태도이기도 하지요. 한 치의 오차도 허용하지 않을 것 같은 과학자도 이렇게 아름다운 여백을 말할 수 있습니다.

삶은 늘 같기도 하고 아니 같기도 한 순간들의 연속입니다. 분명하다 믿었던 것들이 어느 날 흔들리고, 모호하다 여겼던 것들이 어느 순간 선명해지기도 하지요. 호프만의 글은 그러한 변화의 흐름을 자연스럽게 받아들이게 합니다.

경계를 두려워하지 않는 시선을 배우고, 모호함 속에서도 빛나는 진실을 발견하는 기쁨을 느낄 수 있는 이 책은, 삶의 여러 무게와 선택의 순간들 앞에서 망설이는 이들에게 다정하게 말합니다. "그렇게 느끼는 건 자연스러운 일입니다. 세상은 원래 그런 곳이니까요." 그 사이의 흐릿한 경계를 인정할 때 비로소 더 깊이 이해할 수 있다는 메시지를 전하면서요.

이론은 언제든 수정될 수 있다

13

과학 고전으로 읽는 인식의 역사

홍성욱, 『과학고전선집』

『과학고전선집』은 여러 과학사의 주요 저작들을 모아 소개·해설한 선집으로, 고대부터 근대, 근대 이후 현대 과학의 토대가 되는 핵심 고전을 엮어낸 책입니다. 책의 특징은 원전을 단순히 발췌하는 데 그치지 않고, 저자의 문제의식과 과학사적 맥락까지 함께 조망한다는 점에 있습니다. 문학을 공부하는 사람이라면 과학서와는 거리를 두기 쉽지만, 실상 우리 생활과 가장 밀접한 분야가 바로 과학입니다. 스마트폰 하나에도 뉴턴의 역학, 맥스웰의 전자기학, 그리고 양자역학의 원리가 반영되어 있으니까요.

334

먼저 고대의 과학부터 살펴보겠습니다. 과학의 출발점은 철학이었습니다. 아리스토텔레스의 『자연학』과 『천체에 관하여』는 자연의 원리와 운동·원인의 개념을 다루며 고대 그리스 과학의 철학적 토대를 세웠지요. 자연은 왜 운동하는가, 사물의 본질은 무엇인가 하는 근본적 물음에서 과학적 사유가 싹텄던 겁니다. 프톨레마이오스의 『알마게스트』는 천동설 우주관을 체계화한 기념비적 저작으로, 중세 천문학의 표준이 되었습니다. 지구를 중심에 둔 우주관이 1,400년 넘게 유럽 지성계를 지배한 까닭은, 당시로서는 가장 합리적이고 정교한 설명 체계였기 때문이지요.

중세와 르네상스 과학의 시기로 넘어가 볼까요? 중세는 흔히 암흑기로 불리지만, 실제로는 이슬람 과학자들이 고대 그리스 지식을 보존하고 발전시킨 시기였습니다. 그들의 전승과 기여 덕분에 유럽 르네상스가 가능했다고 할 수 있지요. 르네상스 시기에 접어들면서 인체 해부학에서 베살리우스가, 천문학에서 코페르니쿠스가 혁신적 전환을 이끌어냅니다. 코페르니쿠스의 『천구의 회전에 관하여』는 태양 중심설을 제시하며 근대 과학의 서막을 열었습니다. 지구가 우주의 중심이 아니라는 그의 주장은 단순한 천문학적 사실 제시에 그치지 않았습니다.

인간과 세계를 바라보는 관점 자체를 뒤흔든 사건이었거든요. 우리가 특별한 존재가 아닐 수도 있다는 깨달음은, 인간 중심적 사고방식에 균열을 냈습니다.

17세기는 과학 혁명의 시대였습니다. 갈릴레오의 『대화』는 실험적 방법을 도입하며 자연을 이해하는 새로운 길을 열었습니다. 케플러의 행성 운동 법칙은 우주의 질서를 수학으로 표현할 수 있음을 보여주었고, 데카르트의 방법론은 '의심과 분석'을 통해 확실한 지식에 도달하려는 근대적 사유의 전형을 만들었지요. 그리고 뉴턴의 『프린키피아』가 등장합니다. 운동의 법칙과 만유인력의 발견으로 고전역학 체계를 완성한 책으로, 자연을 수학적으로 기술할 수 있다는 확신을 과학계에 심어주었습니다. 뉴턴 이후 과학은 단순한 관찰에 머물지 않고 예측과 통제의 영역으로 나아갔습니다.

19세기에 들어서면서 과학은 더욱 세분화되고 전문화됩니다. 다윈의 『종의 기원』은 생명 이해의 틀을 근본적으로 바꾸어놓았습니다. 진화론적 사고는 생물학뿐 아니라 인류학, 심리학, 사회학에까지 영향을 미쳤지요. 맥스웰의 전자기 이론은 빛과 전기, 자기를 하나로 통합했고, 파스퇴르의 미생물학 연구는 질병의 원인을 밝혀 의학을 혁신했습니다. 눈에 보이지 않는 미생물이 질병을 일으킨다는 사실을 알게 되면서, 위생 관념이 생겨나고 수많은 생명을 구할 수 있게 되었습니다.

20세기는 과학이 인간의 상식을 뛰어넘는 시대였습니다. 아인슈타인의 상대성 이론은 시간과 공간이 절대적이지 않다는 놀라운 사실을 밝혀냈지요. 하이젠베르크와 슈뢰딩거의 양자역학은 미시 세계에서 확률과 불확정성이 지배한다는 것을 보여주었습니다. 뉴턴 이래로 굳건했던 결정론적 우주관이 흔들린 거예요. 왓슨과 크릭의 DNA 구조 발견은 생명의 비밀을 분자 수준에서 밝혀내며, 생명과학의 새로운 장을 열었습니다. 바로 이 발견이 오늘날 유전자 치료와 맞춤 의학이 가능하도록 하는 데 결정적인 역할을 했습니다.

과학은 고립된 천재들의 발견이 아니었습니다. 시대의 문제에 답하려는 치열한 고민과 논쟁, 실패와 재도전의 산물이었지요. 과학의 역사를 들여다보면 결국 인간 정신의 모험사를 만나게 됩니다. 미지의 세계를 향해 끊임없이 질문하고, 답을 찾으려 애쓰며, 때로는 오류를 인정하고 다시 시작하는 용기. 그모든 과정이 오늘 우리가 누리는 문명의 토대가 되었습니다.

고전
격차

VII 역사·문화·미디어
— 문명의 자기반성

01

역사 서술의 시작, 페르시아 전쟁

헤로도토스, 『역사』

인간은 어디서 비롯되어 어떤 길을 걸어왔을까요? 우리가 쌓아올린 문명은 어떤 얼굴을 지녔으며, 어떤 성취를 이루었고 또 어떤 오류를 반복해왔을까요? 기록하지 않고 성찰하지 않는다면, 우리는 필연적으로 같은 과오를 되풀이하게 됩니다.

역사는 단지 지나간 이야기를 기록한 것에 그치지 않습니다. 왜냐하면 문명이란 스스로를 비추는 거울이기 때문이지요. 우리가 걸어온 길을 되돌아볼 때에야 비로소, 지금 우리가 서 있는 자리와 나아가야 할 방향이 선명해집니다. 그리고 그 거울 속에는 역사만이 아니라, 문화와 예술, 그리고 우리가 만들어낸 모든 창조의 흔적이 함께 비칩니다.

이제 우리는 문명의 자기반성이라는 여정을 이어갑니다. 인류가 어떻게 스스로를 기록하고, 문화를 만들어왔으며, 정보를 전달해왔는지 살펴보도록 하겠습니다.

첫 번째로 만날 책은 서양 최초의 역사서로 불리는, 헤로도토스의 『역사』입니다. 기원전 5세기 그리스와 페르시아 전쟁을 중심으로 집필된, 총 9권으로 이루어진 이 책은 전쟁 기록 뿐만 아니라 당시 각 민족의 풍습과 지리, 전설과 신화도 담고 있어, 인류학적·문화사적 가치가 높은 작품으로 알려져 있습니다.

헤로도토스는 크로이소스 왕의 흥망으로 이야기를 시작합니다. 리디아와 페르시아 제국의 확장 과정을 설명한 뒤, 다리우스와 크세르크세스 왕이 이끈 대규모 원정과 그리스 세계의 대응을 서술하지요. 특히 마라톤 전투, 살라미스 해전, 플라타이아이 전투 등을 묘사하며, 그리스가 압도적 대군을 상대로 승리하는 과정을 상세히 기록했습니다. 그가 역사적 사실을 전하면서도 "내가 들은 바에 따르면"이라는 표현을 자주 사용한 까닭은 뭘까요? 바로 다양한 전승을 소개해 독자 스스로 판단하도록 하려는 의도였습니다.

그가 보기에 역사란 사실의 나열이 아니었습니다. 인간 행위의 원인과 결과를 탐구하려는 시도였던 거지요. 권력의 오만과 인간 운명의 변화를 반복적으로 보여주며, 그리스와 타문화에 대한 비교 서술로써 문화적 상대주의 시각을 드러냅니다. 역사를 권선징악의 교훈적 맥락 속에 제시했다는 점에서, 후대 역사학의 출발점이자 고대 세계를 이해하는 귀중한 자료로 평가받게 되었지요. 서양 고대 역사를 이해하는 총서로서 다양한 민족과 문화를 들여다보는 데 도움을 주지만, 방대한 분량과 복잡한 서술 구조 탓에, 독자에게 적잖은 인내를 요구하는 책이기도 합니다.

헤로도토스는 그리스인뿐 아니라 이집트, 페르시아, 스키타이 등 다양한 민족의 풍습·종교·정치 제도를 소개하면서, 때로는 신비화하거나 과장되었을지라도 다른 문화를 존중하고 이해하려는 태도를 보였습니다. 이는 역사를 기록하는 행위가 공동체 정체성과 인간 존재의 증거를 지키는 길임을 보여줍니다. "망각은 곧 소멸이다"라는 말처럼, 그는 기억하지 않으면 사라진다는 진리를 누구보다 먼저 깨달았던 것이지요.

전쟁의 승패를 신의 뜻이나 운명으로만 설명하지 않았다는 점도 눈여겨볼 대목입니다. 그는 인간의 오만hybris, 지혜, 선택이 중요한 역할을 한다고 보았지요. 크로이소스 왕은 자신의 부와 권력을 맹신하다 몰락했고, 크세르크세스는 무리한 야욕으로 파멸을 맞았습니다. 오늘날에도 우리는 권력의 오만이 파멸을 낳는 광경을 종종 보게 됩니다. 역사는 반복되는 것이지요. 결국 인간의 선택이 역사를 만들어간다는, 너무나 당연하지만 잊기 쉬운 진리를 상기시켜주고 있습니다.

헤로도토스를 한마디로 정리하자면, 역사를 통해 인간 삶의 교훈을 전하려 한 역사 이야기꾼storyteller이었습니다. 오늘날에도 우리는 역사를 이야기로 풀어내며, 그 속에서 다양한 교훈을 얻고 미래의 길을 모색합니다. 역사는 바로 우리 이웃의 이야기이자 나의 선택에 관한 이야기이기 때문입니다. 이렇듯 역사학과 문학, 저널리즘이 만나는 지점에서 그는 역사의 효용을 개척한 선구자였습니다.

서양 고대 역사를 이해하는 총서로 다양한 민족의 이야기와 문화를 담았습니다. 물론 독자에게는 다소 인내를 요구합니다.

고전 격차

02

인간의 운명을 기록한 고독한 역사가

사마천, 『사기열전』

『사기열전史記列傳』은 중국 한漢나라 사마천이 저술한 『사기史記』의 한 부분으로, 인물 중심의 전기傳記 형식으로 구성된 작품입니다. 『사기』는 본기·표·서·세가·열전의 다섯 부분으로 이루어져 있는데, 이 중 열전은 70편에 달하며 제후, 장수, 학자, 유협, 상인, 모사 등 다양한 계층의 인물들을 다루었습니다. 역사적 사실뿐 아니라 인간 군상의 모습까지 생생하게 드러내고 있지요.

그는 권력자나 제왕만 기록한 것이 아니라, 사회적으로 주목받지 못한 인물이나 실패한 이들까지 조명했습니다. 특히 「백

이열전」, 「자객열전」, 「상군열전」, 「진섭세가」 등이 유명한데요. 이 속에는 충절, 지혜, 의협심, 권모술수 등 인간의 다양한 덕성과 한계가 담겨 있습니다. 궁형의 치욕 속에서 홀로 역사를 지켜낸 불굴의 의지로 이 책을 완성했기에, 열전은 인간의 고통과 영광을 아우르는 깊은 통찰을 보여주게 되었지요.

'인물 열전'이라 불릴 만큼 다양한 인물들을 다룬 까닭은 무엇일까요? 역사가 어떤 인물과 결합하느냐에 따라 국가와 민족의 운명이 달라질 수 있기 때문입니다. 연대기 기록만으로는 보이지 않던 역사의 흐름이, 인물의 성격·선택·운명을 통해 입체적으로 드러나게 되지요. 왕과 장군뿐 아니라 상인, 학자, 협객, 심지어 범죄자까지 다양한 계층의 인물을 다룬 것도 그런 이유에서입니다. 역사란 특정 권력자의 업적만이 아니라, 다양한 인간들의 삶과 선택이 얽혀 만들어진 집합체라는 사실을 보여주고 있는 것입니다.

진나라를 세운 상앙의 개혁, 초한전쟁을 승리로 이끈 한신의 전략, 흉노와의 외교를 담당한 소무의 신념이 대표적입니다. 이들이 역사의 분기점에서 어떤 판단을 내렸는지, 그 선택이 국가의 운명을 어떻게 바꿔놓았는지 열전은 생생히 기록하고 있습니다.

사마천은 인물의 업적과 함께 실수와 한계도 숨김없이 기록했습니다. 성공만큼 실패와 좌절에서 배우는 가치가 크다는 것이지요. 특히 굴욕을 딛고 뜻을 이루는 과정은 불확실성과 경쟁이 심한 오늘날에도 유효한 생존 전략입니다.

실제로 그의 삶 자체가 기록자가 가져야 할 사실에 대한 집념과 진실을 남기는 용기를 보여줍니다. 한 무제의 치세를 살았지만, 황제의 과오도 기록했고, 이릉 장군을 변호하다가 궁형을 당하기도 했습니다. 그럼에도 붓을 놓지 않았던 건, 진실한 기록이야말로 후대를 위한 최고의 유산이라 믿었기 때문입니다. 참으로 고독한 역사가의 삶이 아닐 수 없습니다.

『사기열전』 속 인물들은 종종 정의와 이익, 충절과 생존 사이에서 갈등합니다. 오늘날 정치, 국제 관계에서 맞닥뜨리는 도덕적 딜레마와 묘하게 닮았지요. 흥미로운 건 사마천이 정답을 강요하지 않는다는 겁니다. 역사 속 인물들이 왜 그런 결정을 내렸는지 이해할 여지를 남겨둔 것이지요.

단순히 전기를 나열한 것이 아니라, 인물의 성격, 행동 패턴, 관계, 시대적 배경을 종합적으로 분석했다는 의미입니다. 리더십 연구, 조직 심리학, 경영 전략 등 다양한 현대 분야에서 사람을 읽는 안목을 기르는 자료가 될 수 있는 이유입니다. 일례로 한신의 치욕적인 '과하지욕跨下之辱' 일화는 단순한 인내의 미덕이 아니라, 큰 뜻을 품은 자가 어떻게 순간의 자존심을 조절하는지 보여주는 전략적 사고의 본보기라 할 수 있습니다.

위대한 역사는 거대한 제도나 사건 이전에 사람의 선택과 의지에서 비롯됩니다. 사람을 이해하지 못하면 역사를, 그리고 미래를 읽을 수 없다는 통찰은 정치, 기업, 교육, 미디어 등 모든 영역에서 여전히 살아 있는 가르침입니다. 사마천은 개인으로서는 고독의 삶을 살았을지 몰라도, 그의 사관史觀은 동양 역사서술의 전범典範이 되어 이후 『한서』 등 중국 정사正史의 모범이 되었습니다.

인물 열전이라 불릴 만큼 다양한 인물을 다루는 책입니다. 역사는 어떤 인물과 만나느냐에 따라 운명이 달라지니까요.

고전 격차

03

문명은 도전과 응전으로 발전한다

아널드 토인비, 『역사의 연구』

아널드 토인비가 쓴 『역사의 연구』는 문명의 흥망성쇠를 분석한 대작입니다. 20세기 역사학자가 남긴 이 거대한 서사는 세계사를 하나의 직선적 발전 과정으로 보지 않았습니다. 대신 개별 문명들이 저마다 탄생하고, 성장하며, 위기를 맞고, 결국 쇠퇴해 가는 과정을 비교하며 개별적으로 연구했지요.

그가 주목한 것은 문명이란 결국 사회가 마주한 도전에 어떻게 응답하느냐, 그 창조적 대응의 산물이라는 점입니다. 환경적 재난이든 사회적 갈등이든, 문명은 도전에 창의적으로 대응할 때 발전했고, 실패할 때는 쇠퇴의 길로 접어들었습니다. 단순히 외부 요인만을 탓하지 않았다는 얘기지요. 토인비에게 문명이란 도전과 응전의 연속이었고, 주변 문명과의 상호작용 속에서 발휘되는 내부의 도덕적·정신적 활력이야말로 운명을 가르는 열쇠였습니다.

문명의 생성에서 발전, 그리고 쇠퇴에 이르는 원리를 깊이 연구한 끝에 그가 창안한 개념이 바로 '도전과 응전'이었습니다. 단순한 역사가에 머물지 않고 자신만의 지성과 통찰로 시대를 읽어내는 비평가로 거듭난 것이지요. 특히 주목할 대목이 있습니다. 토인비는 문명이 무너지는 원인을 외부 침략보다 내부에서 찾았습니다. 엘리트 계층의 정신적 타락, 지도력의 상실이 진짜 문제였다는 것입니다. 문명이 쇠퇴한 뒤에도 그 잔재는 후속 문명에 문화적 영향을 끼치게 마련입니다.

실제로 그는 역사를 단순한 사실 나열로 보지 않았습니다. 인간 사회가 맞닥뜨린 문제 앞에 역사 속 인간들이 행한 창조적 응전과 그에 따른 '도덕적 책임'이 얼마나 중요한지 거듭 강조했지요.

이런 관점은 그가 한국의 효 문화를 접하고 난 뒤 보인 반응에서도 드러납니다. 86세의 토인비는 한국의 효와 경로사상에 대한 설명을 듣고 "인류를 위해 가장 필요한 사상"이라는 언급을 했다고 전해집니다.

그런데 정작 오늘날 우리는 어떠한가요? 세대 간, 성별 간 갈등이 심화되고, 효와 공경의 가치는 낡은 것으로 치부되기 일쑤입니다. 토인비가 높이 평가한 우리의 정신적 자산을 우리 스스로 부정하고 있는 건 아닌지 되돌아보게 됩니다. 물질적으로는 풍요로워졌지만 사회 각 층의 도덕적 기반이 무너져 가는 모습은, 그가 경고했던 문명 쇠퇴의 징후와 묘하게 닮아 있지 않나요?

토인비가 살았던 시대와 지금의 시대 사이엔 거의 백 년 가까운 시간이 흘렀습니다. 그럼에도 그가 남긴 통찰은 곱씹어볼 대목이 많습니다.

먼저 도전과 응전이라는 관점을 돌아볼 필요가 있습니다. 앞서 문명의 성패를 가르는 건 침략이나 기후 변화 같은 외부 요인이 아니라, 도전에 어떻게 응전했느냐는 내적 역량에 달려 있다고 했지요. 지금 인류는 생명공학, 우주공학, 인공지능 등전 분야에 걸쳐 앞서 경험하지 못한 거대한 도전 앞에 서 있습니다. 어떤 응전을 선택하느냐에 따라 문명의 미래가 달라질 수 있다는 그의 경고는 지금 더 크게 울리고 있습니다.

다음으로 다문화적 시각입니다. 그는 서구 중심의 역사관을 비판하며 세계 여러 지역의 문명을 동등하게 분석하려 했습니다. 탈식민주의적 역사 인식과도 맞닿아 있는 대목입니다. 오늘날 다원적 세계 질서 속에서 다문화적 이해와 공존이 얼마나 절실한지 생각해 보면, 오히려 거꾸로 가는 요즘의 세태에 대해 토인비가 시대를 앞서 우려를 표명한 것이었는지도 모릅니다.

또 하나 눈여겨볼 대목은 창조적 소수creative minority에 관한 논의입니다. 문명이 무너질 때 그는 그 원인이 외부 침략이 아니라 내부의 무기력과 창조적 소수의 실패에 있다고 지적했습니다. 정치적 분열, 심화되는 불평등, 공동체 붕괴라는 현실 앞에 선 우리에게도 새로운 리더십과 연대, 창조적 상상력이 절실하게 필요한 시점이라 하겠습니다.

04

예술은 사회를 어떻게 반영하는가

아르놀트 하우저, 『문학과 예술의 사회사』

아르놀트 하우저의 『문학과 예술의 사회사』는 예술과 문학을 역사적·사회적 맥락 속에서 이해하고자 한 저작입니다. 그는 예술 작품과 문학을 단순히 미적 산물로만 바라보지 않았습니다. 그 시대 사회 구조, 계급 관계, 경제적 조건, 정치적 환경과 긴밀히 연결된 산물로 분석했지요.

예술의 본질을 들여다보면 결국 인간 삶을 노래한 것에 다름 아닙니다. 기쁨과 슬픔, 사랑과 미움, 희망과 절망 같은 인간의 감정과 경험이 예술 작품 안에 응축되어 있는 것이지요. 그래서 예술은 창작자가 살아가는 시대적 상황을 고스란히 반영하게 됩니다. 전쟁의 참혹함, 사회적 불평등, 권력의 횡포, 시민의 각성 같은 당대의 현실이 작품 속에 스며들 수밖에 없지요.

하우저가 주목한 건 바로 이 지점입니다. 예술은 시대를 담아내고, 그렇게 담긴 예술이 문화라는 그릇 속에서 다음 세대로 계승되며 발전해 나간다는 사실 말입니다. 그에 따르면 고전주의, 낭만주의, 바로크, 르네상스 등 각 시대의 예술과 문학은 당대 사회적 상황과 긴밀하게 맞물려 형성된 산물이며, 작가와 예술가 역시 사회적 요구와 관습 속에서 창작 활동을 수행하게 됩니다.

이러한 시각에서 그는 작품 속에 드러나는 계급적·경제적·문화적 모순을 탐구했습니다. 예술과 문학이 지극히 개인적인 이유로 창작된 것이 아니라, 사회 구조와 계급, 시대적 요구 속에서 태어난다고 본 까닭이지요. 그 증거로 시대마다 예술을 누리고 소비하는 집단이 달랐음을 하우저는 생생하게 보여주었습니다.

귀족과 성직자 중심의 예술에서, 부르주아 시민 계급의 후원을 거쳐 오늘날 대중문화에 이르기까지, 예술의 수용층은 끊임없이 변해왔습니다. 이러한 관점에서 보면 현대 대중문화, 특히 영화와 팝아트는 자본주의 소비사회 속 대중 계급의 요구를 충실히 반영하며, 과거 귀족 예술과 달리 상업적 생산·소비 구조 속에서 진화해 왔다고 할 수 있지요.

이처럼 예술은 결코 고립된 천재의 산물이 아니라, 사회 전체의 물질적·문화적 조건 하에서 태어나며, 오늘날 글로벌 미디어 시대에도 계급·경제 모순을 드러내는 거울 역할을 합니다. 따라서 예술사를 공부할 때도 단순히 사조의 변천을 외우기 보다, 그 뒤에 숨은 사회 변혁의 역동을 읽어낼 줄 알아야 합니다.

이를테면 하우저가 예술을 상부구조로 보면서도 경제적 기저구조의 결정론에 머무르지 않고, 예술가의 상대적 자율성과 계급투쟁의 역학을 섬세하게 탐구했던 것처럼 말입니다.

이런 점에서 그의 분석은 마르크스주의 예술사회학의 정수를 보여준다고 하겠습니다. 예술 운동이 단순히 스타일 변화가 아니라, 부르주아 혁명, 산업화, 제국주의 확장 같은 역사적 전환점에서 계급 간 문화 패권 다툼의 결과물임을 밝히면서, 형식과 내용의 사회적 조건을 체계적으로 연결짓지요. 예술을 '시대의 정신'이 아닌 물질적 실천의 장으로 재정의했다는 점에서 획기적입니다.

인간의 삶이 예술로 표현되고, 그 예술이 시대를 담아내며, 문화라는 그릇 속에서 후대로 이어지는 순환. 하우저의 『문학

과 예술의 사회사』는 예술과 문학을 사회사적 맥락에서 바라
본 첫 종합적 시도라는 점에서, 오늘날에도 문화산업의 비판적
이해, 예술의 대중화와 불평등 문제, 예술의 사회적 역할을 사
유하는 데 중요한 길잡이가 되고 있습니다.

05

야생의 사고와 문명의 경계에서

클로드 레비스트로스, 『슬픈 열대』

클로드 레비스트로스의 『슬픈 열대』는 1930년대 브라질 원주민 사회를 인류학적으로 탐험하고 연구한 경험을 바탕으로, 문명과 야만, 자연과 인간의 관계를 성찰한 기행문적 인류학 보고서입니다. 현장 보고서에 머무르지 않고 인간 존재와 문명, 자연에 대한 철학적 사유를 담았다는 점에서 인류학 저작의 지평을 넓혔다고 평가받지요.

레비스트로스는 브라질 아마존과 주변 지역을 여행하며, 토착민의 생활과 관습, 신화와 의례를 세밀하게 관찰했습니다. 여기서 주목할 점은 그가 단순히 외부 관찰자로 머물지 않았다는 사실입니다. 한 사회의 문화를 올바로 이해하려면 그 문화 속에 동화되어 그들의 삶을 직접 경험해야 한다고 믿었던 그는, 원주민과 함께 생활하며 그들의 시선으로 세상을 바라보았습니다. 이러한 체득의 방법론은 현대 문화인류학 연구에 새로운 전환점을 마련했고, 문학적 깊이를 더한 그의 서술 방식에 힘입어 고전의 반열에 오를 수 있었습니다.

"나는 여행을 싫어한다."라는 역설적인 고백으로 시작하는 이 작품은, 타자를 보는 시선이 곧 나 자신을 보는 시선임을 보여줍니다. 저자는 인간과 자연의 관계, 문화적 다양성과 근대화의 문제를 깊이 탐구하며, 원주민 사회의 순수함과 삶의 의미를 통해 현대 문명의 허상을 비판적으로 성찰했습니다. 결국 『슬픈 열대』가 던지는 화두는, 문명의 이름으로 우리가 잃어버린 것은 무엇이며 진정한 인간다움이란 어디에 있는가 하는 물음이라 하겠습니다.

브라질 원주민 사회를 탐구하면서 레비스트로스는 야만이라 불리던 사회가 사실은 자연과의 균형 속에서 지혜롭게 살아가고 있다는 점을 포착했습니다. 반대로 서구 문명은 과학과 기술을 발전시켰지만, 자연 파괴와 인간 소외를 불러왔다는 점을 날카롭게 비판했지요. 기후변화와 생물다양성 감소로 몸살을 않는 현대사회를 보면서, 우리는 다시금 원주민의 생태적 지혜를 되돌아보게 됩니다.

식민지 개척과 근대화라는 이름으로 자행된 파괴를 슬픔과 회한 속에서 기록한 저자의 이야기를 따라가다 보면, 원주민 문화는 낙후된 것이 아니라 세계 문명사의 소중한 일부였다는 점을 깨닫게 됩니다. 이러한 통찰은 오늘날 탈식민주의 담론, 그리고 세계화가 초래하는 문화적 동질화 문제를 이해하는 데 여전히 유효합니다. 강대국의 논리가 약소국의 정체성을 억압하는 상황에서, 문화적 제국주의에 대한 경각심을 불러일으켜 주는 책입니다.

이렇듯 『슬픈 열대』는 서구 중심의 보편적 문명이라는 환상을 깨뜨리고, 다양한 문화가 나름의 질서와 의미를 지니고 있음을 역설합니다. 현대 다문화 사회에서 차이와 다양성을 존중하는 태도, 즉 문화 상대주의의 중요성을 다시 일깨워 주는 것이지요. 우리는 이 책을 통해 세계화 시대에 한쪽으로만 쏠린 기준이 얼마나 위험한지, 서로 다른 삶의 방식을 인정하는 것이 얼마나 소중한지를 깨닫게 됩니다.

국경의 구분이 무의미해진 세계화 시대, 인공지능이 인간을 대체해 가는 시대 앞에서 우리는 다시금 인간 존재의 본질을 물어야 하는 상황에 놓였습니다. 기술이 발달할수록 인간성이 퇴색하는 역설 속에서, 원주민의 삶이 간직했던 공동체성과 자연과 연대하는 태도는 잃어버린 가치를 되찾는 실마리가 될 수도 있지 않을까요?

레비스트로스의 『슬픈 열대』가 오늘날 우리에게 전하는 메시지는 여러 층위를 갖습니다. 환경 위기 앞에서는 생태적 성찰을, 다문화 갈등 속에서는 문화 다양성 존중을, 탈식민주의 담론에서는 비판적 시각을, 인간 소외 문제에서는 존재론적 물음을 제시하는 것이지요. 문명의 진보라는 이름 아래 우리가 놓치고 있는 것들을 성찰하게 만드는 이 책은, 여전히 현재진행형의 문명 비판서로서 살아 숨쉬고 있습니다.

06

역사는 과거와 현재의 끊임없는 대화

E. H. 카, 『역사란 무엇인가』

영국의 역사학자 E. H. 카가 1961년 케임브리지 대학에서 진행한 강연을 엮은 『역사란 무엇인가』는 역사학의 본질과 방법을 성찰한 고전적 저작입니다. "역사란 과거와 현재의 끊임없는 대화"라는 명제로 널리 알려진 이 책은, 역사 연구가 단순히 과거의 사실을 기록하는 작업이 아님을 일깨워줍니다. 역사가가 수집한 사실은 그 자체로 의미를 갖는 게 아니라, 역사가의 문제의식과 해석을 통해 비로소 역사적 의미를 획득하게 된다는 겁니다.

당시 지배적이던 실증주의적 역사관, 즉 역사가 객관적 사실의 집합이라는 견해를 정면으로 비판하며, 카는 역사를 과거의 사실과 현재의 해석이 상호 작용하는 산물로 바라보았습니다. 역사가는 과거의 모든 사실을 다 기록할 수 없고, 또 그럴 필요도 없지요. 선택과 해석을 통해 과거를 현재적 의미 속에 재구성하는 것, 그것이 역사가의 역할이라는 주장입니다.

카는 역사 발전을 우연적 사건의 나열로 보지 않았습니다. 역사는 사회적·경제적 맥락 속에서 이해되어야 하며, 개인의 우연한 행위보다는 구조적 흐름에 주목해야 한다고 보았지요. 이런 관점에서 그는 마르크스주의적 역사 이해에 긍정적인 태도를 보이기도 했습니다. 물론 교조적 마르크스주의를 따른 건 아니었습니다. 역사를 고정된 진리가 아닌 끊임없이 변화하는 과정으로 이해했고, 따라서 역사 인식은 시대적 상황, 사회적 조건, 연구자의 관점에 따라 달라질 수밖에 없다고 보았던 것이지요.

그런 관점에서 카는 역사가가 완전히 객관적일 수는 없다고 본 것입니다. 누구나 자신이 속한 사회와 가치 속에서 사실을 바라보기 때문이지요. 현대 사회에서 역사 논쟁, 예컨대 식민지사 해석, 전쟁 기억, 민주화 운동 평가 같은 문제는 바로 이런 관점 차이에서 비롯됩니다. 서로 다른 역사 인식이 충돌할 때,

우리는 상대의 관점을 무조건 틀렸다고 배척하기보다 그 해석
이 나온 맥락을 이해하려는 노력을 기울여야 합니다. 이것이
카가 말한 역사적 서술의 주관성을 성찰하는 길이겠지요.

카가 제시한 또 다른 중요한 통찰은 '사실의 선택 과정'입니
다. 무한한 과거 사실 중에서 역사가가 현재의 문제의식에 맞
는 사실을 선택하고 배열하는 행위 자체가 역사 창작의 본질이
라는 것이지요. 예컨대 같은 나폴레옹 전쟁을 프랑스인과 영국
인 역사가가 다르게 서술하는 것은 단순한 편향이 아니라, 각
자의 현재적 맥락에서 과거를 재구성하는 필연적 결과입니다.
이런 관점에서 역사는 고정된 진실의 보고가 아니라, 시대마다
새롭게 태어나는 살아있는 서사라는 점을 깨닫게 됩니다.

과거와 현재의 대화라는 개념은 더욱 흥미롭습니다. 카에 따
르면 오늘날 기후위기나 부의 양극화와 같은 사회적 불평등, 여
전히 계속되는 전쟁의 위협과 같은 현안도 과거의 역사적 맥락
속에서 새롭게 해석되어야 하는 부분입니다. 예를 들어, 과거 제
국주의 시대의 착취 구조를 돌아볼 때, 현대 지구촌 사회가 직
면한 불평등 구조가 더 선명하게 보이는 것처럼 말이지요.

"역사를 잊은 민족에게 미래는 없다"라는 말이 있습니다. 과
거를 외면하거나 왜곡하는 사회는 같은 실수를 되풀이할 수밖

에 없다는 경고지요. 카가 강조한 역사의 본질도 여기에 닿아 있습니다. 과거를 직시하고 그 의미를 현재 속에서 되새길 때, 우리는 비로소 미래로 나아갈 방향을 찾을 수 있습니다. 역사를 공부하는 것은 단순히 기록을 읽는 것에 그치지 않고, 과거에서 배우고 현재를 성찰하며, 미래를 준비하는 살아 있는 과정이기 때문이지요.

역사는 과거와 현재의 끝임없는 대화입니다. 고정된 진실이 아닌, 시대마다 새롭게 태어나는 살아 있는 서사지요.

고전 격차

07

미디어가 인간의 감각을 확장한다

마셜 맥루한, 『미디어의 이해』

마셜 맥루한의 『미디어의 이해』는 1964년에 출간된 저작으로, "매체가 메시지다The medium is the message"라는 핵심 명제를 중심에 놓고 인간 사회와 문화에서 미디어가 갖는 근본적 영향을 탐구했습니다.

맥루한은 미디어를 단순한 정보 전달 수단으로 보지 않았습니다. 인간의 지각과 사고방식, 나아가 사회 구조와 생활 양식 자체를 변화시키는 힘으로 파악한 것이지요. 그는 인쇄술, 전기 통신, 텔레비전 등으로 이어지는 미디어의 역사적 변화를 분석하면서, 각 매체가 사회적 상호작용과 인간 의식을 어떻게 재편하는지 보여주었습니다.

일례로 인쇄술은 개인주의적 사고와 선형적 시간 의식을 강화했으며, 전자 미디어는 즉시성과 총체적 지각을 확대하여 지구촌Global Village을 형성한다고 설명했지요. 매체를 핫Hot과 쿨Cool로 구분한 것도 흥미롭습니다. 뜨거운 매체는 고해상도의 몰입적 경험을 제공하는 영화나 라디오, 인쇄물을 가리키고, 차가운 매체는 낮은 해상도로 수용자의 적극적 참여를 요구하는 전화나 텔레비전을 뜻합니다. 전자가 이미 완성된 밀도를 가졌다면, 후자는 공백이 많아 참여자가 적극 참여해야 한다는 특징이 있습니다.

현대 사회에서 미디어의 힘을 부정하는 사람은 아무도 없을 것입니다. 미디어의 내용도 중요하지만, 오늘날 MZ 세대에게는 미디어의 형식 자체가 매우 중요합니다. 같은 정보라도 책으로 접하는 것과 유튜브 숏츠나 틱톡, 인스타그램 릴스로 접하는 것은 완전히 다른 경험이거든요. 짧은 영상 하나가 순식간에 수백만 명에게 퍼지고, 그 파급력은 두꺼운 책 한 권보다 훨씬 클 수 있습니다. 맥루한이 말한 '매체가 메시지다'라는 명제가 지금처럼 실감나는 시대도 없을 겁니다.

맥루한이 본 매체의 핵심은 내용이 아니라 매체 그 자체입니다. 매체 자체가 인간의 지각과 사고, 사회 구조를 바꾸는 힘을 지닌다는 통찰 말이지요. 오늘날 스마트폰, SNS, 유튜브 같은 플랫폼을 생각해보면 이 말이 실감납니다. 이 플랫폼들은 정보를 전달하는 도구에 머무르지 않고, 사람들의 사고방식과 소통 방식, 사회관계 자체를 새롭게 형성하고 있습니다. 관계는 더 수평적이 되었고, 넓지만 깊이는 더 얕아졌지요.

미디어를 인간 감각과 능력의 확장으로 본 관점도 주목할 만합니다. 문자는 기억을, 인쇄술은 시각을, 전자매체는 청각을 확장했다는 분석이지요. 이 시각으로 보면 오늘날 인공지능, 가상현실, 웨어러블 기기 등은 인간의 사고와 감각을 극적으로 확장하고 있습니다. 다만 여기서 기술 의존과 인간성의 변화라는 문제가 동시에 제기되지요.

매체를 수용자의 몰입 정도에 따라 구분한 분석 역시 탁월합니다. 디지털 미디어는 참여성과 상호작용을 강화해, 관객을 단순 소비자가 아니라 콘텐츠 생산자, 이른바 프로슈머prosumer로 변화시키고 있습니다. 맥루한이 제시한 차가운 매체의 특성이 디지털 시대에 더욱 확장되고 있다고 할 수 있지요.

그가 예견한 지구촌 개념도 실현되었습니다. 전자매체가 인류를 하나의 거대한 공동체처럼 연결할 것이라던 그의 전망은,

인터넷과 SNS를 통해 현실이 되었거든요. 다만 빛만 있는 건 아닙니다. 미디어의 온도는 낮아졌지만 가짜 뉴스와 문화 충돌, 혐오 확산 같은 부정적 결과도 함께 나타났습니다. 그의 통찰은 오늘날 네트워크 사회의 빛과 그늘을 동시에 보여줍니다.

결국 디지털 플랫폼은 인간 사회 구조 자체를 재구성하게 될 것입니다. 그렇기에 우리는 미디어를 비판적으로 이해하고, 매체가 사회와 인간을 어떻게 변형하는가를 끊임없이 성찰해야 합니다. 기술과 미디어가 바꾸는 현대 사회의 문제를 바라보는 깨어있는 시각으로, 또 디지털 사회와 네트워크 문화, 인공지능 시대를 해석하는 유용한 렌즈로『미디어의 이해』는 반드시 곁에 두고 탐독해야 할 고전입니다.

당신이 주로 소비하는 미디어의 온도는 최근 올라갔나요 내려갔나요? 우리가 미처 인식하지 못하는 위험성은 없을까요?

08

규율과 통제로 만들어진 근대 사회

미셸 푸코, 『감시와 처벌』

미셸 푸코의 『감시와 처벌』은 서구 사회의 형벌 제도가 고문과 공개 처형 중심에서 교정·감시 체계로 변화한 과정을 분석한 저서입니다. 니체가 비판했던 감시하고 처벌하는 감옥 문명에 대한 문제의식을 이어받아, 푸코는 우리가 일상적으로 부딪히는 규율이나 규범을 미시적 권력 현상으로 규정했습니다. 그리고 그 유래와 생성 과정을 감옥을 구심점으로 하여 역사적으로 서술하고 철학적으로 사유하면서, 규율 사회 속에서 자유를 어떻게 조화시킬 것인가라는 과제를 남긴 명저라 하겠습니다.

중세와 근대 초기, 형벌은 공개 처형이나 고문처럼 신체를 직접 해하는 가시적 폭력의 형태였습니다. 18세기까지만 해도 범죄자를 신체적 고통과 공개 처벌로 통제했지요. 군중이 모인 광장에서 벌어지는 잔혹한 형벌은 주권자의 권력을 과시하는 일종의 정치적 의식이었습니다.

그런데 근대에 들어서면서 형벌의 방식이 근본적으로 바뀝니다. 인간의 몸을 직접 해하기보다 규율과 감시를 통해 길들이고 통제하는 방식이 자리 잡은 것이지요. 육체적 고통 대신 감옥이나 규율, 시간 통제와 같은 보이지 않는 권력이 등장했습니다. 학교, 군대, 병원, 공장 등 사회 제도 전반이 감옥과 유사한 감시·훈련 시스템을 갖추게 되면서, 사람을 순응적인 주체로 만드는 규율 사회가 형성된 것입니다.

변화의 핵심은 권력이 행사되는 방식에 있었습니다. 이전의 권력이 주권자의 힘을 폭력적으로 과시하는 형태였다면, 근대 권력은 눈에 보이지 않게 사회 전반에 스며들어 일상과 습관 속에서 작동하는 규율 권력으로 전환된 것이지요. 푸코는 이러한 전환을 판옵티콘Panopticon의 이미지로 설명했습니다.

판옵티콘은 18세기 말 제러미 벤담이 설계한 원형 감옥에서 착안한 개념입니다. 중앙의 감시탑에서 모든 수감자를 볼 수 있으나, 수감자는 자신이 실제로 감시당하는지 알 수 없게 설계되어 있지요. 언제든지 감시받을 수 있다는 인식만으로 수감자가 스스로 행동을 통제하게 만드는 구조입니다. 감시가 이제는 효율적이면서도 내면화된 권력 작용을 상징하는 셈이지요. 사람들은 감시자가 실제로 자신을 보고 있지 않더라도, 자신을 감시하는 내면화된 통제 상태에 들어가게 됩니다.

이러한 감시 원리는 교도소뿐 아니라 학교, 병원, 군대, 공장 등 다양한 제도 속에 확산하며 근대 사회를 규율 사회로 만들었습니다. 마치 출근 시간, 업무 평가, 성적 관리, 헬스케어 앱처럼 우리 일상의 곳곳에 규율 권력이 스며들어 있지요. 푸코가 말하는 미시 권력이란 바로 이런 것입니다. 거대한 국가 권력이 아니라, 일상 속 작은 규범과 규율들이 우리를 끊임없이 감시하고 길들이는 현상 말이지요.

푸코는 근대적 처벌이 실은 인도적 발전의 결과가 아니라, 권력이 더 정교하고 은밀하게 개인을 통제하는 체제로 진화한 것임을 비판적으로 드러냈습니다. 그가 밝히고자 한 것은 바로 권력과 지식의 결합, 그리고 사회 속 규율 메커니즘의 은폐된 작동 방식이었습니다.

실제로 CCTV나 위치 추적 앱, SNS 활동 검열 등 디지털 시대의 보이지 않는 감시는 현대판 판옵티콘이라 할 수 있습니다. 사람들은 감시를 의식해 스스로 행동을 조절하게 되지요. 어디 그뿐인가요? 기술이 발달할수록 규율 권력의 정교함도 함께 증가합니다. 이미 알고리즘은 우리의 취향과 행동을 분석하고, 빅데이터는 예측 가능한 소비자로 우리를 재구성하고 있습니다. 온라인 쇼핑 기록, 검색 이력, 클릭 패턴까지 모든 것이 데이터로 축적되고 분석되면서, 우리는 알게 모르게 특정한 방향으로 유도됩니다. 이런 환경 속에서 푸코의 분석은 중요한 질문을 던집니다.

"감시 사회 속에서 어떻게 자유를 지킬 것인가? 우리는 스스로를 감시하며, 길들여진 존재로 살아갈 것인가? 아니면 권력의 작동 방식을 인식하고, 비판적 주체로 남을 것인가?"

VIII　한국적 사유의 맥락
― 전통과 현대의 대화

01

신화와 역사 사이에서
민족의 뿌리를 찾다

일연, 『삼국유사』

우리는 지금까지 인류 사유의 긴 여정을 함께 걸어왔습니다. 고대 그리스와 로마에서 출발해, 유럽의 철학과 정치사상을 거쳐, 과학혁명과 역사의 변천을 목격했지요. 이 모든 것들은 인간과 세계를 이해하는 보편적 지혜들이었습니다.

그런데 생각해보면, 이 여정에는 한 가지 중요한 목소리가 빠져 있습니다. 바로 우리 자신의 이야기 말입니다. 우리는 서양의 고전을 통해 인간을 이해해 왔지만, 정작 이 땅에서 살아온 사람들은 어떤 질문을 던졌고, 어떤 답을 찾았을까요?

한국 사회는 오랫동안 서구 중심의 보편 담론 속에서 자신의

한국적 사유의 맥락

전통을 낯설게 여기거나 주변부로 밀어두는 경향이 있었습니다. 하지만 우리의 사유 역시 인간과 세계를 이해하는 독특하고 깊이 있는 지혜를 담고 있습니다. 서구의 보편성과 한국의 특수성이 대립하는 게 아니라, 서로 대화하며 풍성해질 수 있다는 것을 우리는 알아야 하겠습니다.

이제 우리는 한국적 사유의 맥락으로 들어갑니다. 이 땅에서 살아온 선조들이 남긴 생각과 이야기, 전통과 근대가 만나며 빚어낸 지적 유산을 살펴보는 것이지요. 그 첫 길잡이는 일연의 『삼국유사』입니다.

『삼국유사三國遺事』는 고려 후기 승려 일연一然이 집필한 역사서로, 『삼국사기』가 다루지 못한 고대의 전설, 신화, 불교 관련 기록을 모아 편찬한 책입니다. 총 5권 9편으로 구성되어 있으며, 단군 신화를 비롯한 건국 설화, 영웅 이야기, 불교 전래와 고승들의 행적, 그리고 민간 설화와 같은 기이한 이야기들을 담고 있습니다.

『삼국유사』의 특징은 정사正史가 아닌 야사野史적 성격을 지니면서도, 우리 고대사의 문화와 사상, 신앙을 풍부하게 전해 준다는 점입니다. 특히 단군 신화는 민족의 기원을 밝히는 중요한 기록으로, 우리 민족의 자주적 정체성을 드러내지요. 또한 불교적 색채가 강하여, 불교가 삼국 사회에 뿌리내리고 전파되는 과정, 고승들의 전기, 불탑과 사찰의 기원 등이 상세히 기록되어 있습니다.

일연은 사실을 나열하는 데 그치지 않고, 설화를 통해 도덕적 교훈과 불교적 세계관을 전달하려 했습니다. 신화와 전설, 민속자료를 풍부하게 담아 한국 고대사의 공백을 메우는 귀중한 사료를 완성했지요. 덕분에 문학적 상상력과 종교적 신앙이 결합한 독특한 역사서로 자리매김할 수 있었습니다. 『삼국사기』가 정치 중심의 정사正史라면, 『삼국유사』는 민간전승과 불교적 세계관, 지역 문화와 설화를 아우른 이야기꾼으로서의 역사라는 점에서 독창적 가치를 지닙니다.

이 책에 등장하는 단군 신화, 연오랑·세오녀, 미륵 신앙, 향가 등의 이야기는 우리 민족의 정체성과 세계관을 형성한 뿌리입니다. 현대 콘텐츠 산업에서도 영화·게임·웹툰의 창작 원천이 되고 있으며, 한류 문화의 고유성과 스토리텔링 자산을 제공합니다. 우리가 넷플릭스로 무심히 즐기는 판타지 세계관 속에도 『삼국유사』의 상상력이 녹아 있다는 점을 떠올려보면, 고전이란 결코 박제된 과거가 아님을 다시 깨닫게 됩니다.

한 나라의 역사는 권력자의 기록만이 아니라, 민중이 기억하고 전해 온 이야기 속에도 살아 숨 쉰다는 것. 그 이야기는 우리의 뿌리이자 미래를 만드는 힘이라는 것. 역사 보존, 문화 창의성, 다양성 존중의 철학과 직결되는 이 통찰은, 지금 이 순간에도 우리에게 질문을 던집니다. "당신은 어떤 이야기를 기억하고, 전할 것인가?"

일연의 삼국유사는 사실과 전설을 함께 품었습니다. 역사는 연대기만이 아니라 이야기와 정신의 총합이기 때문입니다.

고전 격차

02

시가로 읽는 한국인의 정서

『고전 시가 선집』

『고전 시가 선집』은 한국문학의 뿌리를 이루는 대표적 시가들을 모아 엮은 책입니다. 현재 다양한 판본으로 출간되어 있으며, 책은 단독 저작이 아닌 선집 형태로 고대부터 고려 말기까지 다양한 시대의 시조, 가사, 향가, 속요 등을 아우르며, 자연과 인간, 사랑과 풍류, 사회적 감정을 주제로 민족 정서를 드러내고 있습니다. 한국적 감수성을 이해하는 데 이보다 중요한 자료도 드물 것입니다.

신라 시대 향가는 주로 종교적·의례적 성격이 강했지만, 「서동요」처럼 서민적 이야기와 감정을 노래하기도 했지요. 고려가사와 시조는 개인적 감정과 자연관을 정제된 언어로 표현했습니다. 전반적으로 유교적 도덕관과 자연 친화적 세계관이 결합된 형태를 띱니다.

시조는 3장 구조로 구성되어 인간의 희로애락과 자연의 아름다움을 절제된 형태로 드러냅니다. 가사는 길게 이어지는 서사적 형식으로 역사적 사건, 사회적 문제, 개인적 체험을 포괄하지요. 속요는 민간에서 구전되며 서민의 생활과 감정을 자유롭게 표현한 노래로, 단순하면서도 리듬감 있는 언어가 사람들의 공감을 이끌어 냅니다.

『고전 시가 선집』을 현대적 관점에서 살펴보면 다음과 같은 의미를 발견할 수 있습니다. 먼저 우리 조상들의 생활 모습, 사고방식, 미의식이 그대로 담겨 있어 민족의 정체성을 확인하고 문화적 자긍심을 높여준다는 점입니다. 한글 이전의 향찰·한문 표기나, 한글 창제 이후의 시조와 가사를 통해 언어 발달사와 표현 방식의 변화를 생생히 느낄 수 있다는 점은 덤이지요.

사랑, 이별, 자연 예찬, 삶의 덧없음 등 인간의 근본적 감정은 시대를 초월합니다. 「서경별곡」의 그리움, 「청산별곡」이 노래한 삶의 고통, 「관동별곡」이 그린 자연의 아름다움은 오늘날에도 공감과 위안을 주고 있습니다. 뉴미디어 속에서 빠르게 소비되는 감정들과 달리, 고전 시가는 천천히 곱씹어 읽을수록 깊은 여운을 남기지요.

고전 시가 속에서 묘사되는 자연은 마치 인간과 한 몸인 것처럼 느껴질 정도로 조화롭게 어우러지는 모습을 보입니다. 서구의 관점에서 바라보는 자연이 개발과 정복의 대상인 점과는 확연히 구분되는 지점이라고 하겠습니다. 「관동별곡」에서 정철이 금강산과 동해의 경관을 노래할 때, 자연은 정복의 대상이 아닌 경외와 조화의 대상이었습니다.

반복, 대조, 설의, 음률감 등 고전 시가의 표현 기법은 현대 시 창작에도 유용합니다. 시조의 절제된 3장 구조, 고려가요의 후렴과 반복미, 서사적이면서도 동시에 서정성을 품은 가사는 오늘날에도 많은 문학적 영감을 주고 있지요. 윤동주의 「서시」나 김소월의 「진달래꽃」에서 고전 시가의 울림을 발견할 수 있는 것도 이 때문일 겁니다.

빠른 콘텐츠 소비와 경쟁 문화에 지친 현대인에게, 고전 시가는 잠시나마 마음을 가다듬고 여유를 느낄 수 있는 시간을 선사합니다. 시 한 줄 속의 여백과 은유는 정신적 치유와 사유의 공간을 마련해 주지요. 황진이의 시조 「동짓달 기나긴 밤을」을 읽노라면, 기다림의 애틋함과 덧없는 시간이 마음속으로 스며

듭니다.

고전 시가는 우리의 뿌리를 깨닫게 하는 문화 교과서이자 현대적 삶에 지혜와 감성을 불어넣는 시의 샘이라 할 수 있습니다. 과거의 정서를 오늘의 언어로 재해석하고, 그 속에서 미래를 향한 삶의 길잡이를 찾는 것. 고전 시가 선집을 읽는 참된 가치가 바로 여기에 있습니다.

03

경敬과 의義로 완성하는 군자의 길

이황, 『퇴계문선』

『퇴계문선退溪文選』은 조선 중기의 대표적 성리학자 퇴계 이황(1501~1570)의 문집으로, 시·서書·제문·잡저 등 속에 그의 사상과 삶이 응축되어 있습니다. 이황의 학문은 경敬을 핵심으로 하여 인간의 마음과 도덕적 수양, 사회적 조화를 강조했습니다.

퇴계는 인간의 마음을 닦는 것을 학문의 출발점으로 삼았습니다. 『퇴계문선』 곳곳에서 드러나는 경敬의 사상은 자기 성찰과 더불어 단단한 마음가짐을 요구합니다. 마음을 다스려 본연의 순수함을 회복하고, 그 바탕 위에서 세상을 배우고 실천하는 것. 이것이야말로 퇴계가 말하는 진정한 학문의 길이었습니다.

그런데 오늘날 학문은 어떤가요? 입신양명과 출세를 위한 수단쯤으로 전락한 지 오래입니다. 좋은 직장, 높은 연봉, 사회적 지위를 얻기 위한 도구로 치부되는 것이 현실이지요. 명문대 입학과 스펙 쌓기에 몰두하는 학생들, 승진과 이직을 위해 자격증을 따는 직장인들. 이들에게 학문은 내면을 가꾸는 과정이 아니라 경쟁에서 이기기 위한 무기가 되어버렸습니다.

퇴계가 강조한 경敬의 태도와는 정반대의 풍경이라고 할까요? 퇴계에게 학문이란 자신의 인격을 완성하고 사람다움을 실현하는 평생의 과정이었습니다. 외부로 보여지는 성취와 경쟁 시스템에 길든 현대 사회에서는 이런 내적 성찰이 부족한 것이 사실이지요. 지식은 쌓이지만 지혜는 사라지고, 학력은 높아지지만 인격은 메말라가는 모순이 여기서 비롯됩니다.

이 책은 군신·부자·부부·형제·붕우의 오륜 관계를 강조하며, 사람 사이의 도리를 기반으로 조화로운 사회로 나아갈 것을 주문합니다. 개인주의와 디지털 관계가 지배하는 오늘날에도, 상호 존중과 신뢰라는 윤리는 여전히 공동체를 지탱하는 힘입니다. 여기서 퇴계는 관계 속에서 인격을 완성하는 삶을 가르치고 있는 것이지요. 온라인 소통이 일상화되고 직접적인 만남이 줄어드는 시대일수록, 진정성 있는 관계를 맺는다거나 타인을 배려할 줄 아는 태도가 더욱 절실해집니다.

산수와 자연을 사랑했던 퇴계는 자연 속에서 도덕적 성찰을 하며 삶의 위안을 찾았습니다. 도산서당에서 제자들을 가르치고, 계곡과 나무를 벗 삼아 시를 짓던 그의 삶은 자연과 인간이 하나로 어우러지는 조화를 보여줍니다. 자연을 지배하고 착취하는 대상이 아니라, 함께 살아가며 배워야 할 스승으로 여기는 그의 태도를 되살릴 수 있다면, 아마 현대 사회의 많은 문제가 해결될 수 있을 것입니다.

학문과 교육에 전념하며 후대 학자들의 학문적 토대를 마련한 퇴계는 여러 차례 조정의 부름을 받았지만 대부분 사양하고 학문 연구와 제자 양성에 몰두했지요. 이런 삶은 오늘날 지식인의 역할을 다시 생각하게 만듭니다. 진정한 지식인이란 높은 스펙을 자랑하며 끊임없이 자신의 가치를 높이는 사람이 아니라, 더 나은 공동체와 사회를 위해 고민을 거듭하고 올바른 가치를 전파하는 일에 헌신하는 사람일 것입니다. 권력과 명예에 휘둘리지 않고 진리를 추구하며, 다음 세대에 바른 길을 전하는 것. 그것이 진정한 지식인의 소명임을 퇴계는 몸소 증명했습니다.

지나친 개인주의와 경쟁 위주의 문화로 공동체의 가치가 무너지는 요즘, 그의 가르침을 이렇게 다시 되새겨 보면 어떨까요? "사람다움은 외면의 성취에 있는 것이 아니라, 꾸준히 자신을 성찰하고 타인과 더불어 조화롭게 살아가는 데 있다."

지금 우리가 학문을 대하는 태도는 어떤가요? 대학을 가고 학점을 따는 이유는 무엇인가요? 이황의 목소리에 귀를 기울여 볼 때입니다.

고전 격차

04

이理와 기氣의 조화로 세상을 보다

이이, 『율곡문선』

『율곡문선』은 조선 중기의 대학자 율곡 이이(1536~1584)가 남긴 문집입니다. 학문적 논문, 시문, 정치적 상소, 교육 관련 글 등이 담겨 있지요. 율곡은 성리학자로서의 사상뿐 아니라, 현실 정치와 교육 개혁에도 깊은 관심을 가졌으며, 실천적 학문을 지향했습니다. 따라서 그의 사상과 문집은 오늘날에도 시대를 비추는 지혜로 읽힙니다.

같은 시대 성리학자였던 퇴계 이황이 주로 심성 수양과 이론적 탐구에 집중했다면, 율곡은 학문이 도덕적 자기 수양에 머물러서는 안 되며, 정치·경제·군사·교육 등 현실 문제 해결로 이어져야 한다고 강조했습니다. 이러한 차이는 단순히 학풍의 차이가 아니라, 지식의 목적을 어디에 두느냐 하는 근본적 물음과 맞닿아 있습니다. 율곡에게 학문의 궁극적 목적은 백성의 삶을 개선하고 나라를 바로 세우는 데 있었거든요. 상아탑에 갇힌 지식이 아니라 현장과 호흡하는 지성의 역할을 강조했습니다.

이러한 관점은 지식이 추상적 이론에 머무르지 않고, 사회 문제 해결에 기여할 때 의미가 있다는 지금의 실용주의 정신과도 통합니다. 대학과 연구소에서 생산되는 지식이 현실과 동떨어진 채 논문으로만 남는 게 아니라, 사회적 불평등이나 청년 실업 같은 구체적 문제를 푸는 데 쓰여야 한다는 것이지요.

교육에 대한 율곡의 철학 또한 주목할 만합니다. 이이는 「학교모범」 등에서 교육 제도를 정비하고, 인재 양성을 국가 존립의 근본으로 삼았습니다. 그가 말한 인재란 올바른 인격과 실천적 역량을 두루 갖춘 존재였지요. 오늘날 교육이 입시 위주로 치우치고 공동체적 가치를 잃어가고 있는 상황에서, 율곡의 교육 철학은 여전히 큰 의미를 갖습니다.

십만양병설로 잘 알려진 율곡의 위기 대비 정신도 빼놓을 수 없지요. 그는 장차 닥칠 외세의 침입에 대비하기 위해 군비를 증강하고 자강에 나설 것을 강조했습니다. 실제로 율곡이 세상을 떠난 지 10여 년 후 임진왜란이 발발했고, 조선은 준비 부족으로 엄청난 피해를 입었지요. 율곡의 경고는 단순히 군사적 대비 태세만을 강조한 것이 아니라, 어떤 위기에도 흔들리지 않도록 개인과 사회가 스스로를 강건히 가다듬어야 한다는 교훈으로 확장됩니다. 오늘날 살얼음판을 걷는 것처럼 심화되는 국제적 갈등 속에서 위정자들이 미래를 대비하는 장기적 안목을 갖고, 책임 있는 정책을 수립해야 한다는 일침으로 읽히는 대목이기도 합니다.

정치에 관한 율곡의 생각은 지금 읽어도 신선하게 다가옵니다. 그에게 정치란 선善을 추구하는 일이었습니다. 임금은 덕으로 다스려야 하며, 신하는 간언을 두려워하지 말아야 하고, 정책은 백성의 삶을 실질적으로 개선하는 방향이어야 한다고 보았지요. 율곡이 본 정치의 본질은 정당의 권력 다툼이 아니라 도덕적 책임을 다하고 공동체적 가치를 지키는 것에 있었습니다. 오늘날 정치인들이 새겨들어야 할 지점이 바로 여기 있습니다. 선거 때마다 쏟아지는 공약들이 표를 얻기 위한 수단으로 전락하고, 정책은 정파적 이익에 따라 좌우되며, 국회는 대립과 갈등의 장으로 변질되는 모습을 보면서, 우리는 정치가 본래 무엇을 위해 존재하는지 되물어야 합니다.

율곡의 강조하는 바는 정치인이 자신의 이익이 아닌 공공선을 추구하고, 시민이 정치를 감시하고 참여하며, 사회 전체가 공정과 정의를 향해 나아갈 때 비로소 건강한 공동체가 만들어진다는 것입니다. 정치가 도덕적 책임으로 돌아갈 때, 비로소 신뢰는 회복되고 사회는 앞으로 나아갈 수 있습니다.

학문은 도덕적 수양을 넘어 현실 문제를 풀어야 합니다. 정치의 본질은 도덕적 책임입니다. 오늘날 정치인들이 새겨야 할 가르침입니다.

05

실학으로 백성을 이롭게 하다

정약용, 『다산문선』

조선의 대학자로 성리학에 퇴계와 율곡이 있다면 실학에는 다산 정약용이 있습니다. 『다산문선』은 정약용이 남긴 방대한 저술 중 핵심적 문장을 모은 선집으로, 그의 실학사상이 집약되어 있습니다. 18세기 말 조선 사회가 낡은 제도와 모순으로 신음할 때, 정약용은 500권이 넘는 저술을 통해 개혁의 청사진을 제시했지요. 그중에서도 『다산문선』은 그의 사상적 정수를 담은 글들을 현대적으로 엄선해 묶은 책이라 하겠습니다.

정약용은 학문을 공리공론이나 형식적 글쓰기에만 머물게 하지 않고, 백성의 삶을 개선하는 실천적 도구로 삼았습니다.

당대 주류 학문이던 성리학이 추상적 이론 논쟁에 빠져 있을 때, 그는 농업·토지·조세·형법 같은 현실 문제에 천착했습니다. 성리학적 도덕 규범을 공허한 이상에 머물게 하지 않고, 생활 속에서 실천 가능한 윤리로 구현하고자 한 거지요.

그는 또한 국가와 제도의 근본을 백성에게 두어야 한다는 민본주의를 일관되게 강조했습니다. 『목민심서』, 『경세유표』와 같은 저술 속 사상은 『다산문선』의 글에도 고스란히 스며 있지요. 탐관오리를 질타하고, 수령의 올바른 자세를 논하며, 백성이 편안해야 나라가 안정된다고 역설한 그의 목소리는 200년이 지난 지금도 생생히 울려 퍼집니다. 권력은 백성으로부터 나오며, 제도는 백성의 안녕을 위해 존재한다는 그의 확신은 오늘날 민주주의 사회의 기본 원리와도 정확히 맞닿아 있습니다. 공직자는 섬김의 자세를 잃지 말아야 하고, 정치와 행정은 국민을 위해 작동해야 한다는 원칙을 새삼 되새기게 합니다.

다산의 글은 도덕 규범을 추상적 이론에 머물지 않게 했다는 점에서 특히 주목할 만합니다. 관리가 지켜야 할 청렴의 덕목을 구체적으로 제시하고, 가족 관계에서 실천해야 할 효와 우애를 일상의 언어로 풀어냈지요. 탐욕을 경계하고, 청렴을 강조하며, 공동체적 윤리를 중시한 그의 사상은 물질만능주의가 팽배하고 개인주의가 극단으로 치달은 오늘날, 공동체를 회복하는 데 필요한 지침을 제공합니다.

실학자로서 법학·경제학·정치학·과학기술에 이르기까지 다양한 분야를 섭렵한 그는 수원 화성 설계에 참여하며 기중기 같은 기계 장치를 고안했고, 토지 제도 개혁안을 내놓으며 경제 구조를 파고들었으며, 형법 개정을 논하며 법률 체계를 정비하고자 했습니다. 인문학과 사회과학, 자연과학을 넘나든 그의 학문적 시야는 21세기적 의미에서 '통섭적 지식인'의 모델이라 할 수 있습니다. 한 분야만 파고드는 전문가가 아니라, 사회 전체를 조망하고 해법을 제시하는 지성인의 전형을 보여준 것입니다.

『다산문선』은 또한 지배 권력에 순응하기보다 인간의 존엄과 사회 정의를 지키려는 지적 투쟁의 기록이기도 합니다. 정약용은 유배지에서도 붓을 놓지 않았고, 권력의 부조리를 날카롭게 비판했으며, 약자의 편에 서서 목소리를 냈지요. 오늘날 각종 불평등과 권력 남용, 사회적 갈등 속에서 정의와 인간 존엄을 실현하기 위해 나서는 시민적 가치와도 직접 연결됩니다. 부당한 권위에 맞서 진실을 말하고, 소외된 이들의 권리를 옹호하는 데 힘쓰는 지식인의 책무를 그는 몸소 보여주었던 것입니다.

정약용의 『다산문선』은 실학적 실천 정신, 민본주의와 민주적 가치, 윤리와 인간성의 회복, 학문을 닦음에 있어 통섭적인 태도의 중요성 등 다양한 측면에서 지금도 많은 시사점을 제공합니다. 비단 현대 한국 사회뿐 아니라, 보편적 인류의 문제를 해결하기 위해 고민할 때 우리가 참고해야 할 여전히 살아 있는 지적 자산이라 할 수 있습니다.

도덕 규범은 이상이 아닌 현실 속에 구현되어야 한다는 다산의 가르침은 오늘날 더욱 깊게 다가옵니다.

06

꿈과 사랑, 한과 해학으로 엮은 이야기

『구운몽』,『춘향전』,『한중록』,『청구야담』

네 작품을 순서대로 살펴보겠습니다. 먼저 김만중의 『구운몽』은 조선 중기에 쓰인 소설로, 인간의 삶과 꿈, 현실과 허무를 철학적으로 탐구한 작품입니다. 주인공 성진은 청년 시절 꿈속에서 아홉 명의 여성과 사랑을 나누며 출세와 권력, 쾌락을 경험하게 됩니다. 꿈속에서 높은 관직에 오르고 부귀영화를 누리지만, 결국 모든 것이 허망함을 깨닫게 되지요. 깨어난 성진은 자신이 경험한 모든 것이 한바탕 꿈이었음을 알게 되고, 인생의 덧없음과 욕망의 무상함을 비로소 체득하게 됩니다.

작가는 인간이 탐닉하는 권력과 사랑, 재산이 본질적으로 허상임을 보여주며, 도교적·불교적 세계관 속에서 인생의 진정한 의미를 성찰하게 만듭니다. 꿈과 현실을 교차시키는 서사 구조와 섬세한 심리 묘사, 화려한 문체로 당시 문학적 성취를 보여주면서, 인간 존재의 무상함과 깨달음의 중요성을 강조하지요.

또한 아홉 여성과의 사랑 이야기를 섬세하게 그려내면서도 궁극적으로는 욕망의 허무를 깨닫게 하는 구조를 통해 독자들의 흥미를 자극하면서도 철학적 깊이를 잃지 않았다는 점에서 대중성과 깊이를 겸비한 작품이라고 하겠습니다.

물질적 성공과 사회적 지위를 향한 끝없는 경쟁 속에서, 우리는 종종 진정으로 중요한 가치가 무엇인지 잊곤 하지요. 성진이 꿈에서 깨어나듯, 우리도 삶의 본질을 돌아보는 성찰의 시간이 필요하지 않을까요?

다음으로 『춘향전』은 조선 시대를 배경으로 신분의 차이를 뛰어넘은 사랑과 의리를 중심에 놓은 고전 소설입니다. 남원 부잣집 아들 이몽룡과 기생 집 딸 춘향은 서로 사랑에 빠져 혼인을 약속하지만, 이몽룡이 서울로 과거를 보러 떠나면서 두 사람은 헤어지게 됩니다. 그 사이 변 사또가 부임해 춘향에게 불의를 강요하지만, 춘향은 신분과 권력에 굴하지 않고 굳건히 의리를 지켰지요. 많은 사람들이 잘 아는 이 고전적인 스토리는 마침내 이몽룡이 과거 급제 후 돌아와 변 사또를 처벌하고 춘향과 재회하는 장면으로 끝을 맺게 됩니다.

신분 제약 속에서도 진정한 사랑과 의리를 지키는 인간의 도덕적 가치를 강조하며, 한국 사회에서 강조되어 온, 권선징악의 교훈과 사랑의 아름다움을 동시에 보여주는 작품입니다. 춘향의 강인한 성격과 몽룡의 정의로운 모습, 그리고 민중적 언어와 풍자적 요소가 조화롭게 어우러져 민속적·문학적 가치를 높였지요.

세 번째로 살펴볼 『한중록』은 조선 후기 왕실의 비극적 사건과 개인적 삶을 생생하게 기록한 실록적 회고록으로, 혜경궁 홍씨가 쓴 자전적 글입니다. 궁중에서 벌어진 권력 다툼과 비극적 사건들을 상세히 담고 있는 이 회고록은, 특히 사도세자 사건을 중심으로 벌어진 정치적 음모와 권력 투쟁, 그리고 이로 인해 겪게 된 고통과 슬픔을 사실적으로 서술하며, 왕실 내부의 복잡한 인간관계와 권력 구조를 엿볼 수 있게 합니다.

저자는 이와 같은 부조리한 경험 속에서 인간의 욕망과 권력, 그리고 운명 앞에서의 무상함과 겸손함을 느끼며, 자신의 삶을 되돌아보는 성찰적 태도를 보여줍니다.

여성의 시선에서 기록된 귀중한 역사 자료라는 점도 빼놓을 수 없습니다. 공식 역사서가 놓친 궁중의 일상과 감정, 여성으로서 느낀 아픔과 고뇌를 섬세하게 담아냈거든요. 현대의 여성 서사 연구와 구술 문학에도 중요한 의미를 지니는 까닭이 여기에 있습니다.

마지막으로 『청구야담』은 조선 후기 사회에서 전해 내려오는 기이한 이야기, 민간 설화, 초자연적 사건 등을 수집한 야담집입니다. 유교적 도덕관과 상징적 교훈을 담으면서도, 인간의 욕망, 어리석음, 미신, 그리고 초자연적 현상에 관한 흥미로운 사례들을 다양하게 소개하지요.

등장인물들은 양반에서 서민까지 폭넓게 다루어지며, 현실과 허구, 합리와 비합리의 경계에서 인간사의 다양한 모습을 보여줍니다. 당시 사회의 풍속과 인간 심리, 민간 신앙을 생생하게 반영하며, 이야기 속 사건들을 통해 도덕적 교훈을 전달하기도 합니다. 일상을 살아가는 민중의 삶과 감성을 이해할 수 있다는 점에서, 조선 후기 문학과 역사, 민속 연구에 귀중한 자료가 되고 있습니다.

네 작품은 각기 다른 장르를 대표합니다. 『구운몽』은 몽환 소설로서 인생에 대한 철학과 가치 성찰을, 『춘향전』은 판소리계 소설로서 정의와 사랑의 힘을, 『한중록』은 회고록으로서 사회

비판 의식을, 『청구야담』은 야담집으로서 민중의 상상력과 해학을 오늘날 우리에게 전하고 있습니다. 조선시대 문학의 다채로운 면모를 보여주는 이 네 작품은, 시대를 관통하는 인간 본성과 사회 문제를 담아내며 여전히 우리에게 말을 건네고 있습니다.

07

근대의 눈으로 본 조선의 풍경

『무정』『삼대』『탁류』 정지용 시집

이번에는 대표적 한국 근대문학 네 작품을 살펴볼 텐데요, 우리 근대사의 문화와 시대상, 사회의 부조리를 고스란히 담아낸 이 작품들을 이해하지 않고서는 현재 우리의 삶을 온전히 파악하기 어렵습니다. 세대 간 가치관의 충돌, 경제적 불평등과 구조적 부조리, 전통과 근대의 긴장, 개인과 공동체의 균형 같은 문제들은 모두 근대문학이 치열하게 다뤄온 주제들이거든요. 이 작품들을 읽는다는 건 그저 옛 소설과 시를 감상하는 것에 그치지 않고, 오늘날 우리 사회를 만들어온 역사적 맥락과 개인의 내면화된 문화를 이해하는 일입니다.

이광수의 『무정』은 한국 최초의 근대 장편소설로, 개화기 신교육과 근대적 가치관을 주제로 삼았습니다. 1917년에 발표된 작품으로, 구습과 봉건 체제를 벗어나 새로운 시대를 모색하려는 한국 지식인의 고민을 담았지요.

주인공 이형식은 일본 유학을 준비하는 교사로, 근대적 계몽사상을 품은 인물입니다. 기생 출신이지만 순결하고 헌신적인 영채와 서양 교육을 받은 신여성 선형 사이에서 마음이 갈라지지요. 전통과 근대, 봉건과 신교육, 남녀 간의 사랑과 민족적 이상이 복잡하게 얽히는 과정을 작품은 생생하게 그립니다.

형식은 영채의 일편단심을 받으면서도 근대적 가치와 새로운 여성상을 좇아 선형에게 마음이 기우는 등 감정적으로 흔들립니다. 영채는 형식에게 끝까지 헌신하고, 삼각관계는 민족 계몽이라는 더 큰 이상 속에서 화해로 귀결되지요.

소설은 연애 이야기처럼 보이지만, 실제로는 식민지 상황에서 민족의 미래를 위해 신교육과 근대적 가치관이 필요하다는 계몽적 메시지를 담았습니다. 형식이 전통과 근대 사이에서 고민하는 모습은, 오늘날 우리가 마주한 세대 간 가치관 차이와도 닮아 있습니다. 급격한 변화 속에서 개인이 어떤 선택을 해야 하는지, 공동체를 위한 이상이 개인의 욕망과 어떻게 조화를 이뤄야 하는지 묻고 있거든요. 이 작품을 읽지 않고서는 우리 근대사의 시작점, 그 고민의 뿌리를 이해하기 어렵습니다.

염상섭의『삼대』는 식민지 시대 조선의 구세대와 신세대가 부딪히며 겪는 가치관의 혼란과 가족 내 갈등을 그렸습니다. 1931년 조선일보에 연재된 작품으로, 가족사를 통해 한국 사회의 전환기적 갈등을 투영했지요.

주인공인 3대 조덕기는 조부 조의관의 완고한 보수성과 부친 조상훈의 도덕적 타락 사이에서 고뇌합니다. 1대 조의관은 돈으로 족보를 사고 제사에 집착하는 봉건적 인물이나 실질적인 재산을 축적한 현실주의자이고, 2대 조상훈은 기독교 신자이자 지식인을 자처하면서도 축첩과 유흥으로 가산을 탕진하며 무책임한 면모를 보이지요. 조덕기는 근대 교육을 받은 지식인이지만, 가문의 유산을 지켜야 하는 입장과 현실 사이에서 우유부단한 태도를 보이며 식민지 지식인으로서의 한계를 드러냅니다.

세 인물의 가치관 충돌을 중심으로, 전통과 근대, 도덕과 물질, 이상과 현실이 뒤엉킨 시대적 모순이 낱낱이 드러납니다. 이를 통해 식민지 조선 사회의 허위와 타락, 구세대의 퇴조와 신세대의 무력함을 비판적으로 묘사했지요. 특히 조의관이 지키려던 유교적 가치, 조상훈이 좇았던 물질적 성공, 조덕기가 고민했던 지식인의 책임은 지금도 우리 사회 곳곳에서 되풀이되는 갈등입니다.

다음으로 채만식의 『탁류』는 일제강점기 말 전북 군산을 배경으로, 식민지 자본주의 사회의 부패와 인간 군상의 타락상을 사실적으로 묘사한 장편소설입니다. 1937년 발표된 작품으로, 돈과 권력에 얽힌 인간의 욕망을 낱낱이 파헤쳤지요.

중심인물인 초봉은 아버지 정주사의 무능함으로 가세가 기울자 약국 점원으로 일하며 생계를 돕던 중, 돈 많은 혼처를 찾던 정주사의 권유로 은행원 고태수와 내키지 않는 매매혼을 치릅니다. 안정된 삶을 꿈꿨던 기대와 달리, 방탕한 생활을 일삼던 남편 고태수는 장형보의 흉계로 비극적인 죽음을 맞이하며 초봉을 더 큰 혼란으로 몰아넣습니다. 이후 그녀는 장형보와 박제호 같은 탐욕스러운 남성들에게 차례로 유린당하며 끝내 파멸의 길을 걷게 됩니다. 작품은 '탁류'처럼 혼탁한 식민지 자본주의 사회 속에서 한 여성이 주체성을 잃고 희생양으로 전락하는 과정을 사실주의적 필치로 그려냅니다.

소설에는 지주, 은행가, 상인, 기생, 관리 등 다양한 인물이 등장하여 돈과 권력에 얽힌 욕망과 배신, 타락의 양상을 보여주지요. 채만식은 이들의 삶을 탁류(흐린 물)에 비유합니다. 사회 전체가 도덕적 가치를 상실하고 혼탁해진 시대적 현실을 드러 낸 것이지요.

특히 여성 인물들이 겪는 불행은 식민지 사회 구조적 모순과 남성 중심적 권력 관계의 산물로 그려집니다. 결말에서 초봉은 주체적인 선택을 하고 인물들은 끝내 자멸하거나 무력하게 현실에 굴복하지요. 식민지 수탈 경제 속에서 인간이 어떻게 도구화되고, 가난한 이들이 어떠한 구조적 폭력에 시달렸는지 적나라하게 보여주는 작품이라고 하겠습니다.

이번에는 시를 살펴볼까요? 정지용의 시집은 한국 현대 시의 출발점으로 평가되며, 1935년에 출간된 그의 대표작인 『정지용 시집』은 자연을 묘사하는 서정성과 모더니즘적 기법이 조화를 이룹니다. 한국 시의 언어 감각을 한 단계 끌어올린 기념비적 작품이지요.

시인은 고향과 자연, 인간 내면의 감정을 섬세한 이미지와 음악적 언어로 형상화했습니다. 「향수」는 고향의 들판과 산천 속에서 떠오르는 어린 시절의 추억을 그려내며 한국인의 집단적 향수를 자극하고, 「유리창」은 전통적 정서와 서양적 심상을 결합해 죽음과 상실의 슬픔을 절제된 언어로 표현하지요. 「카페

프란스」, 「바다 1」 등에서는 도시적 감각과 모더니즘적 실험을 보여주면서 한국 시의 표현 영역을 넓혔습니다.

암울한 시대 속에서도 인간의 내면과 자연의 아름다움을 탐구하며, 언어의 아름다움으로 인간 정신의 자유를 지켜냈던 시인의 태도는 지금도 어떻게 예술과 문화로 삶의 의미를 지켜낼 수 있는지 보여주는 증거로 남아 있습니다.

근대화 과정에서 펼쳐진 다양한 인간 군상과 세태 속에서 한국적 뿌리를 찾는 이들 작품을 통해, 계몽사상과 민족의식, 세대와 가치관의 갈등, 사회 부패와 인간성 상실, 서정적 미학과 내면 성찰이라는 메시지를 만나볼 수 있습니다. 이 작품들을 통해 지금은 너무나 당연하게 생각하는 것들이 그냥 주어진 것이 아님을, 지금 우리의 삶이 어떤 역사적 토양 위에 서 있는지를 깨닫게 됩니다.

08

여성 노동자의 고난과 저항

강경애, 『인간 문제』

식민지 시대의 사회 모순과 여성, 노동자의 비극적 현실을 사실적으로 그린 장편소설 『인간 문제』는 1934년 《동아일보》에 연재된 작품으로, 여주인공 '선비'의 삶을 통해 식민지 조선 사회의 구조적 모순을 적나라하게 드러냅니다.

주인공 선비는 가난한 소작농 집안에서 태어나 아버지를 지주 정덕호에게 잃고, 지주 집에서 하녀살이를 하며 고된 삶을 시작합니다. 이후 친구 간난이와 함께 공장에 들어가 열악한 노동 환경과 착취에 시달리다, 계급의식으로 각성하여 활동하지만 끝내 폐결핵으로 불행한 죽음을 맞이하지요. 이 과정에서 겪는 지주의 성적 착취와 자본의 노동 착취가 선비의 삶을 비극으로 이끕니다.

이 작품은 동시에 농민과 노동자가 겪는 빈곤, 지주의 수탈, 도시 하층민의 고통을 여러 각도로 조명합니다. 선비 개인의 비극적 운명만을 그린 게 아니라, 식민지 사회의 구조적 불평등을 정면으로 고발하고 있는 겁니다. 선비는 끝내 불행한 죽음을 맞이하지만, 그 과정에서 드러나는 갈등과 고통은 개인의 문제가 아니었습니다. 식민지 조선의 사회 구조 속에서 발생한 보편적 인간 문제였던 거지요.

여성과 민중의 현실을 교차시켜 식민지 시대의 총체적 고통을 드러낸 점도 1930년대 비판적 리얼리즘 소설의 중요한 성과로 평가받습니다. 특히 주인공 선비를 통해 보여주고자 한 것은 여성 노동자의 이중적 억압, 즉 계급적 억압과 성별적 억압이 동시에 작동하는 현실이었습니다. 남성 중심 사회와 식민지 체제 속에서 여성이 겪는 고통을 개인의 불운으로 치부하지 않고, 사회 전체의 문제로 확장한 것입니다.

노동자들이 집단으로 각성하고 투쟁할 필요성을 강조하는 이 작품은, 민족 해방과 사회 개혁을 함께 지향하고 있습니다. 일제의 식민지 구조가 노동 문제의 근원임을 드러내고, 민족

해방과 사회 변혁이 연결되어야 한다는 사상을 담은 것이지요. 개인의 비극이 사회 구조의 산물이라면, 해결 역시 개인적 노력이 아닌 집단적 각성과 변혁을 통해서만 가능하다는 메시지입니다.

오늘날 우리 사회를 돌아봐도 당시와 크게 다르지 않아 보입니다. 과도한 노동에 시달리는 비정규직 노동자들, 여성 노동자들이 겪는 임금 차별과 성차별, 사회적 약자에 대한 구조적 폭력은 형태만 바뀌었을 뿐 본질적으로는 강경애가 고발했던 당시 사회의 문제와 크게 다르지 않습니다. 플랫폼 노동자들이 겪는 불안정한 일자리, 출산과 육아로 경력이 단절되는 여성들의 현실, 앞이 보이지 않는 미래 속에서 생존을 위협받는 청년들의 모습에서 우리는 여전히 선비를 발견하게 됩니다.

결국 『인간 문제』가 우리에게 전하고자 하는 바는 한 개인의 고통 뒤에는 반드시 사회 구조의 모순이 자리하고 있으며, 진정한 해결은 그 구조를 바꾸려는 집단적 연대와 실천에서 나온다는 것입니다.

09

농민의 삶과 계급의 각성

이기영, 『고향』

식민지 시대 농촌의 현실은 어떠했을까요? 이기영의 『고향』은 1933년부터 1934년까지 《조선일보》에 연재된 장편소설로, 1930년대 조선 농촌이 겪었던 궁핍과 모순을 한 장의 사진처럼 생생하게 담아낸 대표적인 농민소설입니다.

주인공 김희준은 학자금난으로 동경 유학을 포기하고 고향 원터 마을로 돌아오지만, 마을은 이미 지주와 마름, 소작인 간의 갈등, 가난과 수탈로 피폐해져 있습니다. 마름 안승학은 소작료를 쥐어짜며 농민들을 옥죄고, 김희준의 지도 아래 소작인들은 수재 후 소작료 감면을 요구하며 맞서지요. 농민들은 늘어나는 소작료와 빚 때문에 땅을 빼앗기고, 굶주림 속에서 삶을 이어갑니다.

이기영은 실제 충청도 농촌 생활을 바탕으로 한 현장 취재를 통해 소설을 구상했기에, 굶주린 농민들의 일상과 수탈의 장면이 생생하게 묘사됩니다. 벼 수확 후에도 마름의 횡포로 제대로 된 몫을 받지 못하는 소작인들, 빚더미에 앉아 땅을 잃어가는 과정이 세밀하게 그려지며, 이는 단순한 픽션이 아닌 시대의 증언으로 기능하지요. 이러한 사실주의적 필치가 독자로 하여금 식민지 농촌의 구조적 모순을 직시하게 만듭니다.

그러나 그 속에서도 농민들은 점차 단결의 필요성을 자각하며 마름에게 맞서 싸우려는 움직임을 보입니다. 작품 속 농민들은 단순히 가난을 견디는 수동적 존재가 아니라, 현실을 자각하고 변화를 모색하는 주체로 그려지고 있습니다.

소설은 한 개인의 귀향담을 통해, 식민지 농촌 사회의 구조적 모순과 농민 계급의 각성 과정을 보여줍니다. 작품은 개인의 감정 서사보다 집단의 현실을 사실적으로 그려내며, 농민의 고통과 함께 저항의 가능성을 제시하지요. 따라서 이 작품은 1930년대 한국 리얼리즘 문학을 대표하며, 농민 문제를 사회적 의제로 부각한 중요한 작품으로 평가할 수 있겠습니다.

예를 들어, 작품에서는 농민들의 굶주림, 빚, 착취 구조를 사실적으로 묘사하며 식민지 현실의 모순을 드러냅니다. 소설 속 마름들은 수확기마다 소작료를 올리고, 빚을 이용해 농민을 옥죄어 갑니다. 이런 일상의 수탈 장면이 누적되면서 독자는 구조적 폭력을 체감하게 되지요. 마름 대 소작농, 착취자 대 피착취자의 대립 구조를 통해 계급적 불평등이 부각됩니다.

작가는 무기력했던 농민이 점차 현실을 깨닫고, 저항과 운동으로 나아가는 과정을 강조하며, 개인적 고난만으로는 출구가 없다는 사실을 일깨웁니다. 집단적 투쟁이 필요하다는 메시지가 작품 전반에 흐르고 있어요. 농촌의 비참한 현실을 그리는 데서 그치지 않고, 사회주의적 이념을 바탕으로 농민 해방의 가능성을 탐구하는 것입니다.

지금 우리 사회에도 구조적 불평등은 여전히 존재합니다. 도시와 농촌, 정규직과 비정규직, 세입자와 건물주 사이에는 여전히 권력의 비대칭이 놓여 있지요. 작품 속 농민들이 개인의 고통을 집단의 문제로 인식하고 연대를 모색했듯, 우리 또한 고립된 개인이 아닌 공동체의 일원으로서 불평등에 맞서는 자세가 필요하지 않을까요?

청계천변 사람들의 일상 스케치

박태원, 『천변 풍경』

박태원의 『천변 풍경』은 1930년대 경성 청계천 일대를 무대로 서민들의 일상과 도시 풍경을 사실적으로 그려낸 작품입니다. 전통적인 소설처럼 기승전결의 구조를 따르지 않고, 짧은 장면들이 병렬적으로 이어지는 모자이크식 구성을 택했지요. 마치 카메라가 청계천 주변을 천천히 훑어가듯, 작가는 인력거꾼·상인·기생·학교에 다니는 아이들·극장 출입자 등 다양한 인물 군상을 하나씩 렌즈에 담아냅니다.

그는 이 작품에서 독창적인 시점을 도입해 영화적 연출을 문학에 접목시켰습니다. 클로즈업으로 인물의 표정과 대화를 포

412

착하고, 팬닝 샷처럼 거리를 훑으며 전체 풍경을 아우르는 방식으로, 50여 편의 짧은 에피소드를 삽화처럼 엮어냈지요. 이러한 형식은 전통 서사에서 벗어나 관찰자의 냉철한 시선으로 시대를 기록하는 모더니즘 미학을 완성하며, 한국 문학에 새로운 가능성을 열어주었습니다

이들의 삶은 가난과 궁핍 속에서도 활기가 넘칩니다. 영화관, 다방, 화신백화점 같은 신문물이 등장하면서 근대 도시의 변화상을 생생히 드러내는 한편, 청계천의 더럽고 혼잡한 모습과 빈민가의 애환을 대비적으로 그려내고 있지요. 화려한 근대 문물과 비참한 서민의 현실이 한 화폭 안에 공존하는 셈입니다.

작품의 초점은 사건의 극적 전개보다 인물의 언행, 풍속 묘사, 풍경의 스케치에 맞춰져 있습니다. 당대 경성의 살아 있는 풍경화를 그린다는 점에서 의의가 크지요.

특별한 영웅이나 비극적 사건이 아니라 평범한 서민의 삶을 정면으로 다루고 있다는 점도 주목할 만합니다. 도시가 근대화되어 가는 과정에서 서민들이 어떻게 살아가는지, 그들의 웃음과 눈물, 희망과 좌절을 담담하게 보여주지요. 특정 인물의 성공이나 비극이 아니라 여러 인물의 다양한 삶을 병렬적으로 나열하며, 한 사람의 시선이 아닌 다수의 시선을 통해 시대의 공

기를 드러내고 있습니다.

소설은 1930년대 도시 근대화 과정 속 서민들의 삶과 한국 사회의 이중성을 생생히 포착하며, 근대 도시소설의 새로운 지평을 연 작품으로 평가받습니다. 작가 자신은 개입하지 않으면서 식민지 근대 도시 속에서 드러나는 빈곤, 계층 차이, 삶의 고단함을 담담하게 보여주지요. 직접적인 저항이나 비판보다는 현실을 세밀하게 기록함으로써 문제의식을 전하고 있는 것입니다.

박태원이 포착한 1930년대 청계천변의 풍경을 지금 다시 돌아보며 다음과 같은 생각을 하게 됩니다. 당시의 풍경을 기록하는 것은 화려한 개발과 성장 뒤에 가려진 보통 사람들의 삶을 들여다보는 일이자, 일상의 기록 속에서 시대의 진실을 발견하는 일이라는 것. 평범한 일상과 다양한 사람들의 삶 속에 우리 시대의 진짜 모습이 살아 숨 쉬고 있으니까요. 지금 이 순간 우리 주변의 풍경을 세심하게 관찰하고 기록하는 일이야말로, 과거를 과거에만 머물지 않게 하는 훌륭한 방편일 것입니다.

11

고향을 잃은 시인의 애틋한 언어

백석, 『백석 시전집』

백석의 시는 한국 근대 시의 흐름 속에서 토속적 정서와 서민의 삶을 따뜻하면서도 서정적으로 담아낸 작품들로 기억됩니다. 그의 시들을 만나볼 수 있는 『백석 시전집』은 대표작 『사슴』(1936)을 비롯해 이후 발표작들까지 아우르고 있으며, 판본에 따라 미발굴 시를 포함해 140여 편 이상의 시를 수록하고 있습니다. 그의 시들은 평안도 방언과 토속적 어휘, 민요적 가락을 시 속에 녹여내며 식민지 현실과 고향의 풍경, 잃어버린 삶의 아련한 그리움을 사실적이면서도 서정적으로 형상화 하고 있지요.

백석의 시는 향토적 묘사에 머무르지 않고 삶의 고단함과 애환, 역사적 현실에 대한 자각까지 담아내어 보편적 감상을 주곤 합니다. 토속적 리듬과 정감을 바탕으로 하면서도 세련된 이미지와 상징을 통해 현대시적 감각을 획득하고 있는 점이 독보적이라고 하겠습니다.

주요 작품의 특징을 살펴보면, 먼저 공동체의 해체와 민중의 애환을 담은 작품들이 눈에 띕니다. 「여승」, 「수라」 등은 평안도 방언과 토속적 소재를 통해 식민지 현실 속 우리 이웃들의 비극적 삶을 사실적이면서도 따뜻하게 그려낸 대표작들입니다.

또한 「남신의주 유동 박시봉방」, 「흰 바람벽이 있어」 같은 작품에는 타관을 떠도는 이의 고독과 자신의 삶을 담담히 수용하는 성찰적 태도가 절절히 배어 있습니다. 백석은 이러한 내면의 고백을 통해 시대적 상실감을 극복하려는 정신적 높이를 보여주었습니다.

특히 유랑적 삶의 비애를 환상적인 사랑으로 승화시킨 「나와 나타샤와 흰 당나귀」는 그의 미학적 정점으로 꼽히지요. 작품 속에는 차가운 겨울 풍경 속에서도 따뜻한 사랑을 갈구하는 시인의 마음이 담겨 있습니다. "가난한 내가 / 아름다운 나타샤를 사랑해서 / 오늘밤은 푹푹 눈이 나린다"는 구절에서 보듯, 가난과 외로움 속에서도 사랑을 꿈꾸는 인간의 보편적 감정을 서정적으로 표현하고 있지요.

해방 이후 발표된 시에서는 사회주의적 색채와 민중적 현실을 반영하려는 시도가 나타나기도 했습니다. 하지만 그 속에서도 특유의 서정성과 향토적 어휘를 유지하며 자신만의 예술적 지조를 지키고자 노력했습니다.

백석 시의 문학적 의의를 되짚어보면, 무엇보다 방언과 토속어의 생명력을 살려 한국어 고유의 정서와 아름다움을 극대화했다는 점을 들 수 있습니다. '가마귀', '노루', '메밀', '나귀' 같은 소재들은 단순한 배경이 아니라 우리 민족의 근원적 풍경을 환기시키는 시어로 기능했지요.

일제강점기라는 어두운 시대 속에서 백석은 사라져가는 우리말의 결을 시 속에 오롯이 새겨 넣음으로써 우리 민족의 정신적 정체성과 언어의 품격을 증명해 보였습니다. 그의 시적 성취는 오늘날까지도 한국 현대시의 가장 풍요로운 자산으로 빛나고 있습니다.

417

12

분단 시대 이념과 실존의 갈등

『광장』, 『카인의 후예』

해방과 분단은 한국 현대사의 가장 큰 비극이자 전환점이었습니다. 광복의 기쁨은 오래가지 못했고, 곧이어 이념 대립과 민족 분열이 시작되었지요. 이 격동의 시기를 관통한 두 작품, 최인훈의 『광장』과 황순원의 『카인의 후예』는 분단 현실 속에서 개인이 겪는 고통과 선택의 비극을 깊이 있게 탐구합니다. 두 소설은 이념이 지배하는 시대에 인간의 자유와 존엄이 어떻게 짓밟히는지, 그리고 진영 논리가 얼마나 많은 희생을 낳는지 사실적으로 보여주지요.

먼저 최인훈의 『광장』은 주인공 이명준의 이야기를 통해 분단 현실의 모순을 날카롭게 드러냅니다. 남한에서 철학을 공부하던 이명준은 월북한 아버지의 존재로 인해 경찰의 고문과 압박을 받으며 비로소 냉혹한 현실에 눈뜨게 됩니다. 타락한 밀실 같은 남한 사회에 깊은 환멸을 느낀 명준은 광장을 꿈꾸며 월북해 북한 사회를 경험하지만, 그곳에서도 역시 전체주의적 억압과 비인간적 체제만 확인하고 다시 좌절하지요.

사회주의에 실망한 명준은 은혜와 함께 그들만의 이상을 꿈꾸지만 6·25 전쟁이라는 이데올로기의 충돌 과정에서 자신의 딸을 임신한 은혜의 죽음을 겪게 됩니다. 남과 북 어디에서도 진정한 자유와 이상을 찾을 수 없음을 깨달은 명준은 정전 후 포로 송환 과정에서 중립국을 선택합니다. 그러나 중립국으로 향하는 배 위에서 남과 북 그 어디에도 진정한 광장이 없음을 절감합니다. 끝내 스스로 바다에 몸을 던져 생을 마감하는 장면은, 분단 상황 속에서 개인이 설 자리를 잃은 비극적 운명을 상징합니다.

작품의 제목이기도 한 '광장'은 이상적인 사회 공간을 의미하며 밀실은 개인이 자유롭게 누릴 수 있는 삶의 공간을 뜻합니다. 명준은 자신이 꿈꾸던 밀실과 광장이 조화를 이루는 세계는 없음을 깨닫고 죽음을 택하기에 이르지요.

황순원의『카인의 후예』는 해방 직후 북한 권력이 들어선 평안도 농촌 마을(양짓골)을 배경으로, 토지개혁이라는 거대한 소용돌이 속에서 인간의 유대와 인륜이 어떻게 무너지는지를 사실적으로 그렸습니다. 주인공 박훈은 지주 가문의 지식인으로, 급격한 체제 변화와 숙청의 위협 속에서 무력감과 고독에 침잠하는 인물입니다. 그는 자신이 뿌리 내렸던 삶의 터전이 이념의 이름으로 난도질당하는 현실 앞에서 방황하며 고뇌하지요.

마을의 분위기는 좌익 세력 주도의 토지개혁이 시작되면서 급격히 얼어붙습니다. 특히 마름 출신으로 권력의 편에 서서 세력을 장악한 도섭 영감은, 어제의 주인과 이웃을 '반동'으로 몰아 세우며 광기 어린 폭력을 주도합니다. 이 과정에서 평생을 형제처럼, 혹은 가족처럼 지내온 농민들은 이념의 희생양이 되고 맙니다. 작품 속 양짓골은 해방 직후 북한 사회의 축소판으로, 계급 갈등을 넘어 인간 본연의 애정과 신뢰가 파괴되는 비극적 현장을 그대로 보여줍니다.

박훈은 자신을 향해 좁혀오는 숙청의 칼날과 믿었던 이들의 변절 속에서 방향을 잃고, 마을은 피비린내 나는 증오와 폭력으로 황폐해집니다. '카인의 후예'라는 제목은 성경에서 형제가 형제를 죽인 카인의 죄악을 빗대어, 같은 민족이 서로를 죽이며 분열하는 비극적 현실을 상징합니다. 해방의 기쁨은 오래 가지 못했고, 새로운 세상을 꿈꾸던 이들은 결국 서로를 향해 칼을 겨누게 되었지요. 황순원은 절제된 문장과 서정적 이미지로 해방 전후의 시대적 고통과 인간 내면의 갈등을 사실적으로 묘사했습니다.

두 작품이 오늘날 우리에게 전하는 의미를 살펴보면 먼저 이념의 절대성에 대한 경계를 꼽을 수 있습니다. 남과 북 어느 체제도 인간의 전인적 자유를 보장하지 못한다는 사실은, 오늘날에도 이념·정파·진영 논리에 매몰된 사회를 돌아보게 만듭니다. 정치적 올바름을 주장하는 목소리들이 서로 충돌할 때, 우리는 이명준처럼 어디에도 속하지 못한 채 고립감을 느끼곤 하지요.

개인의 자유와 존엄의 가치도 중요합니다. 집단이 강요하는 가치보다 개인이 느끼는 삶의 의미가 더 소중하다는 메시지는, 다원적 가치와 인권이 강조되는 현대 사회에 여전히 유효합니다.

중립지대의 부재와 고립감도 빼놓을 수 없습니다. 갈등 속에서 중도적 입장을 지키려는 사람의 고립은, 정치·사회 문제에서 흑백논리에 갇히기 쉬운 오늘날의 상황을 그대로 반영하고 있거든요. 어느 편도 들지 않으면 양쪽 모두에게 배척당하는 경험, 다들 한 번쯤 겪어본 현실일 겁니다. 『카인의 후예』에서 토지개혁과 권력투쟁 속에서 농민들이 희생당하듯, 진영 논리는 기대와 달리 결국 약자를 소외시킵니다.

분단 세대의 상처와 화해의 필요성도 작품들이 던지는 화두입니다. 이명준의 비극은 분단이 낳은 상처의 극단을 보여주며, 미래 세대가 갈등을 넘어 화해로 가야 함을 시사합니다. 70년이 넘는 분단의 세월 동안 우리는 얼마나 많은 이명준을 만들어냈을까요.

두 작품은 역사적 상황이 인간의 삶과 선택을 어떻게 규정하는지 보여주면서도, 궁극적으로 이념보다 인간, 권력보다 양심, 집단보다 개인의 자유를 중시해야 한다고 말합니다. 이념이 사람을 지배할 때, 광장은 개인을 억압하는 공간이 되고 밀실은 고립의 감옥이 됩니다. 오늘날 정치·사회가 여전히 진영 대립과 가치 갈등 속에 있는 만큼, 분단과 이념 갈등의 시대를 넘어, 사람답게 사는 길을 찾는 것. 그 답을 찾는 일이야말로 지금 우리에게 주어진 과제가 아닐는지요.

대하소설로 담아낸 한국 근현대사

박경리, 『토지』

한국의 대표 현대소설로 손꼽히는 『토지』는 박경리 작가 필생의 역작으로, 1969년 집필을 시작하여 1994년에 완간한 대작입니다. 전 5부 20권으로 이루어진 이 작품은, 한 작가가 20여 년이 넘는 세월 동안 한 문장 한 문장 다듬어 완성한, 우리 문학사에서 보기 드문 규모의 장편소설입니다. 200자 원고지 약 4만 매에 이르는 방대한 분량을 끝까지 밀고 나간 집요한 예술적 의지는, 인간의 노력이 닿을 수 있는 문학의 지평을 보여 줍니다.

작품은 1897년부터 1945년에 이르는 격동의 근대사를 무대로, 개인과 민족의 삶을 촘촘히 직조해 나갑니다. 소설 속에는 동학농민운동의 여파, 개화기, 일제강점기, 독립운동, 농민 사회의 해체와 재편 등 역사적 사건들이 인물들의 사적인 운명과 겹쳐지며 장면마다 생생하게 드러나지요.

소설 속에는 양반과 천민, 지주와 소작인, 독립운동가와 친일파 등 서로 다른 계층과 이해관계를 지닌 인물들이 폭넓게 등장합니다. 이들을 통해 인간의 탐욕과 사랑, 배신과 희생, 그리고 연대가 입체적으로 그려지는데요, 그 결과 어느 한 계급이나 이념에 편향되지 않은, 인간 존재 전반에 대해 깊이 있게 성찰할 수 있는 무대가 펼쳐집니다. 그래서 『토지』는 계급 소설이나 이념 소설을 넘어, 인간 군상을 총체적으로 그려낸 서사로 자리매김하게 되었지요.

방대한 분량임에도 불구하고, 인물과 사건, 배경이 정교하게 맞물린 치밀한 구조를 이루어냈다는 점도 놀랍습니다. 서사의 흐름이 여러 갈래로 뻗어나가면서도 느슨해지지 않고, 각 부와 권이 유기적으로 이어지며 하나의 거대한 세계를 형성한다는 점에서, 한국 장편소설의 미학적 수준을 한 단계 끌어올린 작품으로 평가되지요.

또한 600여 명에 이르는 것으로 알려진 등장인물들이 각자의 내면과 서사를 가지고 살아 숨 쉬며, 서로의 삶이 복잡하게 얽히는 거대한 군상극의 면모를 보여주었다는 면에서 문학사적으로도 전례를 찾기 어려운 규모와 완성도를 이룬 작품이라 할 수 있겠습니다.

이렇듯 역사적 사실을 바탕에 두되, 그것을 문학적 상상력으로 재구성하여 독자들로 하여금 역사적 사건을 '읽는 것'이 아니라 마치 '경험하는 것'처럼 느끼게 만든 점은 『토지』가 역사 소설이면서 동시에 인물 중심의 휴먼드라마로 읽히는 이유입니다. 연대기적 사실 기록에 머무르지 않고 예술적 완성도를 갖춘 서사로서, 역사 소설이 도달할 수 있는 한 가능성을 증명한 것입니다.

이야기는 하동 악양면 평사리라는 특정 지역을 중심으로 출발하지만, 인물들의 삶은 곧 만주와 간도, 일본, 러시아, 서울 등지로 확장되며 세계사의 격동과 맞닿습니다. 지역성 속에 보편성을 품어낸 것이지요. 이렇듯 한 지점의 토양과 풍경, 그곳 사람들의 삶을 치밀하게 그려내면서도, 그 운명이 국경을 넘어 퍼져 나가는 과정으로 이어져 나간다는 점과 방대한 인물 군상을 통해 복합적인 역사·사회적 배경을 드러냈다는 점에서 작품이 지니는 문화사적 가치는 매우 큽니다.

그리고 인간 존재를 다각도로 조명함으로써 역사와 문학이 교차하는 지점을 기념비적으로 보여주었다는 점에서 『토지』는 시대를 관통하는 명작으로 남았습니다.

한국 근현대문학을 이해하지 않고서는 지금 우리 삶을 온전히 파악하기 어렵습니다. 문화와 시대상, 사회 부조리가 모두 담겨 있으니까요. 세대 간 단절을 넘어서는 열쇠이기도 합니다.

고전 격차

IX　미래의 고전
― 데이터와 공감의 시대

01

사실에 기반한 세계 이해

한스 로슬링, 『팩트풀니스』

그동안 우리는 긴 여정을 함께 걸어왔습니다. 고대의 신화에서 출발해, 철학과 윤리를 거쳐, 정치와 경제를 탐구했습니다. 문학으로 인간의 마음을 읽고, 과학으로 세계를 이해하며, 역사로 우리 자신을 돌아보았지요. 그리고 한국 문학을 통해 우리만의 사유를 발견했습니다.

이 모든 고전들은 과거의 지혜입니다. 수백 년, 때로는 수천 년을 견뎌온 인류의 보물이지요. 그런데 한 가지 질문이 남습니다. "우리가 마주하게 될 미래 사회에는 어떤 책이 고전이 될까?" 21세기는 과거 어느 시대와도 다릅니다. 유전공학, AI 융합, 뇌-기계 인터페이스 등 이른바 트랜스휴머니즘을 통해 신체적·인지적 능력이 향상된 미래 인간이 등장하고, 힘든 노동은 휴머노이드로 대체되며, 빅데이터가 세상을 움직이는 시대입니다. 동시에 윤리 문제와 불평등, 혐오와 분열이 우리를 위협하지요. 이런 시대를 살아가는 신인류에게는 과거와는 다른 새로운 지혜가 필요합니다. 바로 데이터를 읽는 능력과 타인을 이해하는 공감의 능력, 이 둘을 함께 갖춰야 하는 것입니다.

이제 우리는 이 긴 여정의 마지막 장에 섭니다. 이 두 가지 능력을 보완해 주는 책, 아직 고전이 되지는 않았지만, 미래의 고전이 될 책들을 만나보려 합니다. 바로 앞으로의 세계를 살아갈 우리에게 꼭 필요한 통찰을 담은 작품들 말이지요.

먼저, 한스 로슬링의 『팩트풀니스Factfulness』는 세상을 바라보는 우리의 인식이 얼마나 왜곡되어 있는지를 통계와 사실을 통해 바로잡고, 균형 잡힌 세계관을 제시하는 책입니다.

저자는 오랫동안 강연과 연구를 하면서 사람들이 세계를 지나치게 비관적으로, 마치 빈곤과 폭력 내지는 질병으로 가득한 곳처럼 오해하고 있음을 발견했습니다. 실제로는 지난 수십 년간 인류가 건강, 교육, 소득, 삶의 질에서 놀라운 진전을 이뤘음에도, 여전히 "세상은 점점 나빠지고 있다"는 잘못된 믿음을 갖고 있다는 것이지요. 로슬링은 이런 인식의 괴리가 어디서 비롯되었는지 파고듭니다.

그가 제시하는 10가지 본능적 오류는 우리가 빠지기 쉬운 사고의 함정을 생생하게 보여줍니다. 세상을 둘로 나누는 간극 본능, 극적인 사례에만 주목하는 공포 본능, 눈앞의 숫자나 변화만 보는 직선 본능, 특정 집단을 일반화하는 일반화 본능 등이 그것입니다. 이런 본능들 때문에 사람들은 과거보다 현재가 더 나쁘다고 여기게 되지요.

하지만 통계와 데이터를 들여다보면 이야기는 완전히 달라집니다. 극빈층은 크게 줄었고, 평균 수명은 늘었으며, 여성의 교육 기회도 확대됐습니다. 전 세계의 보건 수준과 생활 여건은 비약적으로 향상되었습니다. 전 세계의 삶이 전반적으로 개선되거나 나아질 희망을 갖게 된 것입니다. 로슬링이 제시하는 세계의 4단계 소득 구분법도 흥미롭습니다. 세계를 소득 수준에 따라 1단계부터 4단계까지의 단계로 나누어, 다수의 인류가 여전히 극심한 가난 속에 머물러 있다는 고정관념을 깨뜨리지요. 오늘날 인류의 절반 이상이 중간 단계에서 살아가며, 과거와 달리 기본적인 의료와 교육을 보장받고 있다고 주장합니다. 다소 파격적이지만 충분히 받아들일 만한 시각입니다. 한편,

이러한 로슬링의 관점 때문에 그가 다소 순진한 낙관주의자는 아닌지 의심할 수도 있겠습니다. 하지만 그는 단지 데이터에 근거한 사실적 희망을 제시하고 있을 뿐입니다.

세상은 분명 지금보다 더 나은 곳으로 향하여 변하고 있으며, 인류의 삶이 개선되는 방향으로 나아가고 있다고 저자는 보고 있습니다. 분명 과거와는 다른 미래의 흐름 속에서 우리는 무엇을 준비해야 할까요? 로슬링이 강조하는 건 비관주의를 경계하고, 변화의 긍정적 측면을 보자는 것입니다. 선진국과 개발도상국이라는 이분법을 뛰어넘어, 세계 시민으로서 균형 잡힌 시각을 가져야 한다는 것이지요.

또한 우리가 갖는 본능적 편향을 자각하고 이를 교정하는 비판적 사고 훈련이 필요하다고 역설합니다. 미디어가 쏟아내는 부정적 뉴스에 휘둘리지 말고 데이터를 직접 확인하며 사실을 판단하는 습관을 기르는 것, 본능적 편견에서 벗어나 통계적 사실을 읽어내는 능력, 불필요한 두려움 대신 현실을 정확히 이해하려는 태도, 그리고 변화하는 세계에 유연하게 대응할 수 있는 열린 사고방식을 갖추는 것. 그것이 바로 우리가 맞이하게 될 미래 세계를 살아가는 삶의 지혜가 아닐는지요.

02

인류는 점점 더 평화로워지고 있다

스티븐 핑커, 『우리 본성의 선한 천사』

스티븐 핑커의 『우리 본성의 선한 천사』는 인류 역사 속에서 폭력의 추세가 어떻게 변화해왔는지를 방대한 자료와 통계로써 분석한 책입니다. 저자는 흔히 인류 역사를 전쟁과 학살, 피의 연속으로만 이해하는 통념을 정면으로 반박합니다. 실제로는 장구한 세월 동안 폭력이 지속적으로 감소해 왔다는 게 핑커의 주장이지요.

원시 부족 사회의 살해율부터 중세의 잔혹한 형벌과 고문, 노예제와 종교 전쟁, 식민지 시절의 정복 전쟁까지 분석하면서, 오늘날의 전쟁 사망률, 범죄율, 가정 폭력이 과거에 비해 현저

히 줄어들었음을 보여줍니다. 인종차별이나 여성과 아동에 대
한 학대 역시 마찬가지입니다. 통계는 명확하게 말하고 있습니
다. 우리가 사는 지금이 역사상 가장 평화로운 시대라고 말이
지요.

핑커가 제시하는 폭력 감소의 원인은 다섯 가지 큰 흐름으로
정리됩니다. 먼저 강력한 국가 권력이 보복과 폭력을 억제하는
‘리바이어던 효과’를 들 수 있습니다. 중앙 권력이 형성되면서
치안이 확립되고 개인적 보복이 줄어든 까닭이지요. 법과 제도
가 사적 복수를 대신하게 된 겁니다.

둘째로 교역과 교류의 확대가 타인과의 상호 이익을 높인 ‘상
업화 효과’가 있습니다. 상업이 발달하며 교역과 교환 관계가
확대되자 타인을 해치는 것보다 협력하는 게 더 이득이 되었다
는 건데요. 무역 상대를 죽이는 것보다 살려두고 거래하는 편
이 훨씬 유리하다는 계산이 작동한 셈입니다.

셋째, 남성 중심의 명예 문화가 지배하던 시대보다, 여성이
의사결정에 참여하고 존중받는 ‘여성화 효과’가 있습니다. 사
회 전반에 여성의 영향력과 권익이 커지면서 호전성이 줄어든
것입니다.

넷째, 문해율이 높아지고, 교육, 인쇄술 등이 확산하면서 생

긴 '세계주의 효과'가 있습니다. 문학·예술·매체·교육이 공감 능력을 키워 타인의 고통에 민감해지도록 만들었지요. 소설을 읽으며 주인공에게 감정을 이입하고, 뉴스를 통해 먼 곳의 재난을 접하면서 사람들은 점차 타인의 고통을 자신의 일처럼 느끼게 되었습니다. 바로 지금까지 우리가 살펴본 다양한 고전들이 그 증거입니다.

다섯째, '이성의 에스컬레이터'입니다. 인간은 본능적으로 폭력성을 지니지만, 이성과 도덕적 성찰을 통해 그것을 제어할 수 있는 능력이 향상되었습니다. 이러한 합리성이 인간 문제에 적용되면서 폭력의 무의미함을 깨닫고 인권·평등·민주주의 같은 계몽주의적 가치의 확산이 일어나게 된 것이지요. 고문, 종교재판, 노예제 등이 쇠퇴했고, 민주주의가 발달하면서 개인의 권리와 존엄이 중시되었습니다. "모든 인간은 평등하게 태어났다"는 선언이 단순한 구호가 아니라 실제 제도로 자리 잡기 시작한 거죠.

저자는 인간 본성 안에 폭력을 부추기는 악마와 이를 제어하는 천사가 공존한다고 설명합니다. 인간은 폭력적 본성과 평화적 본성을 모두 지니고 있다는 겁니다. 선한 천사란 공감, 자제력, 도덕적 이성, 협동심 같은 속성을 가리키지요. 인류 문명은 제도와 문화, 합리적 사고의 진보를 통해 선한 천사의 힘을 점점 강화해 왔다고 봅니다.

오늘날에도 세계 곳곳에서 전쟁과 폭력이 끊이지 않는 걸 보면, 인간 본성의 두 얼굴은 여전히 갈등하고 있습니다. 천사와 악마의 싸움은 현재 진행형이지요. 하지만 핑커는 데이터를 통해 분명하게 보여줍니다. 장기적 추세는 여전히 희망적이라는 것을요.

폭력은 인류의 숙명이 아니라, 제도·문화·이성적 성찰을 통해 줄여나갈 수 있는 사회적 현상이라는 것. 핑커가 우리에게 전하려는 진짜 메시지가 아닐까요? 천사와 악마의 싸움에서 천사가 조금씩 이기고 있다는, 또 그렇게 될 것이라는 희망적 신호를, 우리는 데이터 속에서 읽을 수 있고, 또 앞으로도 읽어나갈 수 있어야 합니다.

· 03 ·

에너지와 물질로 읽는 현대 문명의 작동 원리

바츨라프 스밀, 『세상은 어떻게 돌아가는가』

바츨라프 스밀의 『세상은 어떻게 돌아가는가』는 인류 문명과 현대 사회를 구성하는 핵심 요소들을 과학적 사실과 수치, 역사적 맥락 속에서 풀어낸 책입니다. 세상을 이해하기 위한 기본 교양서를 표방하는 이 책은 환경·에너지·식량·산업·인구 등 다양한 데이터를 기반으로 현대 문명이 어떻게 운영되는지를 과학적이고 객관적으로 분석하고 있지요.

저자는 우리가 당연하게 누리고 있는 문명적 토대가 얼마나 복잡한 연쇄 과정에서 유지되는지를 강조합니다. 우선 에너지의 중요성을 다루는데, 화석연료가 여전히 세계 문명을 움직이는 동력이며 이를 대체할 신재생 에너지가 단기간에 기존 체제를 대체하기는 어렵다고 지적합니다. 많은 이들이 태양광과 풍력 같은 청정에너지로의 전환을 말하지만, 실제 전환 속도는 우리 기대보다 훨씬 더디게 진행되고 있다는 겁니다. 에너지 전환에는 막대한 시간과 비용이 필요하며, 무엇보다 기존 인프라 전체를 바꿔야 하는 과제가 남아 있습니다.

이어 물질세계의 기반인 철강, 시멘트, 플라스틱, 암모니아 등 네 가지 기둥을 살핍니다. 이 네 가지 물질이 없다면 현대 사회는 성립할 수 없다고 해도 과언이 아니지요. 우리가 생활하는 건물, 타고 다니는 자동차, 먹는 식량 생산까지 모두 이 물질들에 의존하고 있으니까요. 그런데 문제는 이 네 가지 물질들이 '화석 연료의 집약체'라는 점입니다. 탄소 중립을 외치면서도 정작 문명의 토대를 이루는 물질 생산을 당장 멈출 수 없는 거대한 딜레마가 여기 있습니다.

농업과 식량 생산에서는 대규모 산업적 시스템이 인류 생존을 지탱해왔음을 보여주면서도, 동시에 환경적 한계를 경고합니다. 현대 농업이 화학비료와 대규모 관개 시스템 없이는 작동할 수 없다는 사실을 직시해야 한다는 것이지요. 특히 암모니아 합성을 통한 질소 비료 생산이 20세기 인구 폭발을 가능하게 했지만, 이 과정 역시 천연가스라는 화석연료에 전적으로 의존하고 있다는 사실을 간과해선 안 됩니다.

세계화와 교역, 기술 발전이 가져온 혜택과 위험도 균형 있게 조망합니다. 글로벌 공급망이 얼마나 정교하게 연결되어 있으며, 동시에 얼마나 취약한지를 데이터로 입증하는 대목이 인상적입니다. 한 지역에서 에너지 공급을 중단하면 전 세계 경제에 연쇄적 충격이 가해지는 시대에 우리는 살고 있거든요. 기후 변화와 인구 증가라는 도전 앞에서 성급한 낙관이나 비관 대신 냉철한 사실에 기반한 사고를 강조하는 스밀의 접근법은, 오늘날 감정적 논쟁으로 치닫기 쉬운 환경 담론에 중요한 시사점을 던집니다.

스밀은 단순한 미래 예측이나 이상적 비전 제시를 피합니다. 대신 우리가 무엇을 알고 무엇을 모르는지, 세상을 이해하기 위해 어떤 기본적 사실에 주목해야 하는지를 보여주지요. 그는 과학적 현실주의자로서 화려한 수사보다는 검증된 데이터에 집중해야 한다고 역설합니다.

저자가 강조하는 것은 단순히 문제를 인식하는 데 그치지 않고, 우리와 후손의 삶을 위해 지금부터 무엇을 준비하고 대비해야 하느냐는 방향성입니다. 에너지 전환은 수십 년에 걸친 장기 과제임을 인정하고, 그 과정에서 필요한 기술 개발과 사회적 합의를 차근차근 준비해야 합니다. 자원 사용의 효율성을 높이고, 불필요한 낭비를 줄이며, 순환 경제 체계를 구축하는 일도 시급하지요. 또한 글로벌 공급망의 취약성을 인식하고 지역적 자립 기반을 강화하는 동시에, 국제 협력을 통해 위기에 공동 대응하는 체계를 마련해야 합니다.

무엇보다 저자는 과학적 사실에 기반한 교육과 시민의식을 강조합니다. 감정적 반응이나 정치적 구호가 아니라, 데이터와 증거에 근거한 냉철한 판단이 필요하다는 것이지요. 우리가 직면한 문제들이 단순한 해법으로 해결될 수 없다는 사실을 받아들이고, 장기적 관점에서 점진적이지만 실질적인 변화를 추구해야 합니다. 그에 따르면 환경주의자들이 주장하는 급진적 탈탄소도, 회의론자들이 말하는 현상 유지도 답이 아니라는 겁니다. 현실을 직시하면서 가능한 범위 내에서 최선의 대안을 찾아가는 지혜가 필요합니다.

04

트라우마와 치유, 폭력과 인간성

한강, 『소년이 온다』 외

한강 작가는 한국 현대문학에서 섬세한 서정성과 강렬한 주제의식을 동시에 구현한 작가입니다. 그녀의 작품 세계는 인간 내면의 상처, 폭력, 상실, 그리고 회복 가능성에 관한 깊은 탐구를 특징으로 하지요. 그런 면에서 과거 사실의 증언들이 오늘의 인류에게 전하는 메시지는, 동시에 오늘의 우리가 미래 인류에게 전하는 메시지이기도 합니다.

2016년 아시아 작가로는 최초로 맨부커 인터내셔널상을 수상하며 주목받았고, 2024년 노벨문학상 수상자로 선정되었습니다. 우리나라에서는 김대중 대통령에 이은 두 번째 노벨상 수상자이자, 한국 최초의 노벨문학상 수상 작가가 된 것이지요. 훌륭한 번역가들이 한국문학 작품을 세계 각국의 언어로 옮기고 있는 지금, 케이팝과 드라마, 케이푸드에 이어 K-문학의 황금시대가 열릴 날도 머지않은 것 같습니다.

한강의 문체와 서정성부터 살펴볼까요? 그녀의 문장은 매우 절제되어 있으면서도 시적 이미지가 풍부합니다. 서술보다 은유와 상징을 통한 함축을 선호하며, 독자가 스스로 해석하도록 여백을 남기지요. 언어의 미학적 밀도가 높아, 읽는 이에게 서정시를 읽는 듯한 몰입감을 선사하는 것도 특징입니다. 문장 하나하나가 정제된 언어로 빚어져, 마치 시인이 쓴 소설을 읽는 듯한 인상을 받게 됩니다. 실제로 그녀는 소설가이기 이전에 시인이었습니다.

작품의 근간에는 인간 존재의 상처와 폭력에 대한 깊은 성찰이 자리합니다. 대표작인 『소년이 온다』는 1980년 5월 광주 민주화 운동 당시와 이후의 참상을, 한 소년과 주변 인물들의 시선을 통해 재구성한 작품입니다. 건조하고 절제된 문장, 2인칭과 3인칭을 교차 사용하며, 시적 이미지로 잔혹함을 표현하지요. 국가 폭력과 집단 기억, 증언의 목소리를 담아냅니다.

시간대는 1980년부터 2013년까지 점진적으로 나아가지만,

각 장마다 인물별 단편 서사를 병렬해 사건의 전모를 드러냅니다. 폭력의 한가운데를 통과한 이들의 목소리를 하나하나 듣는 과정은, 독자에게 깊은 전율과 함께 역사적 책임을 묻게 만들지요. 망자의 시선으로 광주를 기억한다는 것, 그 기억의 무게를 문학으로 감당한다는 것이 얼마나 치열한 작업인지 이 작품은 보여줍니다.

그외에도 여러 뛰어난 작품들을 남겼는데 『채식주의자』에서는 개인의 신체와 욕망이 사회 규범과 충돌하는 모습을 다루며, 존재와 자유의 의미를 탐구합니다. 개인적 서사를 통해 사회적·역사적 맥락을 은유적으로 드러내는 능력이 뛰어나다고 하겠습니다. 『희랍어 시간』은 말을 잃어가는 여성과 그녀에게 희랍어를 가르치는 시력을 잃어가는 남자 강사의 교감과 회복에 관한 이야기입니다. 서정적이고 명상적인 문체, 은유와 상징을 다수 사용하며, 조용한 서사가 전개되지요. 미래의 인류에게도 중요할 언어와 정체성, 상실과 회복, 인간관계의 소통 가능성을 탐구합니다.

한강 작가는 인물의 심리를 표면적 행동보다 무의식의 흐름과 감각을 통해 묘사합니다. 고통, 상실, 죄책감, 소멸 욕망과 같은 감정을 날카롭고도 절제된 어조로 표현하면서, 독자가 인물의 감정과 기억 속으로 천천히 잠입하도록 만드는 심리적 몰입 구조가 특징이라고 하겠습니다. 이러한 방식은 독자에게 인물의 내면 깊숙한 곳까지 함께 내려가는 듯한 특별한 경험을 선사합니다.

해외 평단은 그녀의 작품을 "잔혹하면서도 아름다운 문학"이라 평가하며, 동양적 서정과 보편적 주제를 결합한 독창성에 주목했습니다. 그녀의 작품을 통해 과거의 메시지에서 미래 세대에게 전하는 메시지를 포착해 낸 것이지요. 우리는 바로 이 점에 주목해야 합니다. "우리는 어떻게 살아야 하는가, 그리고 타인의 고통을 어떻게 기억할 것인가", "과거가 현재를 도울 수 있는가? 죽은 자가 산 자를 구할 수 있는가" 이러한 질문들 앞에서, 미래는 어쩌면 앞으로 펼쳐질 날이 아니라 동시대에 펼쳐지고 있는 현실인지도 모르겠습니다.

05

서로를 살리는 호의의 힘

문형배, 『호의에 대하여』

퇴임 후 시민으로 돌아간 문형배 전 헌법재판관이 평범한 일상과 삶을 관찰하며 써 내려간 120편의 글입니다. '보통의 삶'을 지키고자 하는 마음을 담은 기록으로, 특별할 것이 없는 겸손한 인간의 삶을 강조하지요.

제목인 '호의에 대하여'는 좋은 의도나 따뜻한 마음으로 타인을 대하는 태도를 뜻합니다. 저자는 법관으로서 경험한 것들을 바탕으로, 편견과 독선에서 벗어나 타인을 배려하고 이해하는 삶의 태도가 얼마나 중요한지 성찰합니다.

책 속에는 저자가 마주한 일상의 풍경들이 담담하게 펼쳐집니다. 동네 서점에서 책을 고르는 시간, 산책길에서 만난 이웃과의 짧은 대화, 오래된 사진첩을 넘기며 떠올린 기억들. 이런 평범한 순간들 속에서 저자는 삶의 본질을 포착해냅니다. 특별한 사건이나 극적인 반전이 없어도, 우리의 삶은 충분히 의미 있고 소중하다는 것을 조용히 보여주지요.

어떤 삶을 살아가든 계속해서 배우고 생각하려는 태도의 중요성도 저자는 몸소 보여주고 있습니다. 스스로 성찰하고 기록하는 행동이야말로 미몽이나 독단에 빠지지 않는 길이라는 메시지가 곳곳에 스며 있지요.

가령 어떤 후회되는 행동을 했을 때, 그걸 후회하고 끝내는 것이 아니라 반드시 기록으로 남겨야 한다는 것입니다. 그 기록이 훗날 어떤 판단을 해야할 순간에 후회를 남기지 않는 올바른 행동을 이끈다는 생각, 어떤가요? 이러한 각자의 기록들이 미래 사회를 살아갈 우리에게는 핵심 데이터와 같은 역할을 하는 것이 아닐까요? 재차 잘못된 길로 들어서지 않도록 말입니다. 이처럼 인간 대 인간으로서 어떻게 살아갈 것인가를 고민하는 지점에서 이 책의 진가가 드러납니다.

또한, 호의는 다른 이의 삶을 있는 그대로 이해하고 받아들이려는 마음의 자세입니다. 소소한 일상에서 의미와 희망을 찾는 태도지요. 현대 사회는 각자도생의 시대라 불립니다. 무한 경쟁 속에서 타인을 배려하기보다 자기만을 챙기기에 급급한 풍경이 익숙하게 펼쳐지곤 합니다. 그럴수록 호의는 낡은 감상처럼 여겨지기 쉽습니다. 하지만 그런 사회일수록 오히려 되묻게 됩니다. 과연 우리는 혼자 살아갈 수 있을 것인가? 타인을 이해하는 공감의 능력 없이 과연 이 사회는 한 발자국이라도 나아갈 수 있을까?

재판관이라는 직분을 떠난 후, 평생 책 한 권 내는 것을 꿈꾸었다는 고백으로 책은 시작합니다. 화려한 이력과 높은 지위에도 불구하고, 그에게 진짜 소원은 평범한 일상을 지키며 자신의 이름으로 책 한 권을 세상에 내놓는 것이었습니다. 이 소박한 꿈을 이룬 지점에서, 우리는 묘한 공감을 느낍니다. 누구에게나 이루고 싶은 꿈 하나쯤은 있는 법이거든요. 저 역시 비슷한 바람을 품고 살아온 터라, 저자가 꿈을 실현한 모습에 특별한 감정을 느꼈습니다.

성찰하는 시민성 또한 이 책이 강조하는 주제입니다. 공직을 떠났다고 해서 사회에 대한 관심과 책임이 끝나는 것은 아니라는 자세. 오히려 일선에서 물러난 뒤에야 비로소 볼 수 있는 것들이 있습니다. 권력과 지위에서 자유로워진 시민의 눈으로 세상을 바라볼 때, 더 냉철하면서도 따뜻한 시선을 유지할 수 있다는 것이지요. 저자는 평생 학습하고 사유하는 시민으로 살아가겠다는 다짐을 글 곳곳에서 드러냅니다.

거창한 성공담도, 화려한 이론서도 아닌, 담담한 일상의 기록. 그 소박한 꿈의 실현 과정을 지켜보며, 우리 역시 각자의 삶 속에서 작은 소망들을 이루어가고 있음을 떠올립니다. 삶의 지혜는 일상의 작은 실천 속에 있다는 것. 서로를 향한 호의와 자신을 향한 성찰. 그것이 우리를 살아가게 하는 힘이라는 메시지를 이 책은 담담히 건넵니다.

이제 우리는 여기서 긴 여정을 끝마칩니다. 하지만 끝은 새로운 시작이라는 말이 있지요. 끝과 시작은 딱 잘라 구분할 수도 없는 연속된 과정입니다. 이제 고전이 조금 마음 속으로 들어왔다면, 다시 새롭게 고전을 펼칠 시간이 된 것입니다. 그 속에서 더 한층 고양된 영혼을 즐기기를!